absolute

orange ● press

absolute

Herausgegeben von Klaus Theweleit

absolute

Karl Marx

Herausgeber und Autor der Essays:
Michael Berger

orange ● press

absolute Karl Marx
Hg. v. Michael Berger
Freiburg: orange-press 2005

Buchgestaltung: Annette Schneider (design-bahnhof.de)
Druck und Bindung: Jütte-Messedruck Leipzig GmbH

Alle Texte in neuer Rechtschreibung.

ISBN 3-936086-23-0

orange-press.com

Seite | Inhalt

Interview mit Karl Marx vom 3. Juli 1871
Von R. Landor

London, July 3 – Sie haben mich um Informationen über die Internationale gebeten und ich habe versucht, einige zu bekommen. Dabei ist dieses Unterfangen gerade jetzt besonders schwer. London ist zwar ohne jeden Zweifel die Zentrale der Organisation, aber die Engländer leben in Furcht, und sie riechen die »Internationale« in allem, so wie King James das Schießpulver am Guy Fawkes' Day. Die Vorsicht der Organisation hat sich in dem Maße erhöht, wie das Misstrauen der Öffentlichkeit steigt; und diejenigen an der Spitze verstehen etwas vom Wahren von Geheimnissen. Ich habe mich mit zwei ihrer führenden Mitglieder in Verbindung gesetzt, mich mit einem offen unterhalten, und gebe hier nun den Inhalt meiner Unterredung wieder. Ich habe mich davon überzeugen können, dass es sich um eine Gesellschaft echter Arbeiter handelt, dass diese aber von Theorien zu Politik und Gesellschaft einer anderen Klasse geleitet werden. Ein Mann, den ich traf, eines der führenden Mitglieder des Führungsrates, saß während des Gesprächs an seiner Werkbank und verschwand hie und da, um eine Beschwerde entgegenzunehmen, in wenig freundlichem Ton vorgetragen, von einem der vielen Kleinunternehmer in der Gegend, für die er arbeitet. Denselben Mann habe ich schwungvolle Reden in der Öffentlichkeit halten hören, die durch und durch von Hass auf jene Klasse geprägt war, deren Vertreter sich für seine Herren halten. Ich verstand diese Reden besser, nachdem ich einen Blick in den Alltag dieses Redners geworfen hatte. Er muss von sich denken, dass er klug genug ist, um eine Arbeiterregierung zu organisieren, und doch ist er hier gezwungen, ein Leben der abscheulichsten Verrichtung mechanischer Aufgaben zu fristen. Er ist stolz und sensibel, und dennoch muss er sich jedesmal verneigen, wenn er barsch angefahren wird, und mit einem Lächeln auf einen Befehl reagieren, der in puncto Zivilisiertheit auf der Ebene des Rufs eines Jägers nach seinem Hund anzusiedeln wäre. Dieser Mann verschaffte mir einen kurzen Einblick in eine Seite der Internationale. Hier war die Hand, die hart zuschlagen wird, wenn die Zeit reif ist. Und was den Kopf angeht, der dergleichen plant, so glaube ich, auch ihm begegnet zu sein, in meinem Interview mit Dr. Karl Marx. Dr. Karl Marx ist ein deutscher Doktor der Philosophie, mit einem breit angelegten deutschen Wissen, das sich sowohl aus der Beobachtung der wirklichen Welt als aus Büchern speist. Erwähnen muss man, dass er nie ein Arbeiter im üblichen Sinne des Wortes war. Seine Erscheinung und Ausstrahlung sind die eines wohlhabenden Mannes der Mittelschicht. Der Salon, in den ich am Abend des Interviews geführt wurde, hätte auch einem erfolgreichen Börsenmakler zur Ehre gereicht. Es herrschte ein behaglicher Komfort, das Apartment eines Mannes mit Geschmack, der weder übertrieben war, noch etwas Charakteristisches von seinem Besitzer preisgab. Ein hübsches Album mit Ansichten vom Rhein auf dem Tisch verriet allerdings seine Herkunft. Ich lugte vorsichtig in die Vase auf einer Kommode, ob vielleicht eine Bombe darin steckte. Ich schnüffelte nach Petroleum, aber es duftete nach Rosen. Ich machte mich so klein wie möglich auf meinem Stuhl und rechnete mit dem Schlimmsten. Er ist eingetreten und hat mich herzlich begrüßt. Jetzt sitzen wir uns Aug in Auge gegenüber. Ja, ich habe ein tête-à-tête mit der Fleisch gewordenen Revolution, mit dem Begründer und Inspirator der Internationalen Assoziation, mit dem Verfasser jener Adresse, in der das Kapital gewarnt wird, dass ihm, wenn es einen Krieg gegen die Arbeit führt, das Haus über dem Kopf angesteckt wird – in einem Wort, mit dem Verfechter der Pariser Kommune. Können Sie sich eine Büste von Sokrates vorstellen, des Mannes, der lieber starb, als sich den Göttern seiner Zeit zu unterwerfen, dessen fein geschwungene Stirn in einen kleinen Höcker ausläuft, gefolgt von der Nase in Form eines halben Topfhakens? Lassen Sie eine solche Büste vor Ihrem geistigen Auge erscheinen, färben Sie den Bart schwarz mit grauen Einsprengseln, setzen Sie diesen Kopf auf einen stattlichen Körper mittlerer Größe, und Sie sehen den Doktor vor sich. Werfen Sie einen Schleier über den oberen Teil des Gesichts, und Sie sind in der Gesellschaft eines geborenen Kirchenältesten. Enthüllen Sie den wichtigsten Zug, die mächtigen Brauen, und Sie wissen sofort, dass Sie es mit einer formidablen Persönlichkeit zu tun haben – einem denkenden Träumer oder einem träumenden Denker.

Ich kam sofort auf den Zweck meines Besuchs zu sprechen. Die Welt, sagte ich, scheint im Dunkeln zu sein über die Internationale; sie hasst sie sehr, ohne erklären zu können, was es eigentlich ist, das sie hasst. Einige, die glauben, tiefer als die anderen in dieses Dunkel eingedrungen zu sein, behaupten, sie sei eine Art Januskopf, mit dem gütigen ehrlichen Lächeln eines Arbeiters auf dem einen Gesicht und dem mörderischen Blick eines Verschwörers auf dem andern. Ich bat Marx, das Geheimnis zu lüften, das diese Theorie umhüllt. Der Gelehrte lächelte und schmunzelte leise – so schien mir – bei dem Gedanken, dass wir solche Angst vor ihm haben.

Mein lieber Herr, es gibt gar kein Geheimnis zu lüften,

begann Marx in einer sehr gepflegten Form des Hans-Breitmann-Dialekts[1],

es sei denn das Geheimnis der menschlichen Dummheit bei jenen, die beharrlich die Tatsache ignorieren, dass unsere Assoziation in der Öffentlichkeit wirkt und dass ausführliche Berichte über ihre Tätigkeit veröffentlicht wurden für alle, die sie lesen wollen. Sie können unsere Statuten für einen Penny kaufen, und wenn Sie einen Shilling ausgeben, so können Sie Broschüren kaufen, aus denen Sie fast alles über uns erfahren können, was wir selbst wissen.

»Fast« – das mag stimmen. Doch ist nicht gerade das, was ich nicht weiß, vielleicht das Allerwichtigste? Ich will ganz offen mit Ihnen sein und die Frage so stellen, wie ein Außenstehender sie stellen muss: Beweist nicht gerade die allgemeine abfällige Einstellung zu Ihrer Organisation mehr als die unwissende Böswilligkeit der Massen? Und würden Sie mir, nach allem, was Sie mir soeben gesagt haben, noch die Frage gestatten: Was ist die Internationale eigentlich?

Sie brauchen sich doch nur die Menschen anzusehen, aus denen sie besteht – es sind Arbeiter.

Ja, aber Soldaten sind nicht immer die Exponenten der Regierung, die über sie verfügt. Ich kenne einige Ihrer Mitglieder, und ich glaube sehr wohl, dass sie nicht aus dem Stoff sind, aus dem Verschwörer gemacht werden. Überdies würde ein Geheimnis, das man mit Millionen Menschen teilt, kein Geheimnis bleiben. Was aber, wenn diese Menschen nur Werkzeuge in den Händen eines kühnen und – ich hoffe, Sie werden es mir verzeihen, wenn ich hinzufüge – in seinen Mitteln nicht gerade sehr wählerischen Konklaves wären?

Nichts beweist, dass dem so wäre.

Und der letzte Aufstand in Paris?

Zuerst einmal bitte ich Sie, zu beweisen, dass es überhaupt eine Verschwörung gegeben hat und dass nicht alles, was geschah, die gesetzmäßige Folge der vorhandenen Umstände gewesen ist. Doch angenommen, es sei eine Verschwörung gewesen, dann bitte ich Sie, mir zu beweisen, dass die Internationale Assoziation daran beteiligt war.

Das Vorhandensein so vieler Mitglieder der Assoziation in der Kommune.

Dann könnte es genauso eine Verschwörung der Freimaurer gewesen sein, denn ihr individueller Anteil war keineswegs gering. Ich wäre wirklich nicht erstaunt, wenn der Papst ihnen den ganzen Aufstand in die Schuhe schieben würde. Doch versuchen wir, eine andere Erklärung zu finden. Der Aufstand in Paris ist von den Pariser Arbeitern gemacht worden. Die fähigsten Arbeiter müssen folglich seine Führer und Vollstrecker gewesen sein; doch die fähigsten Arbeiter sind gleichzeitig auch Mitglieder der Internationalen Assoziation. Und trotzdem braucht die Assoziation als solche in keiner Weise für ihre Handlungen verantwortlich zu sein.

Die Welt wird das mit andern Augen betrachten. Die Leute reden von geheimen Instruktionen aus London und sogar von finanzieller Unterstützung. Kann behauptet werden, dass das angebliche Wirken der Assoziation in der Öffentlichkeit die Möglichkeit jeglicher geheimer Verbindungen ausschließt?

Hat es je eine Assoziation gegeben, die ihre Arbeit durchgeführt hat, ohne sowohl vertrauliche als auch öffentliche Verbindungen gehabt zu haben?

Aber von geheimen Instruktionen aus London als von Dekreten in Fragen des Glaubens und der Moral zu sprechen, die von irgendeinem Zentrum päpstlicher Herrschaft und Intrige ausgehen, würde bedeuten, das Wesen der Internationale völlig misszuverstehen. Das würde eine zentralisierte Regierungsform der Internationale voraussetzen; in Wirklichkeit gewährt jedoch die Organisationsform der Internationale gerade der örtlichen Initiative und Unabhängigkeit den größten Spielraum. In Wirklichkeit ist die Internationale überhaupt keine Regierung der Arbeiterklasse, sie ist eher eine Vereinigung als ein Befehlsorgan.

Und welchen Zweck verfolgt diese Vereinigung?

Die ökonomische Emanzipation der Arbeiterklasse durch die Eroberung der politischen Macht. Die Anwendung dieser politischen Macht für die Verwirklichung sozialer Ziele. Unsere Ziele müssen so umfangreich sein, damit sie alle Formen der Wirksamkeit der Arbeiterklasse einschließen. Hätten wir ihnen einen besonderen Charakter gegeben, dann hätten wir sie den Bedürfnissen nur einer Sektion, der Arbeiterklasse nur einer Nation anpassen müssen. Doch wie könnte man alle Menschen veranlassen, sich für die Interessen einiger weniger zu vereinigen? Wenn unsere Assoziation dies täte, dann hätte sie nicht mehr das Recht, sich Internationale zu nennen. Die Assoziation diktiert keine bestimmte Form der politischen Bewegung; sie verlangt nur, dass diese Bewegung auf ein und denselben Endzweck ausgerichtet ist. Sie umfasst ein Netz von Zweiggesellschaften, das sich über die ganze Welt der Arbeit erstreckt. In jedem Teil der Welt ergeben sich besondere Aspekte des Problems, die Arbeiter berücksichtigen diese und gehen auf ihre eigene Art an die Lösung heran. Die Vereinigungen der Arbeiter können nicht bis ins letzte Detail in Newcastle und in Barcelona, in London und in Berlin absolut identisch sein. In England zum Beispiel steht der Arbeiterklasse der Weg offen, wie sie ihre politische Macht entwickeln will. Ein Aufstand wäre dort eine Dummheit, wo man durch friedliche Agitation rascher und sicherer den Zweck erreicht. In Frankreich scheinen die Vielzahl der Unterdrückungsgesetze und der tödliche Antagonismus zwischen den Klassen eine gewaltsame Lösung der sozialen Auseinandersetzungen notwendig zu machen. Ob eine solche Lösung gewählt wird, das ist Sache der Arbeiterklasse dieses Landes. Die Internationale maßt sich nicht an, in dieser Frage zu diktieren, oder auch kaum, Ratschläge zu erteilen. Doch drückt sie jeder Bewegung ihre Sympathien aus und gewährt ihr im Rahmen ihrer eigenen Gesetze Hilfe.

Und welcher Natur ist diese Hilfe?

Ich will es an einem Beispiel erläutern. Eine der Formen, welche die Bewegung für die Emanzipation am meisten anwendet, ist der Streik. Brach früher in irgendeinem Lande ein Streik aus, so wurde er durch die Importation von Arbeitern aus anderen Ländern abgewürgt. Die Internationale hat mit all dem fast Schluss gemacht. Sie erhält über den beabsichtigten Streik Informationen, gibt diese an ihre Mitglieder weiter, die sofort zur Kenntnis nehmen, dass der Ort, wo dieser Kampf ausgetragen wird, für sie tabu ist. So sind die Fabrikanten nur auf ihre eigenen Arbeiter angewiesen. In den meisten Fällen brauchen die Streikenden keine andere Hilfe. Ihre eignen Beiträge oder die Sammlungen in andern Gesellschaften, denen sie unmittelbar angeschlossen sind, versorgen sie mit Mitteln. Wenn ihre Lage jedoch zu schwierig wird und der Streik die Billigung der Assoziation gefunden hat, dann werden die erforderlichen Mittel aus der gemeinsamen Kasse zur Verfügung gestellt. Auf diese Weise wurde vor einigen Tagen der Streik der Zigarrenarbeiter von Barcelona[2] siegreich zu Ende geführt. Doch die Assoziation ist nicht an Streiks interessiert, wenn sie solche auch unter gewissen Bedingungen unterstützt. Vom finanziellen Gesichtspunkt aus kann sie durch Streiks keineswegs gewinnen, aber leicht verlieren. Fassen wir kurz zusammen: Die Arbeiterklasse bleibt inmitten des wachsenden Wohlstands arm und verelendet inmitten des gesteigerten Luxus. Ihre materielle Not verkrüppelt die Arbeiter moralisch und auch physisch. Daher wurde es für sie zur zwingenden Notwendigkeit, ihre Sache selbst in die Hand zu nehmen. Sie müssen die Beziehungen zwischen sich und den Kapitalisten und den Landlords verändern, und das bedeutet, dass sie die Gesellschaft verändern müssen. Das ist das gemeinsame Ziel jeder bekannten Arbeiterorganisation; die Land and Labour Leagues, die Gewerksgenossenschaften und die Gesellschaften zur gegenseitigen Unterstützung, die Konsum- und Produktivgenossenschaften sind nur Mittel zur Erreichung dieses Ziels. Eine wirklich echte Solidarität zwischen diesen Organisationen herzustellen ist Aufgabe der Internationalen Assoziation. Ihr Einfluß beginnt sich überall fühlbar zu machen: Zwei Zeitungen verbreiten ihre Ansichten in Spanien, drei in Deutschland, die gleiche Anzahl in Österreich und in Holland, sechs in Belgien und sechs in der Schweiz. Nachdem ich Ihnen nun erzählt habe, was die Internationale ist, können Sie sich vielleicht schon selbst eine Meinung über ihre angeblichen Verschwörungen bilden.

Und Mazzini[3], ist er Mitglied Ihrer Organisation?

(lachend) Aber nein! Unsere Erfolge wären nicht sehr groß, hätten wir keine besseren Ideen gehabt als er.

Sie überraschen mich. Ich war fest davon überzeugt, dass er äußerst fortgeschrittene Ideen vertritt.

Er vertritt nichts anderes als die alte Idee von der bürgerlichen Republik. Wir aber wollen mit der Bourgeoisie nichts gemein haben. Er ist hinter der modernen Bewegung so weit zurückgeblieben wie die deutschen Professoren, die in Europa nichtsdestoweniger noch immer für die Apostel des entwickelten Demokratismus der Zukunft gehalten werden. Sie waren dies ohne Zweifel einmal, vielleicht vor 1848, als die deutsche Bourgeoisie, im englischen Sinne, kaum ihre eigene Entwicklung erreicht hatte. Doch jetzt haben sie sich mit Leib und Seele der Reaktion verschrieben, und das Proletariat kennt sie nicht mehr.

Manche Leute glauben, in Ihrer Organisation Elemente des Positivismus[4] entdeckt zu haben.

Keineswegs. Es gibt unter uns Positivisten, und es gibt Positivisten, die nicht unserer Organisation angehören, aber ebenfalls tätig sind. Doch ist dies keineswegs das Verdienst ihrer Philosophie, die nichts gemein haben will mit den Ideen der Volksmacht, wie wir sie verstehen; ihre Philosophie will nur die alte Hierarchie durch eine neue ersetzen.

Mir scheint, die Führer der modernen internationalen Bewegung müssten so, wie sie ihre eigne Assoziation geschaffen haben, auch ihre eigene Philosophie erarbeitet haben.

Das stimmt. Es ist zum Beispiel kaum anzunehmen, daß wir in unserem Krieg gegen das Kapital erfolgreich sein könnten, wenn wir unsere Taktik – sagen wir – von der politischen Ökonomie eines Mill[5] ableiten würden. Er hat eine Art der Beziehungen zwischen Arbeit und Kapital umrissen. Wir hoffen zu beweisen, dass es möglich ist, eine andere Beziehung herzustellen.

Und die Vereinigten Staaten?

Die Hauptzentren unserer Wirksamkeit befinden sich gegenwärtig in der Alten Welt, in den europäischen Ländern. Viele Umstände neigten bisher dazu, zu verhindern, dass die Arbeiterfrage eine alles überschattende Bedeutung in den Vereinigten Staaten erhält. Aber diese Umstände verschwinden rasch, und mit dem Wachstum der Arbeiterklasse in den Vereinigten Staaten beginnt sich der Gedanke durchzusetzen, dass es dort, wie auch in Europa, eine Arbeiterklasse gibt, die sich von der übrigen Gesellschaft unterscheidet und vom Kapital getrennt ist.

Es scheint mir, dass die erhoffte Lösung, welcher Art sie auch sein mag, in unserem Lande ohne die gewaltsamen Mittel der Revolution erreicht werden wird. Die englische

Methode, auf Versammlungen und in der Presse zu agitieren, bis die Minderheit zur Mehrheit wird, ist ein hoffnungsvolles Zeichen.

Ich bin in dieser Hinsicht nicht so optimistisch wie Sie. Die englische Bourgeoisie hat sich immer bereit gezeigt, das Urteil der Mehrheit anzunehmen, solange sie das Monopol bei den Wahlen besitzt. Doch seien Sie gewiss, sobald sie in Fragen, die sie für lebenswichtig hält, in der Minderheit sein wird, werden wir uns einem neuen Krieg der Sklavenhalter gegenübersehen.

Anmerkungen | **1** Gemeint ist der eigene Tonfall der Deutschen auf Englisch, in dem die burlesken »Breitmann ballads« des amerikanischen Schriftstellers Charles Godfrey Leland (1824 – 1903) geschrieben sind. Der Autor parodierte darin die Mundart der deutschen Ansiedler in den USA. **2** Dem Interviewer Landor, der den Inhalt der Unterredung aus dem Gedächtnis wiedergab, ist hier offensichtlich eine Ungenauigkeit unterlaufen. Im Frühjahr 1871 fand in Barcelona ein Streik der Textilarbeiter und nicht der Zigarrenarbeiter statt. Einen Streik der Zigarrenarbeiter gab es 1871 in Antwerpen und anderen Städten Belgiens. **3** Giuseppe Mazzini (1805 – 1872) war der Führer und Ideologe des republikanisch-demokratischen Flügels der nationalen Befreiungsbewegung Italiens. In den 60er Jahren gewann er vorübergehend starken Einfluss in der italienischen Arbeiterschaft und gründete Arbeitervereinigungen, die auf den Positionen der Klassenzusammenarbeit standen. Der Pariser Kommune stand Mazzini ablehnend gegenüber. **4** Der Positivismus, begründet im 19. Jahrhundert von Auguste Comte, Herbert Spencer und John Stuart Mill, erhob den Anspruch, eine gegen Spekulation und Metaphysik gerichtete wissenschaftliche Weltbetrachtung zu sein. (»Die Wissenschaft ist sich selbst Philosophie«.) Er forderte, von den Erscheinungen auszugehen und die Wissenschaft auf das Ordnen und Systematisieren der Erscheinungen zu reduzieren. Den spezifisch weltanschaulichen Charakter und Gegenstand der Philosophie negierte er. Der Positivismus hatte (und hat bis heute) auch unter Sozialisten seine Anhänger. **5** John Stuart Mill (1806 – 1873) war ein englischer Philosoph, Logiker und Nationalökonom. In seinen volkswirtschaftlichen Schriften erklärte er den Profit der Kapitalisten aus deren »Enthaltsamkeit« (quasi eine Vergütung dafür, dass sie den Gesamtgewinn aus dem Mehrwert nicht für persönliche Zwecke verjubeln und verprassen, sondern einen Teil davon für die Produktion von der Gesellschaft benötigter Waren wiederverwenden). Da Mill zwischen den Lebensinteressen der Arbeiterschaft und den Profitinteressen der Bourgeoisie mithilfe liberaler Reformen zu vermitteln suchte, zählt er zu den Ahnherren der Idee der Sozialpartnerschaft und bot für die späteren bürgerlichen Sozialreformer (»Kathedersozialisten«) wie für den rechtssozialistischen Reformismus Anknüpfungspunkte.

»Und zwar ist die Religion das Selbstbewusstsein und das Selbstgefühl des Menschen, der sich selbst entweder noch nicht erworben oder schon wieder verloren hat.«

Als Karl Heinrich Marx am 5. Mai 1818 in Trier zur Welt kommt, sind die beiden Attraktionen der Stadt die Porta Nigra, die noch heute manches Lateinbuch ziert, und der »Heilige Rock«. Das »schwarze Tor« ist das architektonische Relikt der ersten römischen Stadtgründung in Germanien, der Kaiserstadt »Augusta Treverorum« an der Mosel. Die Römer hatten den Weinbau gebracht und auch sonst alles, was gemeinhin zur Zivilisation gerechnet wird. Beim »Heiligen Rock« handelt es sich um eine Reliquie anderer Art, um ein Stück Tuch, das Jesus als Tunica oder Beinkleid getragen haben soll. 1512 wird es erstmals öffentlich gezeigt. Um das gute Stück vor Diebstahl zu schützen, wird es auf einer Festung versteckt und kehrt erst 1810 feierlich von Augsburg nach Trier zurück. Seither finden in unregelmäßigen Abständen Großwallfahrten statt, zuletzt 1996, an denen bis zu zwei Millionen Wundergläubige teilnehmen. Nach katholischem Kirchenrecht müssen falsche Reliquien beseitigt werden, weswegen das Ausstellungsstück heute nur noch als »Bild« deklariert wird.

Seit dem Kirchenvater Ambrosius (*339) hatte die Stadt keine berühmte Persönlichkeit mehr hervorgebracht. Es sollte fast anderthalb Jahrtausende dauern, bis es wieder so weit war und der Sprössling einer Trierer Familie das politische Machtgefüge des folgenden Jahrhunderts gewaltig durcheinander brachte. Für Pilger ganz anderer Art hat der Weinort an der Mosel jetzt einen dritten Publikumsmagneten, das Geburtshaus von Marx, ein Museum, das keine Reliquien konserviert, sondern anschaulich und zuverlässig über Leben und Werk informiert.

1815, drei Jahre vor Marx' Geburt, fällt Trier im Anschluss an den Wiener Kongress an Preußen, aber der Geist der französischen Aufklärung und des Code Napoléon, der sich unter französischer Herrschaft 21 Jahre lang ausgebreitet hatte, lässt sich nicht von heute auf morgen vertreiben. Von den rund 12.500 Bewohnern sind 2% Juden, 3% Protestanten, alle anderen sind katholisch. Die Wünsche der Stadt nach einer Universität und dem Sitz einer höheren Verwaltung werden von der preußischen Regierung nicht erfüllt. Immerhin wird Trier Garnisonsstadt, mit etwa 2.000 Soldaten, was Handwerkern, Händlern und Prostituierten zusätzlich Einnahmen verschafft. Stadtmauern, enge schmutzige Straßen, Kirchen und Klöster zeigen noch das mittelalterliche

Stadtbild, Kleinhandwerk, Wein- und Holzhandel prägen das Wirtschaftsleben – das einzig bedeutende Unternehmen ist eine Werft. 1837 kostet ein Scheffel (50 Liter) des Grundnahrungsmittels Roggen 2 Taler, das Jahreseinkommen eines Eisenarbeiters liegt bei 10 Talern. Infolge der preußischen Zollgesetzgebung werden die Moselweine bald durch süddeutsche Weinsorten verdrängt, die Preise für Moselwein fallen zwischen 1826 und 1837 von 120 Talern auf ruinöse 20 Taler für ein Fuder (1.000 Liter). Das führt zur massiven Verarmung der Bevölkerung: 1830 beträgt die Arbeitslosigkeit in Trier 25%, und täglich werden von der Stadt ungefähr 500 Armensuppen verteilt.

Ab 1815 darf im Rheinland kein Jude mehr Lehrer, Richter, Advokat, Apotheker oder Offizier werden, und ab 1824 können nur noch getaufte Kinder öffentliche Schulen besuchen. Marx' Vater, Hirschel Marx, der aus einer Rabbiner-Familie stammt, bleibt keine andere Wahl, als zu konvertieren, will er weiter als Anwalt seine Familie ernähren und die Kinder in die Schule schicken. Er wählt den Vornamen Heinrich und lässt vor der Einschulung von Karl 1824 die Kinder protestantisch taufen. Die Mutter, Henriette Preßburg (1787 – 1863) aus Nimwegen, gleichfalls aus einer Rabbinerfamilie, wartet mit ihrer Taufe noch ein Jahr, bis nach dem Tod ihres Vaters.

Karl Marx ist der Drittgeborene von insgesamt vier Söhnen und fünf Töchtern. Fünf Kinder sterben jung, und Karl bleibt der einzige männliche Nachfahre. Die ganze Liebe und Fürsorge der Eltern konzentriert sich auf ihn. Die Mutter, die besser holländisch als deutsch spricht, erteilt ihrem »Glückskind« brieflich gute Ratschläge für die Haushaltsführung und sorgt sich ständig um seinen Lebenswandel. 1863, vier Jahre vor Erscheinen des *Kapital,* stirbt sie. Ihr wird das bittere Diktum zugeschrieben, Karl hätte sich besser ein Kapital zugelegt, als ein Buch darüber zu schreiben.

Größeren Einfluss hat der Vater. Vertraut mit dem Denken der Aufklärung, insbesondere mit den Schriften von Lessing, Leibniz und Locke, bleibt er in ständigem intellektuellem Austausch mit Karl. Die Wahl des Studienfachs (Jura) und des endgültigen Studienorts (Berlin) gehen auf ihn zurück. Ihr intensiver Briefwechsel endet 1838 mit Heinrichs frühem Tod. Marx, gerade 20 Jahre alt, erbt etwa 800 Taler, das Dreifache des durchschnittlichen Jahreseinkommens eines Handwerkers. Nach dem recht zweifelhaften Zeugnis seiner jüngsten Tochter Eleanor soll er stets ein Bild seines Vaters bei sich getragen haben, das ihm auch ins Grab mitgegeben wurde.

1835, mit 17 Jahren, macht Marx Abitur am staatlichen Friedrich-Wilhelm Gymnasium. Er ist kein schulischer Überflieger, aber seine Leistungen sind durchweg gut. Zum Studium geht er nach Bonn. Die Stadt ist etwa viermal so groß wie Trier und lebt ganz für die Angehörigen der Universität mit ihren 60 Professoren und 700 Studenten. Marx belegt juristische Vorlesungen und hört auch den berühmten Shakespeare-Übersetzer Wilhelm August Schlegel. Er wird Mitglied im »Poetenbund«, sammelt Volkslieder und schreibt selbst Gedichte und Balladen. Seiner Jugendliebe Jenny sind viele dieser sentimentalen Zeilen gewidmet. »Jenny! darf ich kühne es sagen, dass die Seelen liebend wir getauscht, dass in eines sie glühend schlagen, dass ein Strom durch ihre Wellen rauscht« und so in einem fort. Marx macht Schulden, duelliert sich, kommt wegen Trunkenheit in den Karzer, mit einem Wort, er führt ein ganz normales Studentenleben.

In den Semesterferien 1836 verlobt er sich heimlich mit der Angebeteten aus seinen Gedichten, der vier Jahre älteren Nachbarstochter Jenny von Westphalen (1814 – 1881). Sie kennen sich seit der Schulzeit, und ihr Vater, der Geheime Regierungsrat Ludwig von Westphalen (1770 – 1842) spielt für Marx eine außerordentlich wichtige Rolle. Während ihm sein eigener Vater die Autoren der deutschen Aufklärung nahe bringt, lernt er durch seinen späteren Schwiegervater die Werke Homers und Shakespeares kennen und lieben. Ludwig von Westphalen war von dem Wissensdurst und dem enormen Gedächtnis des Nachbarjungen begeistert, und Marx widmet ihm seine Doktorarbeit. Unzählige Shakespearezitate finden sich später in den Arbeiten und Briefen von Marx und bestimmen die alltäglichen Redensarten seiner Familie. Trotz aller Sympathie sind Vater und Schwiegervater realistisch genug, eine öffentliche Verlobung nicht zuzulassen, denn Karl ist mittellos und ohne abgeschlossene Ausbildung. Der Vater drängt ihn sogar, einen weit entfernten Studienort zu wählen – wobei allerdings auch der hervorragende Ruf der Universität Berlin eine Rolle gespielt haben mag. Er untersagt ihm, Jenny zu schreiben, und löst dadurch eine weitere Gedichtflut aus, die Marx selbst in dem Brief an seinen Vater in Trier 1837 vernichtend beurteilt.

Im August 1836 macht sich Marx auf den Weg nach Berlin. Fünf Tage dauert die Reise mit der Postkutsche, einen Eisenbahnanschluss bekommt Trier erst 1856 durch die Verbindung mit den Kohlengruben des Saarlands, als Marx schon im Londoner Exil weilt. Berlin hat 320.000 Einwohner und ist eine arme Stadt, es gibt weder einen alteingesessenen Adel wie in Wien noch ein reiches Bürgertum wie in Köln oder Leipzig. Die innerdeutschen Zollgrenzen sind erst seit zwei Jahren beseitigt, die Tuch- und Eisenbahnindustrie steckt noch in den Anfängen. Kleinproduktion und Handwerk, auf die der adelige

Offiziersstand hochmütig herabblickt, bilden die Basis des Wirtschaftslebens. Die Zeitungen befassen sich vor allem mit Theater und Literatur. Kaffeehäuser und Salons sind in bester französischer Tradition Treffpunkte einer literarischen oder philosophischen Opposition. Die 1810 gegründete Friedrich-Wilhelms-Universität – seit 1949 nach ihrem Gründer Humboldt benannt – gehört mit ihren 2.100 Studenten zu den angesehensten Europas. Die Philosophen Fichte (1762 – 1814) und Hegel (1770 – 1831), der Theologe, Hermeneutiker und Übersetzer Schleiermacher (1768 – 1834), der Chemiker Klaproth (1743 – 1817) und der Althistoriker Niebuhr (1776 – 1831) prägten den Geist dieser Universität. Der Jurist Karl von Savigny (1769 – 1861) und der Historiker Leopold von Ranke (1795 – 1886) lehren noch, als Marx dort sein Studium aufnimmt.

Marx besucht juristische Vorlesungen, studiert aber auch die antiken Autoren und erstellt Exzerpte der Schriften von Aristoteles, Spinoza, Leibniz, Hume und Francis Bacon. Er befasst sich mit deutscher Geschichte, englischer und italienischer Grammatik, und er liest Fichte, Schelling, Hegel sowie seine wichtigsten Schüler. Völlig überarbeitet muss er im Sommer 1837 eine Erholung in dem Fischerdorf Stralau an der Spree antreten, einem beliebten Ausflugsziel der Berliner. Das Recht, so schreibt er seinem Vater, interessiere ihn weniger als die ihm zugrunde liegende Philosophie. Marx sucht nach dem Absoluten, nach Prinzipien, Definitionen und Begriffen. Insgesamt vier Jahre bis 1841 bleibt er in Berlin. Wegen »Brustschwäche und periodischem Blutspeien« wird er von dem allgemein verhassten preußischen Militärdienst befreit. Der Vater hatte ihn mit guten Ratschlägen dazu ermutigt, die Mutter schickte ihm entsprechende Atteste.

Die Julirevolution 1830 in Paris, die Aufstände der Belgier und Polen sowie die Revolte in Rom führen in vielen süddeutschen Staaten zu liberalen Verfassungsänderungen, in Preußen bleiben sie zunächst folgenlos. Das Hambacher Fest 1832 feiert diese Ereignisse und löst eine erneute Verschärfung der Zensur und der politischen Verfolgung aus. Das Paris des liberalen Bürgerkönigs Louis-Philippe wird zum Ziel vieler Emigranten. Literaten, Handwerkerbrüderschaften aus Deutschland und der Schweiz, Radikale aller Schattierungen finden in der pulsierenden Stadt vielfältige Kontakte. Schriftsteller des Jungen Deutschland, Zeitungen und die rasch wachsende Studentenschaft lassen sich von den deutschen Verhältnissen nicht entmutigen. Der Protest von sieben Göttinger Universitätsprofessoren – unter ihnen die Brüder Grimm – gegen den Verfassungsbruch ihres Landesherrn 1837 findet in ganz Deutschland lebhafte Unterstützung. Es entstehen gesellschaftskritische Zirkel, Geheimbünde und Vereine, auch in Berlin.

Marx wird in den »Doktorclub«, wie er ihn nennt, der Jung-Hegelianer aufgenommen, in einen Kreis von Journalisten, Schriftstellern, Dozenten und Intellektuellen mit Ablegern in Halle, Köln und Königsberg. Durch Reisen, Briefe und gesellige Treffen halten sie Kontakt und diskutieren ihre Ansichten. Es gibt Unterschiede in der politischen Radikalität, aber ihr gemeinsamer Ausgangspunkt ist die Kritik der hegelschen Philosophie und die Frage nach der Verwirklichung von Philosophie. Hegel hatte das Wirkliche als vernünftig erklärt, sie wollen das Vernünftige verwirklichen. Sie lehnen Hegels konservative Verklärung des preußischen Staates und seiner Institutionen, insbesondere der Kirchen ab. Die Mitglieder sind durchschnittlich zehn Jahre älter als Marx. Arnold Ruge (1802 – 1880), ehemaliges Mitglied eines Geheimbundes und lange in Festungshaft, begründet 1838 die *Hallischen Jahrbücher für deutsche Wissenschaft und Kunst*, das führende Organ der Junghegelianer, in dem die Auseinandersetzungen mit den Althegelianern geführt werden. Der führende Kopf ist Bruno Bauer (1809 – 1882), Privatdozent für Theologie in Berlin seit 1834. Er bestreitet die historische Existenz von Jesus und betrachtet die Schriften des Neuen Testaments nur noch als literarisches Ergebnis der frühchristlichen Gemeinden. Wolfgang Menzel (1798 – 1873), erzkonservativer Redakteur des *Cottaschen Literaturblattes* diagnostiziert in seiner Polemik gegen die Schriftsteller des »Jungen Deutschland« (Heine, Gutzkow, Laube) zutreffend die Lage. 1835 schreibt er: »Der deutsche Büchermarkt wurde damals überschwemmt mit Übersetzungen der destruktivsten, irreligiösesten und unsittlichsten Werke der französischen Dichter (Victor Hugo, George Sand, Eugen Sue, Balzac, Paul de Kock usw.). Zugleich gingen die Saaten auf, welche die alten Rationalisten und die neuen Hegelianer auf den Universitäten gesäet hatten. Der Unglaube warf alle Scham von sich.«

Marx' Doktorarbeit, an der er seit 1839 arbeitet, orientiert sich an den Diskussionen der Junghegelianer, die in bewusster Opposition zu Hegels Verachtung der drei kritischen Philosophenschulen der Antike die prinzipiellen Zweifel der Skeptiker, die Ablehnung der Religion durch die Epikuräer und die republikanische Gesinnung der Stoiker diskutieren. In der Krise des römischen Weltreiches hatten diese Schulrichtungen den Menschen auf sein inneres Leben, sein Selbstbewusstsein verwiesen und geraten, das Glück bei sich zu suchen, um von den unsicheren gesellschaftlichen Verhältnissen unabhängig zu werden. Für das Promotionsverfahren greift Marx auf einen beliebten Ausweg zurück. Einige Universitäten boten an, unter Verzicht auf die schwierige mündliche Prüfung auf dem Postweg zu promovieren, und stellten dafür die enorme Gebühr von 160 Talern in Rechnung. Marx bekommt das Geld von seiner Mutter, schickt die Arbeit an einen befreundeten Professor in Jena und erhält binnen einer Woche seine Urkunde. Seine Arbeit *Die Differenz der demokritischen und epikureischen Naturphilosophie* erläutert die These, Epikur habe im Atom nicht nur die materielle Grundlage der Erscheinungswelt, sondern auch das Vorbild des isolierten Individuums gesehen. In der ungeraden Bewegung des Atoms sei der freie Wille der lebenden Wesen vorbereitet. Demokrit habe im Atom nur die Zwänge der Natur gesehen, während Epikur mit seiner Atomlehre eine »Naturwissenschaft des Selbstbewusstseins« ermögliche. Diese willkürliche Rekonstruktion Epikurs ist weit entfernt von Marx' späterer wissenschaftlicher Weltsicht, zumal ihm die zeitgenössische (englische) chemische Atomforschung, die an Demokrit anknüpft, noch nicht bekannt ist.

Solange der preußische Kulturminister von Altenstein seine schützende Hand über die Junghegelianer hält, können sie sich Hoffnung auf Universitätsstellen machen – nach seinem Tod 1840 konzentriert sich ihre Opposition auf Publikationen in Zeitschriften. Im Juli 1841 geht Marx nach Bonn. Er folgt einer Einladung Bruno Bauers, der allerdings wenig später auf Weisung des neuen preußischen Kultusministers wegen Atheismus von der Theologischen Fakultät ausgeschlossen wird. Marx weiß, dass auch er sich keine Hoffnung auf eine Universitätskarriere machen darf. Ihr gemeinsamer Plan, eine radikalere Zeitschrift als die *Halleschen Jahrbücher* herauszugeben, scheitert.

Glücklicherweise wird Adolph Rutenberg, ein Mitglied des Berliner Zirkels, Chefredakteur der *Rheinischen Zeitung für Politik, Handel und Gewerbe* in Köln und lädt die Junghegelianer des ehemaligen Doktorclubs Bruno Bauer, Karl Friedrich Köppen, Max Stirner, Eduard Meyen und Karl Marx zur Mitarbeit ein.

Hegel bleibt immer präsent. Sobald Marx gesellschaftstheoretische Fragen behandelt, greift er auf ihn zurück. Sein Verhältnis zum hegelschen Denken ist dabei zwiespältig. Im Nachwort zur zweiten Auflage des *Kapital* (1873) schreibt er: »Meine dialektische Methode ist der Grundlage nach von der hegelschen nicht nur verschieden, sondern ihr direktes Gegenteil. Für Hegel ist der Denkprozess, den er sogar unter dem Namen Idee in ein selbstständiges Subjekt verwandelt, der Demiurg des Wirklichen, das nur seine äußere Erscheinung bildet. Bei mir ist umgekehrt das Ideelle nichts andres als das im

Menschenkopf umgesetzte und übersetzte Materielle. Die mystifizierende Seite der hegelschen Dialektik habe ich vor beinah 30 Jahren, zu einer Zeit kritisiert, wo sie noch Tagesmode war. Aber grade als ich den ersten Band des *Kapital* ausarbeitete, gefiel sich das verdrießliche, anmaßliche und mittelmäßige Epigonentum, welches jetzt im gebildeten Deutschland das große Wort führt, darin, Hegel zu behandeln, wie der brave Moses Mendelssohn zu Lessings Zeit den Spinoza behandelt hat, nämlich als ›toten Hund‹. Ich bekannte mich daher offen als Schüler jenes großen Denkers und kokettierte sogar hier und da im Kapitel über die Werttheorie mit der ihm eigentümlichen Ausdrucksweise. Die Mystifikation, welche die Dialektik in Hegels Händen erleidet, verhindert in keiner Weise, dass er ihre allgemeinen Bewegungsformen zuerst in umfassender und bewusster Weise dargestellt hat. Sie steht bei ihm auf dem Kopf. Man muss sie umstülpen, um den rationellen Kern in der mystischen Hülle zu entdecken.«[1]

Marx hat sich nur selten über seine Methoden und ihre Herkunft geäußert. Auch hier lässt er offen, was er mit »umstülpen«, »Mystifizierung« und »rationellem Kern« meint. Mit Umstülpen kann das Umstülpen eines Handschuhs gemeint sein, um das Innere nach außen zu wenden. Die vereinfachende Formulierung: »damit wurde die hegelsche Dialektik (…) vom Kopf, auf dem sie stand, wieder auf die Füße gestellt« stammt von Engels.[2] Auch Marx will die bürgerliche Gesellschaft als System darstellen und teilt mit Hegel die Überzeugung, dass die Darstellung eines Systems von einem Zentralbegriff auszugehen hat, aus dem alle wesentlichen Elemente des Systems erklärbar sind. Erst die Durchführung des Systems kann die Tragfähigkeit des zentralen Ausgangsbegriffs erhärten. Im Unterschied zu Hegels Zentralbegriff »Geist«, entscheidet sich Marx für den Begriff »Arbeit«, auf den alle wesentlichen Merkmale des kapitalistischen Gesellschaftssystems zurückführbar sein müssen.

Nach Hegel, der seine Glaubensüberzeugungen hinter seiner Philosophie verbirgt, ist das Weltsystem vom Geist (= Gott) geschaffen. Auch die Struktur der materiellen Welt ist von der Struktur des Geistes her zu begreifen. Gottes allmächtiger Wille ist frei, er schafft die Welt als Selbstverwirklichung seiner selbst und daher nur als das andere seiner selbst. Er setzt sich selbst als ein anderes. Indem er das andere als different von sich selbst und doch identisch mit sich selbst erkennt, kehrt er zu sich zurück und ist bei sich. Einen Vorläufer hat dieses Denkmuster schon in der Spekulation über die Dreifaltigkeit Gottes der Kirchenväter im 4. Jahrhundert: Entäußerung des Vaters in den Sohn und Rückkehr in den Vater als Geist. Die endliche Erkenntnis der Menschen (von der diese Überlegungen abgelesen sind) wiederholt diesen Prozess. Das erkennende Subjekt geht aus sich heraus zum Objekt, begreift dieses als seine Setzung und kehrt mit diesem Wissen zu sich zurück. Da die Welt als das andere der göttlichen Vernunft begriffen wird, kann Hegel sagen, alles Wirkliche ist vernünftig. Da der göttliche Geist die Differenz zu sich als Welt selbst hervorbringt, kann Hegel Natur und Welt als Selbstentfaltung des Geistes begreifen. Diesen Grundgedanken hat er in einem enzyklopädischen Werk dargestellt, in dem er Naturgeschichte, Völkergeschichte und Rechtsgeschichte als Entwicklungen der Idee plausibel zu machen sucht.

Marx knüpft an diese Systematik an. Sein Ausgangsbegriff der Arbeit zur Erklärung des kapitalistischen Systems meint nicht das konkrete Arbeiten wie schreinern oder Fliesen legen, ebenso wenig meint er damit Arbeit ohne bestimmten Inhalt, als Sammelbegriff aller denkbaren Arbeiten. Arbeit bezeichnet vielmehr den Zusammenhang der Menschen in einer Gesellschaft, das soziale Netz, in dem alle Arbeiten unbegrenzt gegenseitig austauschbar sind. Dieser abstrakteste Begriff von Arbeit lässt sich unter zwei Perspektiven beschreiben: der Arbeit für sich und der Arbeit für andere. Letztere nennt Marx gesellschaftliche Arbeit. Arbeit für sich und Arbeit für andere können zusammenfallen, etwa in sehr frühen Produktionsgemeinschaften, wo die Feldarbeit der Frau und die Jägerarbeit des Mannes unmittelbar der Gemeinschaft zugute kommen. Die Verteilung des Arbeitsertrages erfolgt nicht durch Tausch, sondern durch Tradition und Herkommen. Ganz anders stellt sich das in modernen Gesellschaften seit dem 15. Jahrhundert dar, als sich individuelle und gesellschaftliche Arbeit trennen. Die individuelle Arbeit des Schreiners ist nur dann Arbeit für andere, wenn sein Tisch gekauft wird. Ist sein Tisch unverkäuflich, bleibt die Tischlerarbeit sein Privatvergnügen, seine Arbeit ist nicht gesellschaftlich, er erhält keine fremde Arbeit dafür, beispielsweise Brot. Nur der Tausch verwandelt Privatarbeit in gesellschaftliche Arbeit.

Nach dem Vorbild Hegels zeigt Marx die Weiterentwicklung des Gegensatzes von Arbeit für sich und Arbeit für andere in kapitalistischen Gesellschaften. Er zeigt sich zunächst als Gegensatz von Gebrauchswert und Tauschwert einer Ware. Ein teurer Tisch leistet dieselben Dienste wie ein billiger Tisch, sein Gebrauchwert ist von seinem Tauschwert oder Preis unabhängig. Im Tauschwert sind alle inhaltlichen Unterschiede von Waren ausgelöscht, der Tauschwert von einem Euro kauft unterschiedslos Brot oder Dieselöl. Inhaltlich unvergleichbare Gebrauchswerte wie Kaugummi und Zahngold werden hinsichtlich ihres Wertes verglichen und gegen den entsprechenden Geldbetrag ausgetauscht, der sich nur noch durch seine Quantität unterscheidet. Der Doppelcharakter der Arbeit als Trennung von privater und gesellschaftlicher Arbeit erhält im Geldwert der Waren eine neue Erscheinungsform als Unterscheidung von Gebrauchswert und Tauschwert oder Preis.

Geld wiederum ist gleichfalls nur eine Ware, die von einer Gesellschaft zum allgemeinen Tauschmittel bestimmt wurde. Der Gegensatz von privater und gesellschaftlicher Arbeit, von Gebrauchswert und Tauschwert wiederholt sich bei der Geldware auf einer neuen Stufe. Geld ist immer eine begrenzte Summe, aber gegen beliebige Waren eintauschbar. Der Hunger nach mehr und vielen verschiedenen Waren setzt die Dynamik frei, mehr Geld haben zu wollen, das Geld zu vermehren. Dadurch wird Geld zu Kapital. Geldkapital kauft Waren, um sie teurer zu verkaufen, durch An- und Verkauf von Waren vermehrt sich das Kapital.

Wie Hegel die Welt als Selbstentfaltung des Geistes, so schildert Marx den Kapitalismus als Selbstentfaltung der Arbeit. Arbeit, Wert, Ware, Geld, Kapital bilden eine Entwicklungsreihe, die jeweils auf neue Weise die historische Trennung von privater und gesellschaftlicher Arbeit seit dem 15. Jahrhundert demonstriert. Voller Spott benutzt Marx auch das uralte dialektische Schema des dreifaltigen Gottes, um die Selbstentfaltung des Werts zu illustrieren:

»Wenn in der einfachen Zirkulation der *Wert* der Waren ihrem Gebrauchswert gegenüber höchstens die selbstständige Form des Geldes erhält, so stellt er sich hier plötzlich dar als eine prozessierende, sich selbst bewegende Substanz, für welche Ware und Geld beide bloße Formen sind. Aber noch mehr. Statt Warenverhältnisse darzustellen, tritt er jetzt sozusagen in ein Privatverhältnis zu sich selbst. Er unterscheidet sich als ursprünglicher *Wert* von sich selbst als Mehrwert, als Gott Vater von sich selbst als Gott Sohn, und beide sind vom selben Alter und bilden in der Tat nur eine Person, denn nur durch den Mehrwert von 10 Pfd. St(erling). werden die vorgeschossenen 100 Pfd. St. Kapital, und sobald sie dies geworden, sobald der Sohn und durch den Sohn der Vater erzeugt, verschwindet ihr Unterschied wieder und sind beide Eins, 110 Pfd. St.«[3]

Das Kapital als Abkömmling einer spezifisch historischen Form des Arbeitens, wie sie sich seit dem 15. Jahrhundert herausgebildet hat, ist die »prozessierende Substanz«, der unsichtbare Gott der Warengesellschaft. Aus der Sicht der modernen Soziologie (Jürgen Habermas) verknüpft Marx' dialektische Methode handlungstheoretische und systemtheoretische Grundbegriffe. Er gibt

Übersetzungsregeln an, nach denen Handlungen (arbeiten) dem System (Warenproduktion) zugeordnet werden. Aus individuellem Handeln entsteht ein Tauschsystem, in dem personale Beziehungen nur noch als sachliche Beziehungen von Waren erscheinen können. Der historische Ursprung dieser sehr speziellen Form füreinander zu arbeiten wird dabei unsichtbar. Handeln und System sind unlösbar miteinander verknüpft. Das Handeln von Kapitalisten und Arbeitern kann daher nicht hinreichend aus ihren persönlichen Motiven erklärt werden. Die Habgier des Kapitalisten ist kein Charakterfehler, sondern ergibt sich aus den Möglichkeiten der unbegrenzten Geldvermehrung des Systems. Der Gehorsam der Arbeiter ist keine Dummheit, sondern Ergebnis der undurchschaubaren versachlichten Beziehungen des Gesellschaftssystems. Diese Strukturen sind zwar in einem langen Prozess geschaffen worden, aber verselbstständigen sich zunehmend und engen den Handlungsspielraum ein.

Dialektik bei Marx ist eine begriffliche Verarbeitung und Darstellung der sozialen Wirklichkeit. Auch für Marx ist das Wirkliche vernünftig, soweit es als Verwirklichung des Begriffs der Arbeit rational entschlüsselt werden kann. Wie bei Hegel soll vor allem die Entwicklungsdynamik der Gesellschaft begreifbar werden, wobei Marx der Veränderung der Struktur durch Handeln größere Chancen einräumt als Hegel – sonst wäre Revolution nicht möglich. Im Gegensatz zu manchen, politisch motivierten, hoffnungsvollen Äußerungen bleibt Marx in der Theorie sehr bedächtig. Seine Dialektik erklärt Entstehung und Veränderung der kapitalistischen Gesellschaftsstruktur durch ihre Elemente Warenproduktion und Lohnarbeit, begreift aber diese Elemente aus der Struktur, ohne vereinfachende Ursache-Wirkungsverhältnisse zu konstruieren. Hierzu dient ihm der Begriff des Widerspruchs. Ein dialektischer Widerspruch besteht dort, wo etwas sich mit seinem selbsterzeugten Gegenteil zusammenschließt: Arbeit für sich und Arbeit für andere, Privatarbeit und gesellschaftliche Arbeit, Ware und Geld, Lohnarbeit und Kapital. Kennzeichen des dialektischen Widerspruchs ist es, dass er sich zu immer neuen Stufen entwickelt, nicht aufgelöst wird, sondern nur neue Verwirklichungsformen erhält und die Struktur der kapitalistischen Gesellschaft erzeugt.

Eine grundlegende Kritik dieser dualistischen Weltsicht formuliert erst die französische Kulturtheorie nach 1945. Beeinflusst von der Linguistik Ferdinand de Saussures (1857 – 1913) betont die französische Sozialphilosophie noch einmal die Prägung individuellen Verhaltens durch bestimmende Strukturen in allen Bereichen des gesellschaftlichen Lebens. Ab Mitte der 70er-Jahre wird jedoch die geschichtliche Bedingtheit von Strukturen wieder deutlicher gesehen und die Rolle der Akteure neu bewertet. Das Denken öffnet sich in Richtung unbestimmter »nomadischer« Begriffe, das Vielfältige wird gegen das Eine gesetzt. »Dekonstruktion« wird zum methodologischen Programm. Für Michel Foucault (1926 – 1984) und Gilles Deleuze (1925 – 1995) gilt Nietzsche als vorbildlicher Denker. An die Stelle dualer Gegensätze: Innen – Außen, Subjekt – Objekt, Körper – Geist, eines – vieles soll die Vielfältigkeit als unmittelbar Gegebenes, eine Mannigfaltigkeit der Kräfteverhältnisse treten. Foucault und Deleuze bestreiten die Existenz einer »prozessierenden Substanz« der Gesellschaft und alle davon abgeleiteten Auffassungen, wie die Kontinuität von Geschichte und Subjekten. Die Vielfalt der Erscheinungen wird als Diskontinuität, Nichtidentität und Singularität beschrieben. Kämpfe verlaufen dezentral, vielfältig und nicht zielgerichtet. Es gibt flüssige Übergänge, Brüche, Prozesse des Werdens und des Wandels, Bewegung, ständige Reorganisation, unbekannte Entwicklungen und Fluchtlinien. Unter Verzicht auf eine strenge Methodik werden aus Literatur, Kunst und Medien ungewohnte Verbindungen zwischen Körperwahrnehmungen, Wörtern, Bildern, Vorstellungen, Fantasien, Geschichten oder Ereignissen geknüpft, die den kulturellen Wandel einer Gesellschaft erfahrbar machen. Ob diese Formen der Gesellschaftsanalyse die marxschen Paradigmen ablösen oder nur ergänzen, ist offen.

Anmerkungen | **1** MEW 23, S. 27. **2** MEW 21, S. 293. **3** MEW 23, S. 169 – 170.

Brief an den Vater in Trier

1837

Berlin, den 10ten November 1837

Teurer Vater!

Es gibt Lebensmomente, die wie Grenzmarken vor eine abgelaufene Zeit sich stellen, aber zugleich auf eine neue Richtung mit Bestimmtheit hinweisen.

In solch einem Übergangspunkte fühlen wir uns gedrungen, mit dem Adlerauge des Gedankens das Vergangene und Gegenwärtige zu betrachten, um so zum Bewusstsein unserer wirklichen Stellung zu gelangen. Ja, die Weltgeschichte selbst liebt solches Rückschaun und besieht sich, was ihr dann oft den Schein des Rückgehns und Stillstandes aufdrückt, während sie doch nur in den Lehnstuhl sich wirft, sich zu begreifen, ihre eigne, des Geistes Tat geistig zu durchdringen.

Der Einzelne aber wird in solchen Augenblicken lyrisch, denn jede Metamorphose ist teils Schwanensang, teils Ouvertüre eines großen neuen Gedichtes, das in noch verschwimmenden, glanzreichen Farben Haltung zu gewinnen strebt; und dennoch möchten wir ein Denkmal setzen dem einmal Durchlebten, es soll in der Empfindung den Platz wiedergewinnen, den es für das Handlen verloren, und wo fände es eine heiligere Stätte als an dem Herzen von Eltern, dem mildesten Richter, dem innigsten Teilnehmer, der Sonne der Liebe, deren Feuer das innerste Zentrum unserer Bestrebungen erwärmt! Wie könnte besser manches Missliebige, Tadelnswerte seine Ausgleichung und Verzeihung erhalten, als wenn es zur Erscheinung eines wesentlich notwendigen Zustandes wird, wie könnte wenigstens das oft widrige Spiel der Zufälligkeit, der Verirrung des Geistes dem Vorwurfe missgestalteten Herzens entzogen werden?

Wenn ich also jetzt am Schlusse eines hier verlebten Jahres einen Blick auf die Zustände desselben zurückwerfe und so, mein teurer Vater, deinen so lieben, lieben Brief von Ems beantworte, so sei es mir erlaubt, meine Verhältnisse zu beschauen, wie ich das Leben überhaupt betrachte, als den Ausdruck eines geistigen Tuns, das nach allen Seiten hin, in Wissen, Kunst, Privatlagen dann Gestalt ausschlägt.

Als ich euch verließ, war eine neue Welt für mich erstanden, die der Liebe, und zwar im Beginne sehnsuchtstrunkner, hoffnungsleerer Liebe. Selbst die Reise nach Berlin, die mich sonst im höchsten Grade entzückt, zu Naturanschauung aufgeregt, zur Lebenslust entflammt hätte, ließ mich kalt, ja sie verstimmte mich auffallend, denn die Felsen, die ich sah, waren nicht schroffer, nicht kecker als die Empfindungen meiner Seele, die breiten Städte nicht lebendiger als mein Blut, die Wirtshaustafeln nicht überladener, unverdaulicher als die Fantasiepakete, die ich trug, und endlich die Kunst nicht so schön als Jenny.

In Berlin angekommen, brach ich alle bis dahin bestandenen Verbindungen ab, machte mit Unlust seltene Besuche und suchte in Wissenschaft und Kunst zu versinken.

Nach der damaligen Geisteslage musste notwendig lyrische Poesie der erste Vorwurf, wenigstens der angenehmste, nächstliegende sein, aber, wie meine Stellung und ganze bisherige Entwickelung es mit sich brachten, war sie rein idealistisch. Ein ebenso fern liegendes Jenseits, wie meine Liebe, wurde mein Himmel, meine Kunst. Alles Wirkliche verschwimmt, und alles Verschwimmende findet keine Grenze, Angriffe auf die Gegenwart, breit und formlos geschlagenes Gefühl, nichts Naturhaftes, alles aus dem Mond konstruiert, der völlige Gegensatz von dem, was da ist und dem, was sein soll, rhetorische Reflexionen statt poetischer Gedanken, aber vielleicht auch eine gewisse Wärme der Empfindung und Ringen nach Schwung bezeichnen alle Gedichte der ersten drei Bände, die Jenny von mir zugesandt erhielt. Die ganze Breite eines Sehnens, das keine Grenze sieht, schlägt sich in mancherlei Form und macht aus dem »Dichten« ein »Breiten«.

Nun durfte und sollte die Poesie nur Begleitung sein; ich musste Jurisprudenz studieren und fühlte vor allem Drang, mit der Philosophie zu ringen. Beides wurde so verbunden, dass ich teils Heineccius, Thibaut und die Quellen rein unkritisch, nur schülerhaft durchnahm, so z. B. die zwei ersten Pandektenbücher ins Deutsche übersetzte, teils eine Rechtsphilosophie durch das Gebiet des Rechts durchzuführen suchte. Als Einleitung schickte ich einige metaphysische Sätze voran und führte dieses unglückliche Opus bis zum öffentlichen Rechte, eine Arbeit von beinahe 300 Bogen.

Der Begriff ist ja das Vermittelnde zwischen Form und Inhalt. In einer philosophischen Entwicklung des Rechts muss also eins in dem andern hervorspringen; ja die Form darf nur der Fortgang des Inhaltes sein. So kam ich denn zu einer Einteilung, wie das Subjekt sie höchstens zur leichten und seichten Klassifizierung entwerfen kann, aber der Geist des Rechtes und seine Wahrheit ging unter.

Doch was soll ich weiter die Blätter füllen mit Sachen, die ich selbst verworfen? Trichotomische Einteilungen gehn durch das Ganze durch, es ist mit ermüdender Weitläufigkeit geschrieben und die römischen Vorstellungen auf das barbarischste missbraucht, um sie in mein System zu zwängen. Von der anderen Seite gewann ich so Liebe und Überblick zum Stoffe wenigstens auf gewisse Weise.

Am Schlusse des materiellen Privatrechtes sah ich die Falschheit des Ganzen, das im Grundschema an das kantische grenzt, in der Ausführung gänzlich davon abweicht, und wiederum war es mir klar geworden, ohne Philosophie sei nicht durchzudringen. So durfte ich mit gutem Gewissen mich abermals in ihre Arme werfen und schrieb ein neues metaphysisches Grundsystem, an dessen Schluss ich abermals sei-ne und meiner ganzen früheren Bestrebungen Verkehrtheit einzusehn gezwungen wurde.

Dabei hatte ich die Gewohnheit mir eigen gemacht, aus allen Büchern, die ich las, Exzerpte zu machen, so aus Lessings »Laokoon«, Solgers »Erwin«, Winckelmanns Kunstgeschichte, Ludens deutscher Geschichte, und so nebenbei Reflexionen niederzukritzeln. Zugleich übersetzte ich Tacitus' Germania, Ovids libri tristium und fing privatim, d.h. aus Grammatiken, Englisch und Italienisch an, worin ich bis jetzt nichts erreicht, las Kleins Kriminalrecht und seine Annalen und alles Neueste der Literatur, doch nebenhin das letztere.

Am Ende des Semesters suchte ich wieder Musentänze und Satyrmusik, und schon in diesem letzten Heft, das ich euch zugeschickt, spielt der Idealismus durch erzwungnen Humor (»Scorpion und Felix«), durch ein misslungenes, fantastisches Drama (»Oulanem«) hindurch, bis er endlich gänzlich umschlägt und in reine Formkunst, meistenteils ohne begeisternde Objekte, ohne schwunghaften Ideengang, übergeht.

Und dennoch sind diese letzten Gedichte die einzigen, in denen mir plötzlich wie durch einen Zauberschlag – ach! der Schlag war im Beginn zerschmetternd – das Reich der wahren Poesie wie ein ferner Feenpalast entgegenblitzte und alle meine Schöpfungen in nichts zerfielen.

Dass bei diesen mancherlei Beschäftigungen das erste Semester hindurch viele Nächte durchwacht, viele Kämpfe durchstritten, viele innere und äußere Anregung erduldet werden mussten, dass ich am Schlusse doch nicht sehr bereichert hinaustrat und dabei Natur, Kunst, Welt vernachlässigt, Freunde abgestoßen hatte, diese Reflexion schien mein Körper zu machen, ein Arzt riet mir das Land, und so geriet ich zum ersten Mal durch die ganze lange Stadt vor das Tor nach Stralow (Stralau). Dass ich dort aus einem bleichsüchtigen Schmächtling zu einer robusten Festigkeit des Körpers heranreifen würde, ahnte ich nicht.

Ein Vorhang war gefallen, mein Allerheiligstes zerrissen, und es mussten neue Götter hineingesetzt werden.

Von dem Idealismus, den ich, beiläufig gesagt, mit kantischem und fichteschem verglichen und genährt, geriet ich dazu, im Wirklichen selbst die Idee zu suchen. Hatten die Götter früher über der Erde gewohnt, so waren sie jetzt das Zentrum derselben geworden.

Ich hatte Fragmente der hegelschen Philosophie gelesen, deren groteske Felsenmelodie mir nicht behagte. Noch einmal wollte ich hinabtauchen in das Meer, aber mit der bestimmten Absicht, die geistige Natur ebenso notwendig, konkret und festgerundet zu finden wie die körperliche, nicht mehr Fechterkünste zu üben, sondern die reine Perle ans Sonnenlicht zu halten.

Ich schrieb einen Dialog von ungefähr 24 Bogen: »Kleanthes, oder vom Ausgangspunkt und notwendigen Fortgang der Philosophie«. Hier vereinte sich einigermaßen Kunst und Wissen, die ganz auseinander gegangen waren, und ein rüstiger Wandrer schritt ich ans Werk selbst, an eine philosophisch-dialektische Entwicklung der Gottheit, wie sie als Begriff an sich, als Religion, als Natur, als Geschichte sich manifestiert. Mein letzter Satz war der Anfang des hegelschen Systems, und diese Arbeit, wozu ich mit Naturwissenschaft, Schelling, Geschichte einigermaßen mich bekannt gemacht, die mir unendliches Kopfbrechen verursacht und so |... In der Handschrift nicht zu entziffern; vermutlich zwei gestrichene Wortfragmente| geschrieben ist (da sie eigentlich eine neue Logik sein sollte), dass ich jetzt selbst mich kaum wieder hineindenken kann, dies mein liebstes Kind, beim Mondschein gehegt, trägt mich wie eine falsche Sirene dem Feind in den Arm.

Vor Ärger konnte ich einige Tage gar nichts denken, lief wie toll im Garten an der Spree schmutzigem Wasser, das Seelen wäscht und Tee verdünnt, umher, machte sogar eine Jagdpartie mit meinem Wirte mit, rannte nach Berlin und wollte jeden Eckensteher umarmen.

Kurz darauf trieb ich nur positive Studien, Studium des »Besitzes« von Savigny, Feuerbachs und Grolmanns Kriminalrecht, de verborum significatione von Cramer, Wening-Ingenheims Pandektensystem und Mühlenbruch: doctrina Pandectarum, woran ich noch immer durcharbeite, endlich einzelne Titel nach Lauterbach, Zivilprozess und vor allem Kirchenrecht, wovon ich den ersten Teil, die concordia discordantium canonum von Gratian fast ganz im corpus durchgelesen und exzerpiert habe, wie auch den Anhang, des Lancelotti Institutiones. Dann übersetzte ich Aristoteles' Rhetorik teilweise, las des berühmten Baco v. Verulam: de augmentis scientiarum, beschäftigte mich sehr mit Reimarus, dessen Buch »Von den Kunsttrieben der Tiere« ich mit Wollust durchgedacht, verfiel auch auf deutsches Recht, doch hauptsächlich nur, insofern ich die Kapitulare der fränkischen Könige und der Päpste Briefe an sie durchnahm. Aus Verdruss über Jennys Krankheit und meine vergeblichen, untergegangenen Geistesarbeiten, aus zehrendem Ärger, eine mir verhasste Ansicht zu meinem Idol machen zu müssen, wurde ich krank, wie ich schon früher dir, teurer Vater, geschrieben. Wiederhergestellt, verbrannte ich alle Gedichte und Anlagen zu Novellen etc. in dem Wahn, ich könne ganz davon ablassen, wovon ich bis jetzt allerdings noch keine Gegenbeweise geliefert.

Während meines Unwohlseins hatte ich Hegel von Anfang bis Ende, samt den meisten seiner Schüler, kennen gelernt. Durch mehre Zusammenkünfte mit Freunden in Stralow geriet ich in einen Doktorklub, worunter einige Privatdozenten und mein intimster der Berliner Freunde, Dr. Rutenberg. Hier im Streite offenbarte sich manche widerstrebende Ansicht, und immer fester kettete ich mich selbst an die jetzige Weltphilosophie, der ich zu entrinnen gedacht, aber alles Klangreiche war verstummt, eine wahre Ironiewut befiel mich, wie es wohl leicht nach so viel Negiertem geschehn konnte. Hinzu kam Jennys Stillschweigen, und ich konnte nicht ruhn, bis ich die Modernität und den Standpunkt der heutigen Wissenschaftsansicht durch einige schlechte Produktionen wie »Den Besuch« etc. erkauft hatte.

Wenn ich hier vielleicht dir dies ganze letzte Semester weder klar dargestellt noch in alle Einzelnheiten eingegangen, auch alle Schattierungen verwischt, so verzeihe es meiner Sehnsucht, von der Gegenwart zu reden, teurer Vater.

H. v. Chamisso hat mir einen höchst unbedeutenden Zettel zugeschickt, worin er mir meldet, »er bedaure, dass der Almanach meine Beiträge nicht brauchen könne, weil er schon lange gedruckt ist«. Ich verschluckte ihn aus Ärger. Buchhändler Wigand hat meinen Plan dem Dr. Schmidt, Verleger des Wunderschen Kaufhauses von gutem Käse und schlechter Literatur, zugeschickt. Seinen Brief lege ich bei; der letztere hat noch nicht geantwortet. Indessen gebe ich keinenfalls diesen Plan auf, besonders da sämtliche ästhetischen Berühmtheiten der hegelschen Schule durch Vermittlung des Dozenten Bauer, der eine große Rolle unter ihnen spielt, und meines Koadjutors Dr. Rutenberg, ihre Mitwirkung zugesagt.

Was nun die Frage hinsichtlich der kameralistischen Karriere betrifft, mein teurer Vater, so habe ich kürzlich die Bekanntschaft eines Assessors Schmidthänner gemacht, der mir geraten, nach dem dritten juristischen Examen als Justiziarus dazu überzugehn, was mir umso eher zusagen würde, als ich wirklich die Jurisprudenz aller Verwaltungswissenschaft vorziehe. Dieser Herr sagte mir, dass vom Münsterschen Oberlandesgericht in Westfalen er selber und viele andere in drei Jahren es bis zum Assessor gebracht, was nicht schwer sei, es versteht sich bei vielem Arbeiten, da hier die Stadien nicht wie in Berlin und anderswo fest bestimmt sind. Wenn man später als Assessor promoviert zum Dr., sind auch viel leichter Aussichten vorhanden, sogleich als außerordentlicher Professor eintreten zu können, wie es dem H. Gärtner in Bonn gegangen, der ein mittelmäßiges Werk über Provinzialgesetzbücher schrieb und sonst nur darin bekannt ist, dass er sich zur hegelschen Juristenschule bekennt. Doch, mein teurer, bester Vater, wäre es nicht möglich, dies alles persönlich mit dir zu besprechen! Eduards Zustand, des lieben Mütterchens Leiden, dein Unwohlsein, obgleich ich hoffe, dass es nicht stark ist, alles ließ mich wünschen, ja macht es fast zur Notwendigkeit, zu euch zu eilen. Ich würde schon da sein, wenn ich nicht bestimmt deine Erlaubnis, Zustimmung bezweifelt.

Glaube mir, mein teurer, lieber Vater, keine eigennützige Absicht drängt mich (obgleich ich selig sein würde, Jenny wiederzusehn), aber es ist ein Gedanke, der mich treibt, und den darf ich nicht aussprechen. Es wäre mir sogar in mancher Hinsicht ein harter Schritt, aber wie meine einzige, süße Jenny schreibt, diese Rücksichten fallen alle zusammen vor der Erfüllung von Pflichten, die heilig sind.

Ich bitte dich, teurer Vater, wie du auch entscheiden magst, diesen Brief, wenigstens dies Blatt der Engelsmutter nicht zu zeigen. Meine plötzliche Ankunft könnte vielleicht die große, herrliche Frau aufrichten.

Der Brief, den ich an Mütterchen geschrieben, ist lange vor der Ankunft von Jennys liebem Schreiben abgefasst, und so habe ich unbewusst vielleicht zu viel von Sachen geschrieben, die nicht ganz oder gar sehr wenig passend sind.

In der Hoffnung, dass nach und nach die Wolken sich verziehn, die um unsere Familie sich lagern, dass es mir selbst vergönnt sei, mit euch zu leiden und zu weinen und vielleicht in Eurer Nähe den tiefen, innigen Anteil, die unermessliche Liebe zu beweisen, die ich oft so schlecht nur auszudrücken vermag, in der Hoffnung, dass auch du, teurer, ewig geliebter Vater, die vielfach hin- und hergeworfene Gestaltung meines Gemütes erwägend, verzeihst, wo oft das Herz geirrt zu haben scheint, während der kämpfende Geist es übertäubte, dass du bald wieder ganz völlig hergestellt werdest, sodass ich selbst dich an mein Herz pressen und mich ganz aussprechen kann

Dein dich ewig liebender Sohn
Karl

Verzeihe, teurer Vater, die unleserliche Schrift und den schlechten Stil; es ist beinahe 4 Uhr, die Kerze ist gänzlich abgebrannt und die Augen trüb; eine wahre Unruhe hat sich meiner bemeistert, ich werde nicht eher die aufgeregten Gespenster besänftigen können, bis ich in Eurer lieben Nähe bin.

Grüße gefällig meine süße, herrliche Jenny. Ihr Brief ist schon 12-mal durchlesen von mir, und stets entdecke ich neue Reize. Es ist in jeder, auch in stilistischer Hinsicht der schönste Brief, den ich von Damen denken kann.

Zur Kritik der hegelschen Rechtsphilosophie
1843/44

Für Deutschland ist die Kritik der *Religion im Wesentlichen* beendigt, und die Kritik der Religion ist die Voraussetzung aller Kritik.

Die *profane* Existenz des Irrtums ist kompromittiert, nachdem seine *himmlische oratio pro aris et focis* widerlegt ist. Der Mensch, der in der fantastischen Wirklichkeit des Himmels, wo er einen Übermenschen suchte, nur den *Widerschein* seiner selbst gefunden hat, wird nicht mehr geneigt sein, nur den *Schein* seiner selbst, nur den Unmenschen zu finden, wo er seine wahre Wirklichkeit sucht und suchen muss.

Das Fundament der irreligiösen Kritik ist: Der *Mensch macht die Religion*, die Religion macht nicht den Menschen. Und zwar ist die Religion das Selbstbewusstsein und das Selbstgefühl des Menschen, der sich selbst entweder noch nicht erworben oder schon wieder verloren hat. Aber *der Mensch*, das ist kein abstraktes, außer der Welt hockendes Wesen. Der Mensch, das ist *die Welt des Menschen*, Staat, Sozietät. Dieser Staat, diese Sozietät produzieren die Religion, ein *verkehrtes Weltbewusstsein*, weil sie eine *verkehrte Welt* sind. Die Religion ist die allgemeine Theorie dieser Welt, ihr enzyklopädisches Kompendium, ihre Logik in populärer Form, ihr spiritualistischer Point-d'honneur, ihr Enthusiasmus, ihre moralische Sanktion, ihre feierliche Ergänzung, ihr allgemeiner Trost- und Rechtfertigungsgrund. Sie ist die *fantastische Verwirklichung* des menschlichen Wesens, weil das *menschliche Wesen* keine wahre Wirklichkeit besitzt. Der Kampf gegen die Religion ist also mittelbar der Kampf gegen jene Welt, deren geistiges Aroma die Religion ist.

Das *religiöse* Elend ist in einem der *Ausdruck* des wirklichen Elendes und in einem die *Protestation* gegen das wirkliche Elend. Die Religion ist der Seufzer der bedrängten Kreatur, das Gemüt einer herzlosen Welt, wie sie der Geist geistloser Zustände ist. Sie ist das *Opium* des Volks.

Die Aufhebung der Religion als des *illusorischen* Glücks des Volkes ist die Forderung seines *wirklichen* Glücks. Die Forderung, die Illusionen über seinen Zustand aufzugeben, ist die *Forderung, einen Zustand aufzugeben, der der Illusionen bedarf*. Die Kritik der Religion ist also im *Keim* die *Kritik des Jammertales*, dessen *Heiligenschein* die Religion ist.

Die Kritik hat die imaginären Blumen an der Kette zerpflückt, nicht damit der Mensch die fantasielose, trostlose Kette trage, sondern damit er die Kette abwerfe und die lebendige Blume breche. Die Kritik der Religion enttäuscht den Menschen, damit er denke, handle, seine Wirklichkeit gestalte wie ein enttäuschter, zu Verstand gekommener Mensch, damit er sich um sich selbst und damit um seine wirkliche Sonne bewege. Die Religion ist nur die illusorische Sonne, die sich um den Menschen bewegt, solange er sich nicht um sich selbst bewegt.

Es ist also die *Aufgabe der Geschichte*, nachdem das *Jenseits der Wahrheit* verschwunden ist, die *Wahrheit des Diesseits* zu etablieren. Es ist zunächst die *Aufgabe der Philosophie*, die im Dienste der Geschichte steht, nachdem die *Heiligengestalt* der menschlichen Selbstentfremdung entlarvt ist, die Selbstentfremdung in ihren *unheiligen* Gestalten zu entlarven. Die Kritik des Himmels verwandelt sich damit in die Kritik der Erde, die *Kritik der Religion* in die *Kritik des Rechts*, die *Kritik der Theologie* in die *Kritik der Politik*.

Zur Judenfrage
1844

Der Staat kann sich also von der Religion emanzipiert haben, sogar wenn die *überwiegende Mehrzahl* noch religiös ist. Und die überwiegende Mehrzahl hört dadurch nicht auf, religiös zu sein, dass sie *privatim religiös* ist.

Aber das Verhalten des Staats zur Religion, namentlich des *Freistaats*, ist doch nur das Verhalten der Menschen, die den Staat bilden, zur Religion. Es folgt hieraus, dass der Mensch durch das *Medium des Staats*, dass er *politisch* von einer Schranke sich befreit, indem er sich im Widerspruch mit sich selbst, indem er sich auf eine *abstrakte* und *beschränkte*, auf partielle Weise über diese Schranke erhebt. Es folgt ferner, dass der Mensch auf einem *Umweg*, durch ein *Medium*, wenn auch durch ein *notwendiges Medium* sich befreit, indem er sich *politisch* befreit. Es folgt endlich, dass der Mensch, selbst wenn er durch die Vermittlung des Staats sich als Atheisten proklamiert, d.h., wenn er den Staat zum Atheisten proklamiert, immer noch religiös befangen bleibt, eben weil er sich nur auf einem Umweg, weil er nur durch ein Medium sich selbst anerkennt. Die Religion ist eben die Anerkennung des Menschen auf einem Umweg. Durch einen *Mittler*. Der Staat ist der Mittler zwischen dem Menschen und der Freiheit des Menschen. Wie Christus der Mittler ist, dem der Mensch seine ganze Göttlichkeit, seine ganze *religiöse Befangenheit* aufbürdet, so ist der Staat der Mittler, in den er seine ganze Ungöttlichkeit, seine ganze *menschliche Unbefangenheit* verlegt.

Die *politische* Erhebung des Menschen über die Religion teilt alle Mängel und alle Vorzüge der politischen Erhebung überhaupt. Der Staat als Staat annulliert z.B. das *Privateigentum*, der Mensch erklärt auf *politische* Weise das Privateigentum für *aufgehoben*, sobald er den *Zensus* für aktive und passive Wählbarkeit aufhebt, wie dies in vielen nordamerikanischen Staaten geschehen ist. *Hamilton* interpretiert dies Faktum von politischem Standpunkte ganz richtig dahin: »*Der große Haufen hat den Sieg über die Eigentümer und den Geldreichtum davongetragen.*« ist das Privateigentum nicht ideell aufgehoben, wenn der Nichtbesitzende zum Gesetzgeber des Besitzenden geworden ist? Der *Zensus* ist die letzte *politische* Form, das Privateigentum anzuerkennen.

Dennoch ist mit der politischen Annullation des Privateigentums das Privateigentum nicht nur nicht aufgehoben, sondern sogar vorausgesetzt. Der Staat hebt den Unterschied der Geburt, des Standes, der Bildung, der Beschäftigung in seiner Weise auf, wenn er Geburt, Stand, Bildung, Beschäftigung für unpolitische Unterschiede erklärt, wenn er ohne Rücksicht auf diese Unterschiede jedes Glied des Volkes zum gleichmäßigen Teilnehmer der Volkssouveränität ausruft, wenn er alle Elemente des wirklichen Volkslebens von dem Staatsgesichtspunkt aus behandelt. Nichtsdestoweniger lässt der Staat das Privateigentum, die Bildung, die Beschäftigung auf ihre Weise, d. h. als Privateigentum, als Bildung, als Beschäftigung wirken und ihr besondres Wesen geltend machen. Weit entfernt, diese faktischen Unterschiede aufzuheben, existiert er vielmehr nur unter ihrer Voraussetzung, empfindet er sich als politischer Staat und macht er seine Allgemeinheit geltend nur im Gegensatz zu diesen seinen Elementen. Hegel bestimmt das Verhältnis des politischen Staats zur Religion daher ganz richtig, wenn er sagt:

»Damit (…) der Staat als die *sich wissende* sittliche Wirklichkeit des Geistes zum Dasein komme, ist seine Unterscheidung von der Form der Autorität und des Glaubens notwendig; diese Unterscheidung tritt aber nur hervor, insofern die kirchliche Seite in sich selbst zur Trennung kommt; nur so über die *besondern* Kirchen hat der Staat die *Allgemeinheit* des Gedankens, das Prinzip seiner Form gewonnen und bringt sie zur Existenz« (Hegels Rechtsphilosophie, 1. Ausgabe, p. 346).

Allerdings! Nur so *über* den *besondern* Elementen konstituiert sich der Staat als Allgemeinheit.

Der vollendete politische Staat ist seinem Wesen nach das Gattungsleben des Men-schen im Gegensatz zu seinem materiellen Leben. Alle Voraussetzungen dieses egoistischen Lebens bleiben außerhalb der Staatssphäre in der bürgerlichen Gesellschaft bestehen, aber als Eigenschaften der bürgerlichen Gesellschaft. Wo der politische Staat seine wahre Ausbildung erreicht hat, führt der Mensch nicht nur im Gedanken, im Bewusstsein, sondern in der Wirklichkeit, im Leben ein doppeltes, ein himmlisches und ein irdisches Leben, das Leben im politischen Gemeinwesen, worin er sich als Gemeinwesen gilt, und das Leben in der bürgerlichen Gesellschaft, worin er als Privatmensch tätig ist, die andern Menschen als Mittel betrachtet, sich selbst zum Mittel herabwürdigt und zum Spielball fremder Mächte wird. Der politische Staat verhält sich ebenso spiritualistisch zur bürgerlichen Gesellschaft wie der Himmel zur Erde. Er steht in demselben Gegensatz zu ihr, er überwindet sie in derselben Weise wie die Religion die Beschränktheit der profanen Welt, d.h. indem er sie ebenfalls wieder anerkennen, herstellen, sich selbst von ihr beherrschen lassen muss. Der Mensch in seiner nächsten Wirklichkeit, in der bürgerlichen Gesellschaft, ist ein profanes Wesen. Hier, wo er als wirkliches Individuum sich selbst und andern gilt, ist er eine unwahre Erscheinung. In dem Staat dagegen, wo der Mensch als Gattungswe-sen gilt, ist er das imaginäre Glied einer eingebildeten Souveränität, ist er seines wirklichen individuellen Lebens beraubt und mit einer unwirklichen Allgemeinheit erfüllt.

Der Konflikt, in welchem sich der Mensch als Bekenner einer *besondern* Religion mit seinem Staatsbürgertum, mit den andern Menschen als Gliedern des Gemeinwesens befindet, reduziert sich auf die *weltliche* Spaltung zwischen dem *politischen* Staat und der *bürgerlichen Gesellschaft*. Für den Menschen als *bourgeois* ist das »Leben im Staate nur Schein oder eine momentane Ausnahme gegen das Wesen und die Regel«. Allerdings bleibt der *bourgeois*, wie der Jude, nur sophistisch im Staatsleben, wie der citoyen nur sophistisch Jude oder *bourgeois* bleibt; aber diese Sophistik ist nicht persönlich. Sie ist die *Sophistik des politischen Staates* selbst. Die Differenz zwischen dem religiösen Menschen und dem Staatsbürger ist die Differenz zwischen dem Kaufmann und dem Staatsbürger, zwischen dem Taglöhner und dem Staatsbürger, zwischen dem Grundbesitzer und dem Staatsbürger, zwischen dem *lebendigen Individuum* und dem *Staatsbürger*. Der Widerspruch, in dem sich der religiöse Mensch mit dem politischen Menschen befindet, ist derselbe Widerspruch, in welchem sich der *bourgeois* mit dem *citoyen*, in welchem sich das Mitglied der bürgerlichen Gesellschaft mit seiner *politischen Löwenhaut* befindet.

Diesen weltlichen Widerstreit, auf welchen sich die Judenfrage schließlich reduziert, das Verhältnis des politischen Staates zu seinen Voraussetzungen, mögen dies nun materielle Elemente sein, wie das Privateigentum etc., oder geistige, wie Bildung, Religion, den Widerstreit zwischen dem *allgemeinen* Interesse und dem *Privatinteresse*, die Spaltung zwischen dem *politischen Staat* und der *bürgerlichen Gesellschaft*, diese weltlichen Gegensätze lässt Bauer bestehen, während er gegen ihren *religiösen* Ausdruck polemisiert.

»Gerade ihre Grundlage, das Bedürfnis, welches der *bürgerlichen Gesellschaft* ihr Bestehen sichert und *ihre Notwendigkeit garantiert*, setzt ihr Bestehen beständigen Gefahren aus, unterhält in ihr ein unsicheres Element und bringt jene in beständigem Wechsel begriffene Mischung von Armut und Reichtum, Not und Gedeihen, überhaupt den Wechsel hervor.« (Bruno Bauer: Die Judenfrage, 1843, p. 8.)

Man vergleiche den ganzen Abschnitt: »Die bürgerliche Gesellschaft« (p. 8 – 9), der nach den Grundzügen der hegelschen Rechtsphilosophie entworfen ist. Die bürgerliche Gesellschaft in ihrem Gegensatz zum politischen Staat wird als notwendig anerkannt, weil der politische Staat als notwendig anerkannt wird.

Die *politische* Emanzipation ist allerdings ein großer Fortschritt, sie ist zwar nicht die letzte Form der menschlichen Emanzipation überhaupt, aber sie ist die letzte Form der menschlichen Emanzipation *innerhalb* der bisherigen Weltordnung. Es versteht sich: wir sprechen hier von wirklicher, von praktischer Emanzipation.

Der Mensch emanzipiert sich *politisch* von der Religion, indem er sie aus dem öffentlichen Recht in das Privatrecht verbannt. Sie ist nicht mehr der Geist des

Staats, wo der Mensch – wenn auch in beschränkter Weise, unter besonderer Form und in einer besondern Sphäre – sich als Gattungswesen verhält, in Gemeinschaft mit andern Menschen, sie ist zum Geist der *bürgerlichen Gesellschaft* geworden, der Sphäre des Egoismus, des *bellum omnium contra omnes*. Sie ist nicht mehr das Wesen der Gemeinschaft, sondern das Wesen des *Unterschieds*. Sie ist zum Ausdruck der *Trennung* des Menschen von seinem *Gemeinwesen*, von sich und den andern Menschen geworden – was sie *ursprünglich* war. Sie ist nur noch das abstrakte Bekenntnis der besondern Verkehrtheit, der *Privatschrulle*, der Willkür. Die unendliche Zersplitterung der Religion in Nordamerika z.B. gibt ihr schon *äußerlich* die Form einer rein individuellen Angelegenheit. Sie ist unter die Zahl der Privatinteressen hinabgestoßen und aus dem Gemeinwesen als Gemeinwesen exiliert. Aber man täusche sich nicht über die Grenze der politischen Emanzipation. Die Spaltung des Menschen in den *öffentlichen* und in den *Privatmenschen*, die *Dislokation* der Religion aus dem Staate in die bürgerliche Gesellschaft, sie ist nicht eine Stufe, sie ist die *Vollendung* der politischen Emanzipation, die also die *wirkliche* Religiosität des Menschen ebenso wenig aufhebt als aufzuheben strebt.

Die *Zersetzung* des Menschen in den Juden und in den Staatsbürger, in den Protestanten und in den Staatsbürger, in den religiösen Menschen und in den Staatsbürger, diese Zersetzung ist keine Lüge gegen das Staatsbürgertum, sie ist keine Umgehung der politischen Emanzipation, sie *ist die politische Emanzipation selbst*, sie ist die *politische* Weise, sich von der Religion zu emanzipieren. Allerdings: in Zeiten, wo der politische Staat als politischer Staat gewaltsam aus der bürgerlichen Gesellschaft heraus geboren wird, wo die menschliche Selbstbefreiung unter der Form der politischen Selbstbefreiung sich zu vollziehen strebt, kann und muss der Staat bis zur *Aufhebung der Religion*, bis zur *Vernichtung* der Religion fortgehen, aber nur so, wie er zur Aufhebung des Privateigentums, zum Maximum, zur Konfiskation, zur progressiven Steuer, wie er zur Aufhebung des Lebens, zur *Guillotine* fortgeht. In den Momenten seines besondern Selbstgefühls sucht das politische Leben seine Voraussetzung, die bürgerliche Gesellschaft und ihre Elemente, zu erdrücken und sich als das wirkliche, widerspruchslose Gattungsleben des Menschen zu konstituieren. Es vermag dies indes nur durch *gewaltsamen* Widerspruch gegen seine eigenen Lebensbedingungen, nur indem es die Revolution für *permanent* erklärt, und das politische Drama endet daher ebenso notwendig mit der Wiederherstellung der Religion, des Privateigentums, aller Elemente der bürgerlichen Gesellschaft, wie der Krieg mit dem Frieden endet. (...)

Der Mensch muss nach Bauer das »*Privilegium des Glaubens*« aufopfern, um die allgemeinen Menschenrechte empfangen zu können. Betrachten wir einen Augenblick die so genannten Menschenrechte, und zwar die Menschenrechte unter ihrer authentischen Gestalt, unter der Gestalt, welche sie bei ihren *Entdeckern*, den Nordamerikanern und Franzosen, besitzen! Zum Teil sind diese Menschenrechte *politische* Rechte, Rechte, die nur in der Gemeinschaft mit andern ausgeübt werden. Die *Teilnahme am Gemeinwesen*, und zwar am *politischen* Gemeinwesen, am *Staatswesen*, bildet ihren Inhalt. Sie fallen unter die Kategorie der politischen Freiheit, unter die Kategorie der *Staatsbürgerrechte*, welche keineswegs, wie wir gesehn, die widerspruchslose und positive Aufhebung der Religion, also etwa auch des Judentums, voraussetzen. Es bleibt der andere Teil der Menschenrechte zu betrachten, die *droits de l'homme*, insofern sie unterschieden sind von den *droits du citoyen*.

In ihrer Reihe findet sich die Gewissensfreiheit, das Recht, einen beliebigen Kultus auszuüben. Das *Privilegium des Glaubens* wird ausdrücklich anerkannt, entweder als ein *Menschenrecht* oder als Konsequenz eines Menschenrechtes, der Freiheit.

Déclaration des droits de l'homme et du citoyen, 1791, article 10: »Nul ne doit être inquiété pour ses opinions même religieuses.« Im titre I der Konstitution von 1791 wird als Menschenrecht garantiert: »La liberté à tout homme d'exercer *le culte religieux* auquel il est attaché.«

Déclaration des droits de l'homme, etc. 1793, zählt unter die Menschenrechte, Artikel 7: »Le libre exercice des cultes.« Ja, in Bezug auf das Recht, seine Gedanken und Meinungen zu veröffentlichen, sich zu versammeln, seinen Kultus auszuüben, heißt es sogar:

»La nécessité d'énoncer ces *droits* suppose ou la présence ou le souvenir récent du despotisme.« Man vergleiche die Konstitution von 1793, titre XIV, article 354.

Constitution de Pennsylvanie, article 9, § 3: »Tous les hommes ont reçu de la nature le droit imprescriptible d'adorer le Tout-puissant selon les inspirations de leur conscience, et nul ne peut légalement être contraint de suivre, instituer ou soutenir contre son gré aucun culte ou ministère religieux. Nulle autorité humaine ne peut, dans aucun cas, intervenir dans les questions de conscience et contrôler les pouvoirs de l'âme.«

Constitution de New-Hampshire, article 5 et 6: »Au nombre des droits naturels, quelques-uns sont inaliénables de leur nature, parce que rien n'en peut être l'équivalent. De ce nombre sont les *droits* de conscience.« (Beaumont, l. c., p. 213, 214.)

Die Unvereinbarkeit der Religion mit den Menschenrechten liegt so wenig im Begriff der Menschenrechte, dass das Recht, *religiös zu sein*, auf beliebige Weise religiös zu sein, den Kultus seiner besonderen Religion auszuüben, vielmehr ausdrücklich unter die Menschenrechte gezählt wird. Das *Privilegium des Glaubens* ist ein *allgemeines Menschenrecht*.

Die *droits de l'homme*, die Menschenrechte werden als *solche* unterschieden von den *droits du citoyen*, von den Staatsbürgerrechten. Wer ist der vom *citoyen* unterschiedene *homme*? Niemand anders als das *Mitglied der bürgerlichen Gesellschaft*. Warum wird das Mitglied der bürgerlichen Gesellschaft »Mensch«, Mensch schlechthin, warum werden seine Rechte *Menschenrechte* genannt? Woraus erklären wir dies Faktum? Aus dem Verhältnis des politischen Staats zur bürgerlichen Gesellschaft, aus dem Wesen der politischen Emanzipation.

Vor allem konstatieren wir die Tatsache, dass die so genannten *Menschenrechte*, die *droits de l'homme* im Unterschied von den *droits du citoyen*, nichts anderes sind als die Rechte des *Mitglieds der bürgerlichen Gesellschaft*, d.h. des egoistischen Menschen, des vom Menschen und vom Gemeinwesen getrennten Menschen. Die radikalste Konstitution, die Konstitution von 1793, mag sprechen:

Déclaration des droits de l'homme et du citoyen.

Article 2. »Ces droits etc. (les droits naturels et imprescriptibles) sont: *l'égalité, la liberté, la sûreté, la propriété.«*

Worin besteht die *liberté*?

Article 6. »La liberté est le pouvoir qui appartient à l'homme de faire tout ce qui ne nuit pas aux droits d'autrui«, oder nach der Deklaration der Menschenrechte von 1791: »La liberté consiste à pouvoir faire tout ce qui ne nuit pas à autrui.«

Die Freiheit ist also das Recht, alles zu tun und zu treiben, was keinem andern schadet. Die Grenze, in welcher sich jeder dem andern *unschädlich* bewegen kann, ist durch das Gesetz bestimmt, wie die Grenze zweier Felder durch den Zaunpfahl bestimmt ist. Es handelt sich um die Freiheit des Menschen als isolierter auf sich zurückgezogener Monade. Warum ist der Jude nach Bauer unfähig, die Menschenrechte zu empfangen?

»Solange er Jude ist, muss über das menschliche Wesen, welches ihn als Menschen mit Menschen verbinden sollte, das beschränkte Wesen, das ihn zum Juden macht, den Sieg davontragen und ihn von den Nichtjuden absondern.«

Aber das Menschenrecht der Freiheit basiert nicht auf der Verbindung des Menschen mit dem Menschen, sondern vielmehr auf der Absonderung des Menschen von dem Menschen. Es ist das *Recht* dieser Absonderung, das Recht des *beschränkten*, auf sich beschränkten Individuums.

Die praktische Nutzanwendung des Menschenrechtes der Freiheit ist das Menschenrecht des *Privateigentums*.

Worin besteht das Menschenrecht des Privateigentums?

Article 16. (Constitution de 1793): »Le droit de *propriété* est celui qui appartient à tout citoyen de jouir et de disposer à son gré de ses biens, de ses revenus, du fruit de son travail et de son industrie.«

Das Menschenrecht des Privateigentums ist also das Recht, willkürlich (à son gré), ohne Beziehung auf andre Menschen, unabhängig von der Gesellschaft, sein Vermögen zu genießen und über dasselbe zu disponieren, das Recht des Eigennutzes. Jene individuelle Freiheit, wie diese Nutzanwendung derselben, bilden die Grundlage der bürgerlichen Gesellschaft. Sie lässt jeden Menschen im andern Menschen nicht die Verwirklichung, sondern vielmehr die Schranke seiner Freiheit finden. Sie proklamiert vor allem aber das Menschenrecht, »de jouir et de disposer à son gré de ses biens, de ses revenus, du fruit de son travail et de son industrie«.

Es bleiben noch die andern Menschenrechte, die égalité und die sûreté.

Die égalité, hier in ihrer nichtpolitischen Bedeutung, ist nichts als die Gleichheit der oben beschriebenen liberté, nämlich: dass jeder Mensch gleichmäßig als solche auf sich ruhende Monade betrachtet wird. Die Konstitution von 1795 bestimmt den Begriff dieser Gleichheit, ihrer Bedeutung angemessen, dahin:

Article 3. (Constitution de 1795): »L'égalité consiste en ce que la loi est la même pour tous, soit qu'elle protège, soit qu'elle punisse.«

Und die sûreté?

Article 8. (Constitution de 1793): »La sûreté consiste dans la protection accordée par la société à chacun de ses membres pour la conservation de sa personne, de ses droits et de ses propriétés.«

Die Sicherheit ist der höchste soziale Begriff der bürgerlichen Gesellschaft, der Begriff der Polizei, dass die ganze Gesellschaft nur da ist, um jedem ihrer Glieder die Erhaltung seiner Person, seiner Rechte und seines Eigentums zu garantieren. Hegel nennt in diesem Sinn die bürgerliche Gesellschaft »den Not- und Verstandesstaat«.

Durch den Begriff der Sicherheit erhebt sich die bürgerliche Gesellschaft nicht über ihren Egoismus. Die Sicherheit ist vielmehr die Versicherung ihres Egoismus.

Keines der so genannten Menschenrechte geht also über den egoistischen Menschen hinaus, über den Menschen, wie er Mitglied der bürgerlichen Gesellschaft, nämlich auf sich, auf sein Privatinteresse und seine Privatwillkür zurückgezogenes und vom Gemeinwesen abgesondertes Individuum ist. Weit entfernt, dass der Mensch in ihnen als Gattungswesen aufgefasst wurde, erscheint vielmehr das Gattungsleben selbst, die Gesellschaft, als ein den Individuen äußerlicher Rahmen, als Beschränkung ihrer ursprünglichen Selbstständigkeit. Das einzige Band, das sie zusammenhält, ist die Naturnotwendigkeit, das Bedürfnis und das Privatinteresse, die Konservation ihres Eigentums und ihrer egoistischen Person.

Es ist schon rätselhaft, dass ein Volk, welches eben beginnt, sich zu befreien, alle Barrieren zwischen den verschiedenen Volksgliedern niederzureißen, ein politisches Gemeinwesen zu gründen, dass ein solches Volk die Berechtigung des egoistischen, vom Mitmenschen und vom Gemeinwesen abgesonderten Menschen feierlich proklamiert (Déclaration de 1791), ja diese Proklamation in einem Augenblicke wiederholt, wo die heroischste Hingebung allein die Nation retten kann und daher gebieterisch verlangt wird, in einem Augenblicke, wo die Aufopferung aller Interessen der bürgerlichen Gesellschaft zur Tagesordnung erhoben und der Egoismus als ein Verbrechen bestraft werden muss. (Déclaration des droits de l'homme etc. de 1793.) Noch rätselhafter wird diese Tatsache, wenn wir sehen, dass das Staatsbürgertum, das *politische Gemeinwesen* von den politischen Emanzipatoren sogar zum bloßen Mittel für die Erhaltung dieser so genannten Menschenrechte herabgesetzt, dass also der citoyen zum Diener des egoistischen homme erklärt, die Sphäre, in welcher der Mensch sich als Gemeinwesen verhält, unter die Sphäre, in welcher er sich als Teilwesen verhält, degradiert, endlich nicht der Mensch als citoyen, sondern der Mensch als bourgeois für den *eigentlichen* und *wahren* Menschen genommen wird.

»Le *but* de toute *association politique* est la conservation des droits naturels et imprescriptibles de l'homme.« (Déclaration des droits etc. de 1791 article 2.) »Le *gouvernement* est institué pour garantir à l'homme la jouissance de ses droits naturels et imprescriptibles.« (Déclaration etc. de 1793 article 1.)

Also selbst in den Momenten seines noch jugendfrischen und durch den Drang der Umstände auf die Spitze getriebenen Enthusiasmus, erklärt sich das politische Leben für ein bloßes *Mittel*, dessen Zweck das Leben der bürgerlichen Gesellschaft ist. Zwar steht seine revolutionäre Praxis in flagrantem Widerspruch mit seiner Theorie. Während z.B. die Sicherheit als ein Menschenrecht erklärt wird, wird die Verletzung des Briefgeheimnisses öffentlich auf die Tagesordnung gesetzt. Während die »*liberté indéfinie* de la presse« (Constitution de 1793 article 122) als Konsequenz des Menschenrechts, der individuellen Freiheit, garantiert wird, wird die Pressfreiheit vollständig vernichtet, denn »la liberté de la presse ne doit pas être permise lorsqu'elle compromet la liberté publique« (Robespierre jeune, »Histoire parlementaire de la révolution française« par Buchez et Roux. T. 28 p. 159), d.h. also: Das Menschenrecht der Freiheit hört auf, ein Recht zu sein, sobald es mit dem *politischen* Leben in Konflikt tritt, während der Theorie nach das politische Leben nur die Garantie der Menschenrechte, der Rechte des individuellen Menschen ist, also aufgegeben werden muss, sobald es seinem *Zwecke*, diesen Menschenrechten widerspricht. Aber die Praxis ist nur die Ausnahme, und die Theorie ist die Regel. Will man aber selbst die revolutionäre Praxis als die richtige Stellung des Verhältnisses betrachten, so bleibt immer noch das Rätsel zu lösen, warum im Bewusstsein der politischen Emanzipatoren das Verhältnis auf den Kopf gestellt ist und der Zweck als Mittel, das Mittel als Zweck erscheint. Diese optische Täuschung ihres Bewusstseins wäre immer noch dasselbe Rätsel, obgleich dann ein psychologisches, ein theoretisches Rätsel.

Das Rätsel löst sich einfach.

Die politische Emanzipation ist zugleich die *Auflösung* der alten Gesellschaft, auf welcher das dem Volk entfremdete Staatswesen, die Herrschermacht, ruht. Die politische Revolution ist die Revolution der bürgerlichen Gesellschaft. Welches war der Charakter der alten Gesellschaft? Ein Wort charakterisiert sie. Die *Feudalität*. Die alte bürgerliche Gesellschaft hatte *unmittelbar* einen *politischen* Charakter, d.h. die Elemente des bürgerlichen Lebens, wie z.B. der Besitz oder die Familie oder die Art und Weise der Arbeit, waren in der Form der Grundherrlichkeit, des Standes und der Korporation zu Elementen des Staatslebens erhoben. Sie bestimmten in dieser Form das Verhältnis des einzelnen Individuums zum *Staatsganzen*, d.h. sein politisches Verhältnis, d.h. sein Verhältnis der Trennung und Ausschließung von den andern Bestandteilen der Gesellschaft. Denn jene Organisation des Volkslebens erhob den Besitz oder die Arbeit nicht zu sozialen Elementen, sondern vollendete vielmehr ihre *Trennung* von dem Staatsganzen und konstituierte sie zu besondern Gesellschaften in der Gesellschaft. So waren indes immer noch die Lebensfunktionen und Lebensbedingungen der bürgerlichen Gesellschaft politisch, wenn auch politisch im Sinne der Feudalität, d.h. sie schlossen das Individuum vom Staatsganzen ab, sie verwandelten das besondere Verhältnis seiner Korporation zum Staatsganzen in sein eignes allgemeines Verhältnis zum Volksleben, wie seine bestimmte bürgerliche Tätigkeit und Situation in seine allgemeine Tätigkeit und Situation. Als Konsequenz dieser Organisation erscheint notwendig die Staatseinheit, wie das Bewusstsein, der Wille und die Tätigkeit der Staatseinheit, die allgemeine Staatsmacht, ebenfalls als *besondere* Angelegenheit eines von dem Volk abgeschiedenen Herrschers und seiner Diener.

Die politische Revolution, welche diese Herrschermacht stürzte und die Staatsangelegenheiten zu Volksangelegenheiten erhob, welche den politischen Staat als *allgemeine* Angelegenheit, d.h. als wirklichen Staat konstituierte, zerschlug notwendig alle Stände, Korporationen, Innungen, Privilegien, die ebenso viele Ausdrücke der Trennung des Volkes von seinem Gemeinwesen waren. Die politische Revolution *hob* damit den *politischen Charakter der bürgerlichen Gesellschaft auf*. Sie zerschlug die bürgerliche Gesellschaft in ihre einfachen Bestandteile, einerseits in die *Individuen*, andrerseits in die *materiellen* und *geistigen* Elemente, welche den Lebensinhalt, die bürgerliche Situation dieser Individuen bilden. Sie entfesselte den politischen Geist, der gleichsam in die verschiedenen Sackgassen der feudalen Gesellschaft zerteilt, zerlegt, zerlaufen war; sie sammelte ihn aus dieser Zerstreuung, sie befreite ihn von seiner Vermischung mit dem bürgerlichen Leben und konstituierte ihn als die Sphäre des Gemeinwesens, der *allgemeinen* Volksangelegenheit in idealer Unabhängigkeit von jenen *besondern* Elementen des bürgerlichen Lebens. Die bestimmte Lebenstätigkeit und die bestimmte Lebenssituation sanken zu einer nur individuellen Bedeutung herab. Sie bildeten nicht mehr das allgemeine Verhältnis des Individuums zum Staatsganzen. Die öffentliche Angelegenheit als solche ward vielmehr zur allgemeinen Angelegenheit jedes Individuums und die politische Funktion zu seiner allgemeinen Funktion.

Allein die Vollendung des Idealismus des Staats war zugleich die Vollendung des Materialismus der bürgerlichen Gesellschaft. Die Abschüttlung des politischen Jochs war zugleich die Abschüttlung der Bande, welche den egoistischen Geist der bürgerlichen Gesellschaft gefesselt hielten. Die politische Emanzipation war zugleich die Emanzipation der bürgerlichen Gesellschaft von der Politik, von dem *Schein* selbst eines allgemeinen Inhalts.

Die feudale Gesellschaft war aufgelöst in ihren Grund, in den Menschen. Aber in den Menschen, wie er wirklich ihr Grund war, in den *egoistischen* Menschen.

Dieser *Mensch*, das Mitglied der bürgerlichen Gesellschaft, ist nun die Basis, die Voraussetzung des *politischen* Staats. Er ist von ihm als solche anerkannt in den Menschenrechten.

Die Freiheit des egoistischen Menschen und die Anerkennung dieser Freiheit ist aber vielmehr die Anerkennung der *zügellosen* Bewegung der geistigen und materiellen Elemente, welche seinen Lebensinhalt bilden.

Der Mensch wurde daher nicht von der Religion befreit, er erhielt die Religionsfreiheit. Er wurde nicht vom Eigentum befreit. Er erhielt die Freiheit des Eigentums. Er wurde nicht von dem Egoismus des Gewerbes befreit, er erhielt die Gewerbefreiheit.

Die *Konstitution des politischen Staats* und die Auflösung der bürgerlichen Gesellschaft in die unabhängigen *Individuen* – deren Verhältnis das Recht ist, wie das Verhältnis der Standes- und Innungsmenschen das *Privilegium* war – vollzieht sich in *einem und demselben* Akte. Der Mensch, wie er Mitglied der bürgerlichen Gesellschaft ist, der *unpolitische* Mensch, erscheint aber notwendig als der *natürliche* Mensch. Die *droits de l'homme* erscheinen als *droits naturels*, denn die *selbst-*

bewusste Tätigkeit konzentriert sich auf den *politischen Akt*. Der egoistische Mensch ist das *passive, nur vorgefundne* Resultat der aufgelösten Gesellschaft, Gegenstand der *unmittelbaren Gewissheit*, also *natürlicher* Gegenstand. Die *politische Revolution* löst das bürgerliche Leben in seine Bestandteile auf, ohne diese Bestandteile selbst zu *revolutionieren* und der Kritik zu unterwerfen. Sie verhält sich zur bürgerlichen Gesellschaft, zur Welt der Bedürfnisse, der Arbeit, der Privatinteressen, des Privatrechts, als zur *Grundlage ihres Bestehns*, als zu einer nicht weiter begründeten *Voraussetzung*, daher als zu ihrer *Naturbasis*. Endlich gilt der Mensch, wie er Mitglied der bürgerlichen Gesellschaft ist, für den *eigentlichen* Menschen, für den *homme* im Unterschied von dem *citoyen*, weil er der Mensch in seiner sinnlichen individuellen *nächsten* Existenz ist, während der *politische* Mensch nur der abstrahierte, künstliche Mensch ist, der Mensch als eine *allegorische, moralische* Person. Der wirkliche Mensch ist erst in der Gestalt des *egoistischen* Individuums, der *wahre* Mensch erst in der Gestalt des *abstrakten citoyen* anerkannt.

Die Abstraktion des politischen Menschen schildert Rousseau richtig also:

»Celui qui ose entreprendre d'instituer un peuple doit se sentir en état de *changer* pour ainsi dire la *nature humaine*, de *transformer* chaque individu, qui par lui-même est un tout parfait et solitaire, en partie d'un plus grand tout dont cet individu reçoive en quelque sorte sa vie et son être, de substituer une *existence partielle* morale à l'existence physique et indépendante. Il faut qu'il ôte à *l'homme ses forces propres* pour lui en donner qui lui soient étrangères et dont il ne puisse faire usage sans le secours d'autrui.« (»Contrat Social«, livre II, Londres 1782, p. 67.)

Alle Emanzipation ist *Zurückführung* der menschlichen Welt, der Verhältnisse, auf den *Menschen selbst*.

Die politische Emanzipation ist die Reduktion des Menschen, einerseits auf das Mitglied der bürgerlichen Gesellschaft, auf das egoistische unabhängige Individuum, andrerseits auf den *Staatsbürger*, auf die moralische Person.

Erst wenn der wirkliche individuelle Mensch den abstrakten Staatsbürger in sich zurücknimmt und als individueller Mensch in seinem empirischen Leben, in seiner individuellen Arbeit, in seinen individuellen Verhältnissen, *Gattungswesen* geworden ist, erst wenn der Mensch seine »forces propres« als *gesellschaftliche* Kräfte erkannt und organisiert hat und daher die gesellschaftliche Kraft nicht mehr in der Gestalt der *politischen* Kraft von sich trennt, erst dann ist die menschliche Emanzipation vollbracht.

Thesen über Feuerbach
1845

1 Der Hauptmangel alles bisherigen Materialismus – den feuerbachschen mit eingerechnet – ist, dass der Gegenstand, die Wirklichkeit, Sinnlichkeit, nur unter der Form *des Objekts oder der Anschauung* gefasst wird; nicht aber als *sinnlich menschliche Tätigkeit*, *Praxis*, nicht subjektiv. Daher geschah es, dass die *tätige Seite*, im Gegensatz zum Materialismus, vom Idealismus entwickelt wurde – aber nur abstrakt, da der Idealismus natürlich die wirkliche, sinnliche Tätigkeit als solche nicht kennt. Feuerbach will sinnliche, von den Gedankenobjekten wirklich unterschiedene Objekte; aber er fasst die menschliche Tätigkeit selbst nicht als *gegenständliche* Tätigkeit. Er betrachtet daher im »Wesen des Christenthums« nur das theoretische Verhalten als das echt menschliche, während die Praxis nur in ihrer schmutzig-jüdischen Erscheinungsform gefasst und fixiert wird. Er begreift daher nicht die Bedeutung der »revolutionären«, der »praktisch-kritischen« Tätigkeit.

2 Die Frage, ob dem menschlichen Denken gegenständliche Wahrheit zukomme, ist keine Frage der Theorie, sondern eine *praktische* Frage. In der Praxis muss der Mensch die Wahrheit, d.h. die Wirklichkeit und Macht, die Diesseitigkeit seines Denkens beweisen. Der Streit über die Wirklichkeit oder Nichtwirklichkeit eines Denkens, das sich von der Praxis isoliert, ist eine rein *scholastische* Frage.

3 Die materialistische Lehre, dass die Menschen Produkte der Umstände und der Erziehung, veränderte Menschen also Produkte anderer Umstände und geänderter Erziehung sind, vergisst, dass die Umstände eben von den Menschen verändert werden und dass der Erzieher selbst erzogen werden muss. Sie kommt daher mit Notwendigkeit dahin, die Gesellschaft in zwei Teile zu sondern, von denen der eine über der Gesellschaft erhaben ist. (Z.B. bei Robert Owen.)

Das Zusammenfallen des Änderns der Umstände und der menschlichen Tätigkeit oder Selbstveränderung kann nur als *revolutionäre Praxis* gefasst und rationell verstanden werden.

4 Feuerbach geht aus von dem Faktum der religiösen Selbstentfremdung, der Verdopplung der Welt in eine religiöse, vorgestellte und eine wirkliche Welt. Seine Arbeit besteht darin, die religiöse Welt in ihre weltliche Grundlage aufzulösen. Er übersieht, dass nach Vollbringung dieser Arbeit die Hauptsache noch zu tun bleibt.

[illegible]

~~[illegible]~~ 1633, 1792, 1793

1811, 1816, 1818 – 1825. 1837 – 1842.

"Ricardo [illegible] Thompson [illegible] [illegible] [illegible] [illegible] Proprietors [illegible] Thompson [illegible] Ricardo [illegible] Ricardos [illegible] [illegible] Thompson [illegible]"

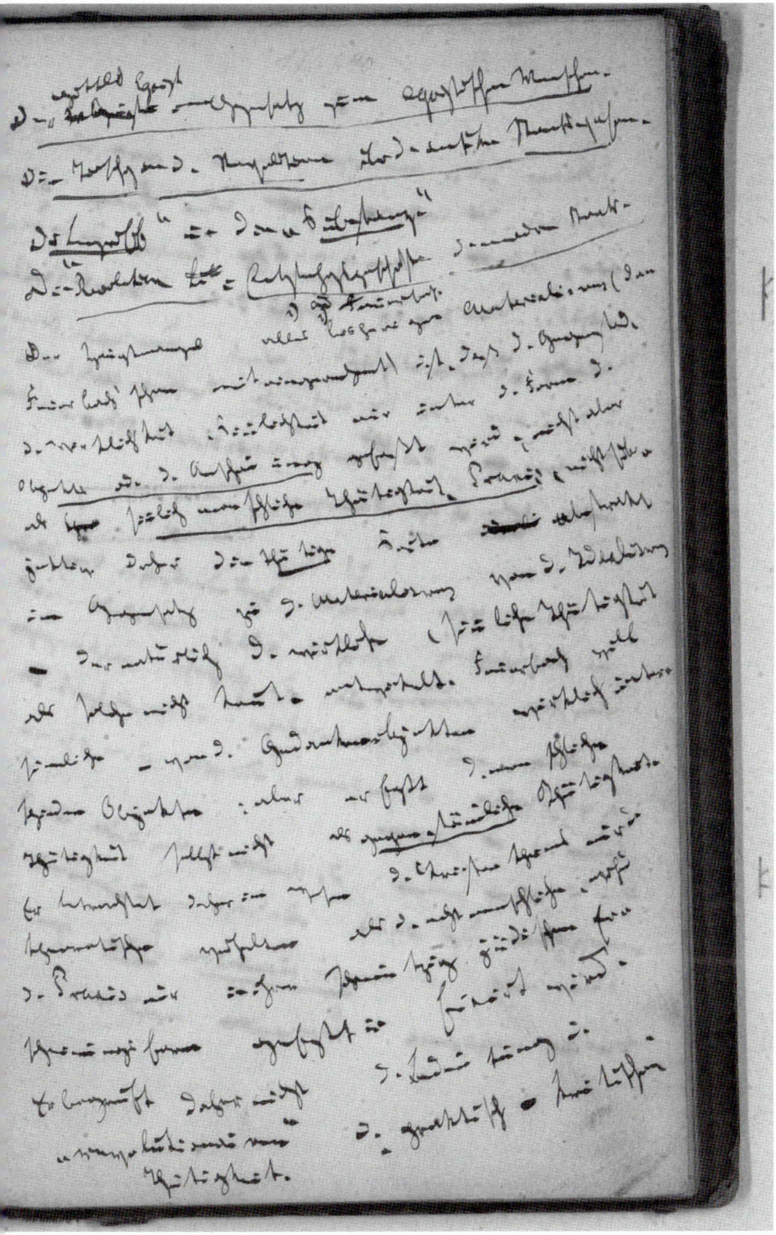

Karl Marx. Thesen über Feuerbach

2)

Die Frage ob dem menschlichen Denken gegenständliche Wahrheit zukomme – ist keine Frage der Theorie, sondern eine praktische Frage. In der Praxis muß der Mensch die Wahrheit, i.e. Wirklichkeit und Macht, Diesseitigkeit seines Denkens beweisen. Der Streit über die Wirklichkeit oder Nichtwirklichkeit des Denkens – das von der Praxis isoliert ist – ist eine rein scholastische Frage.

3)

Die materialistische Lehre von der Veränderung der Umstände und der Erziehung vergißt, daß die Umstände von den Menschen verändert und der Erzieher selbst erzogen werden muß. Sie muß daher die Gesellschaft in zwei Teile – von denen der eine über ihr erhaben ist – sondieren.

Das Zusammenfallen des Ändern[s] der Umstände und der menschlichen Tätigkeit oder Selbstveränderung kann nur als revolutionäre Praxis gefaßt und rationell verstanden werden.

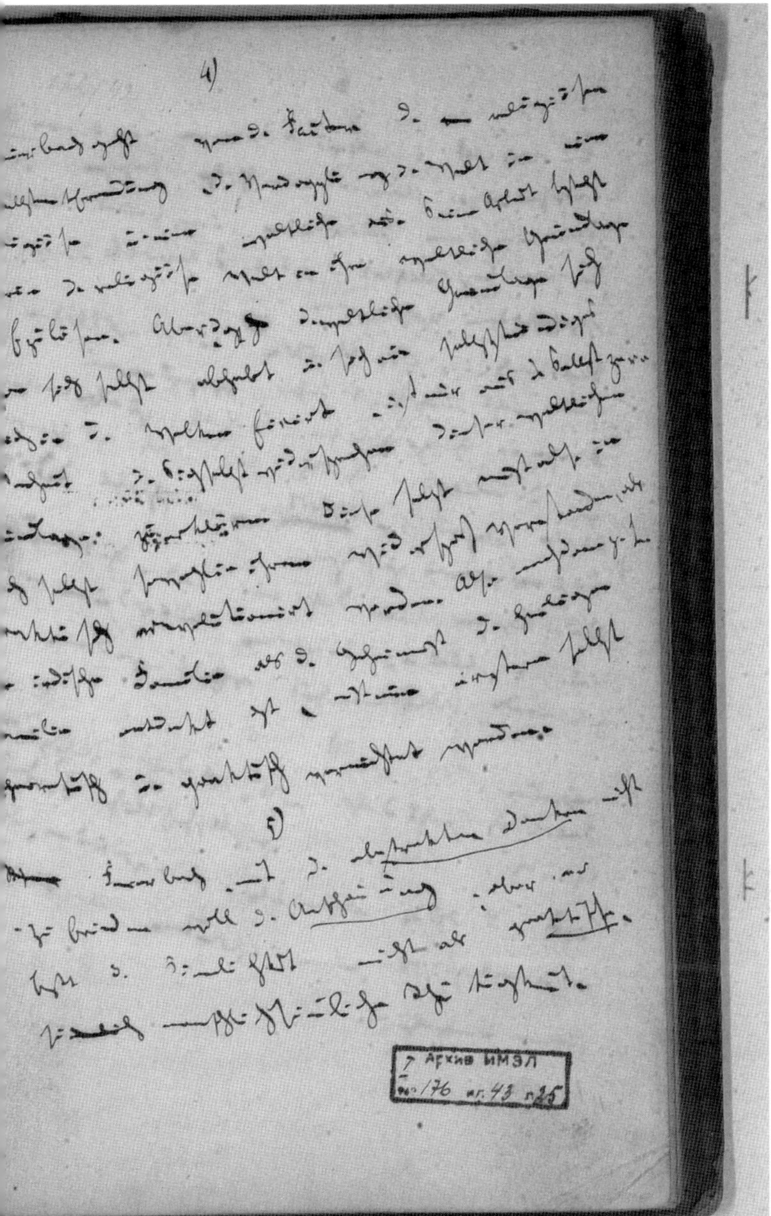

Karl Marx. Thesen über Feuerbach

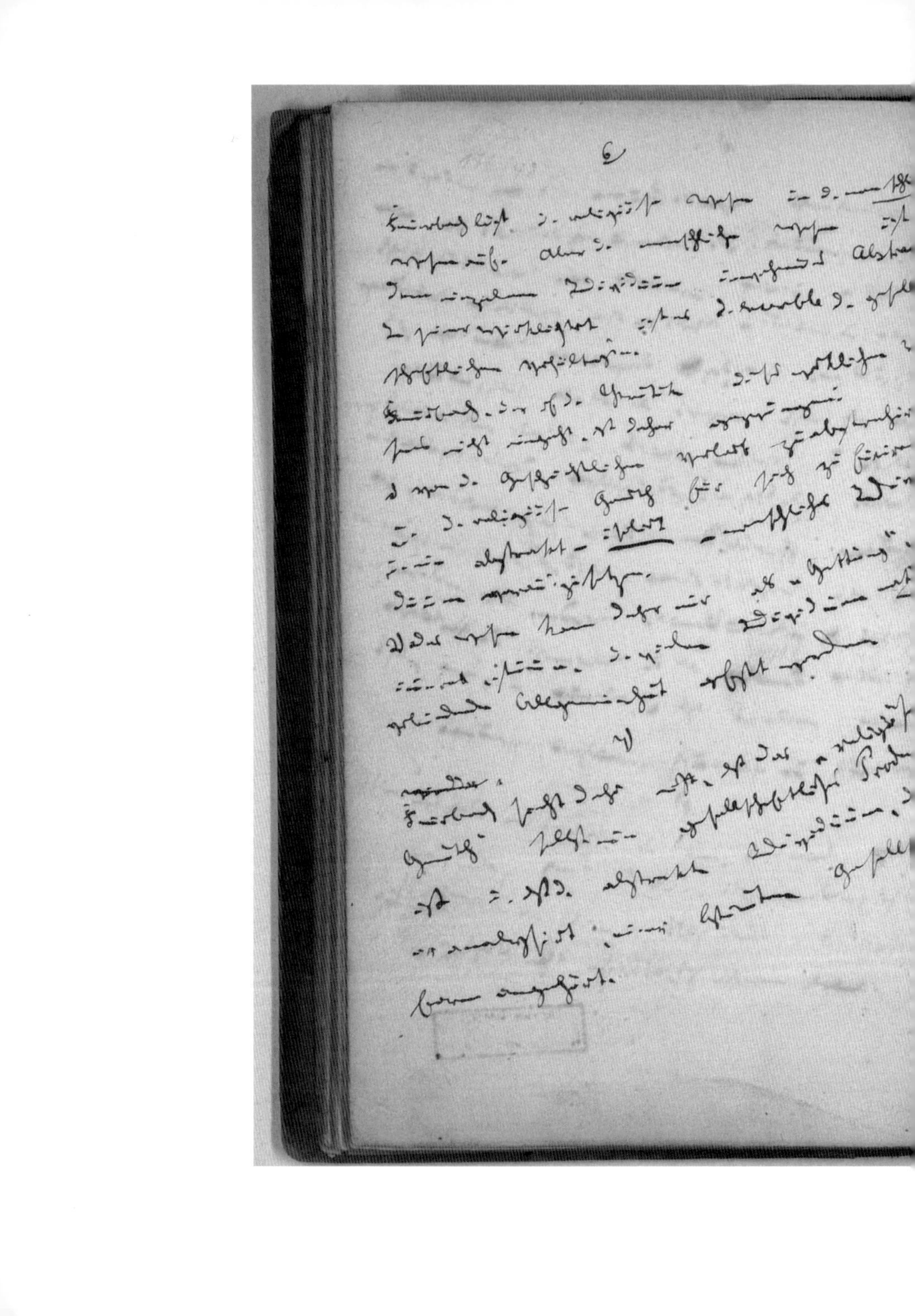

[illegible]

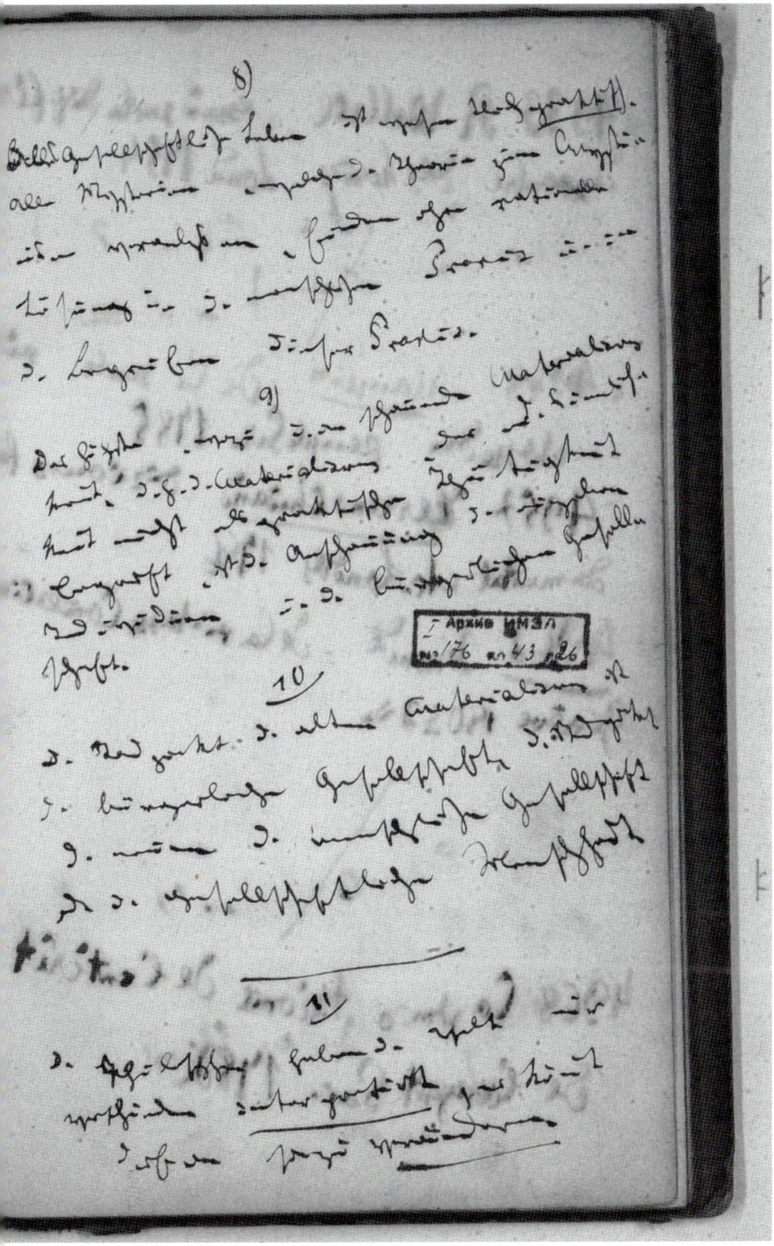
8)
9)
10
11
Архив ИМЭЛ

Die Tatsache nämlich, dass die weltliche Grundlage sich von sich selbst abhebt und sich, ein selbstständiges Reich, in den Wolken fixiert, ist eben nur aus der Selbstzerrissenheit und dem Sichselbstwidersprechen dieser weltlichen Grundlage zu erklären. Diese selbst muss also erstens in ihrem Widerspruch verstanden und sodann durch Beseitigung des Widerspruchs praktisch revolutioniert werden. Also z.B. nachdem die irdische Familie als das Geheimnis der heiligen Familie entdeckt ist, muss nun Erstere selbst theoretisch kritisiert und praktisch umgewälzt werden.

5 Feuerbach, mit dem abstrakten Denken nicht zufrieden, will die Anschauung, aber er fasst die Sinnlichkeit nicht als praktische menschlich-sinnliche Tätigkeit.

6 Feuerbach löst das religiöse Wesen in das menschliche Wesen auf. Aber das menschliche Wesen ist kein dem einzelnen Individuum inwohnendes Abstraktum. In seiner Wirklichkeit ist es das Ensemble der gesellschaftlichen Verhältnisse. Feuerbach, der auf die Kritik dieses wirklichen Wesens nicht eingeht, ist daher gezwungen:

1 von dem geschichtlichen Verlauf zu abstrahieren und das religiöse Gemüt für sich zu fixieren, und ein abstrakt – isoliert – menschliches Individuum vorauszusetzen.

2 Das Wesen kann daher nur als »Gattung«, als innere, stumme, die vielen Individuen natürlich verbindende Allgemeinheit gefasst werden.

7 Feuerbach sieht daher nicht, dass das »religiöse Gemüt« selbst ein gesellschaftliches Produkt ist und dass das abstrakte Individuum, das er analysiert, in Wirklichkeit einer bestimmten Gesellschaftsform angehört.

8 Alles gesellschaftliche Leben ist wesentlich *praktisch*. Alle Mysterien, welche die Theorie zum Mystizismus veranlassen, finden ihre rationelle Lösung in der menschlichen Praxis und im Begreifen dieser Praxis.

9 Das Höchste, wozu der anschauende Materialismus kommt, d.h. der Materialismus, der die Sinnlichkeit nicht als praktische Tätigkeit begreift, ist die Anschauung der einzelnen Individuen und der bürgerlichen Gesellschaft.

10 Der Standpunkt des alten Materialismus ist die bürgerliche Gesellschaft, der Standpunkt des neuen die menschliche Gesellschaft, oder die vergesellschaftete Menschheit.

11 Die Philosophen haben die Welt nur verschieden *interpretiert*; es kommt aber darauf an, sie zu *verändern*.

»Die Handmühle ergibt eine Gesellschaft mit Feudalherren, die Dampfmühle eine Gesellschaft mit industriellen Kapitalisten. Aber dieselben Menschen, welche die sozialen Verhältnisse gemäß ihrer materiellen Produktivität gestalten, gestalten auch die Prinzipien, die Ideen, die Kategorien gemäß ihren gesellschaftlichen Verhältnissen.«

Anfang 1842 gründen führende Kölner Bankiers die *Rheinische Zeitung*. Ihr Ziel ist es, das Monopol der ultrakatholischen *Kölnischen Zeitung* mit ihren 8000 Abonnenten zu brechen. Köln, das 70.000 Einwohner zählt, ist eine der größten Städte in Deutschland und das Zentrum der rheinischen Textilindustrie. Das Bürgertum ist die ständige Rücksichtnahme der Berliner Bürokratie auf ihre mehrheitlich agrarischen Provinzen leid, die katholische Auseinandersetzung mit dem preußischen Staat um die Legalität von Mischehen und Theologenausbildung interessieren sie wenig. Die neue Zeitung soll sparsame Staatsverwaltung, Ausbau des Eisenbahnnetzes, Senkung der Post- und Gerichtsgebühren und andere liberale Wünsche einfordern. Die Aktionäre des Blattes sind schlau genug, die klügsten Köpfe zu engagieren, ihre »linke Schrullen« stören sie nicht.

Die *Rheinische Zeitung* ist ein modernes Blatt mit einem Feuilleton, Annoncen, Kommentaren. Die Druckfahnen müssen jeden Abend zum Zensor gebracht werden. Was er streicht, wird geschwärzt oder bleibt weiß, andernfalls erscheint die Zeitung überhaupt nicht. Was durchgeht und was nicht, hängt von der Liberalität des Zensors und dem Verhandlungsgeschick des Redakteurs ab. Im Oktober 1842 berufen die Aktionäre den vierundzwanzigjährigen Karl Marx zum Chefredakteur. Siebzehn Jahre später schreibt er über seine Tätigkeit:

»Im Jahr 1842/43, als Redakteur der *Rheinischen Zeitung*, kam ich zuerst in die Verlegenheit, über so genannte materielle Interessen mitsprechen zu müssen. Die Verhandlungen des Rheinischen Landtags über Holzdiebstahl und Parzellierung des Grundeigentums, die amtliche Polemik, die Herr von Schaper, damals Oberpräsident der Rheinprovinz, mit der *Rheinischen Zeitung* über die Zustände der Moselbauern eröffnete, Debatten endlich über Freihandel und Schutzzoll, gaben die ersten Anlässe zu meiner Beschäftigung mit ökonomischen Fragen. Andererseits hatte zu jener Zeit, wo der gute Wille ›weiterzugehen‹ Sachkenntnis vielfach aufwog, ein schwach philosophisch gefärbtes Echo des französischen Sozialismus und Kommunismus sich in der *Rheinischen Zeitung* hörbar gemacht. Ich erklärte mich gegen diese Stümperei.«[1]

Das war gegen seine Kollegen aus dem Doktorclub gemünzt, deren Artikel Marx strenger unter die Lupe nimmt als der zuständige Zensor. In einem Brief an Arnold Ruge vom 30.11.1842 liefert er die Begründung:

»... Ich forderte auf, weniger vages Raisonnement, großklingende Phrasen, selbstgefällige Bespiegelungen und mehr Bestimmtheit, mehr Eingehn in die konkreten Zustände, mehr Sachkenntnis an den Tag zu fördern. Ich erklärte, dass ich das Einschmuggeln kommunistischer und sozialistischer Dogmen, also einer neuen Weltanschauung in beiläufigen Theaterkritiken etc. für unpassend, ja für unsittlich halte und eine ganz andere und gründlichere Besprechung des Kommunismus, wenn er einmal besprochen werden sollte, verlange. Ich begehrte dann, die Religion mehr in der Kritik der politischen Zustände, als die politischen Zustände in der Religion zu kritisieren, da diese Wendung mehr dem Wesen einer Zeitung und der Bildung des Publikums entspricht, da die Religion, an sich inhaltslos, nicht vom Himmel, sondern von der Erde lebt, und mit der Auflösung der verkehrten Realität, deren Theorie sie ist, von selbst stürzt. Endlich wollte ich, dass wenn einmal von Philosophie gesprochen, weniger mit der Firma »Atheismus« getändelt (was den Kindern ähnlich sieht, die jedem, der's hören will, versichern, sie fürchten sich nicht vor dem Bautzenmann) als vielmehr ihr Inhalt unter's Volk gebracht würde.«[2]

Seine ersten zuverlässigen Kenntnisse der »kommunistischen und sozialistischen Dogmen« erhält Marx von Moses Heß (1812 – 1875). Der Bonner Bürgersohn aus einer reichen jüdischen Familie prophezeit in seinen Büchern Gleichheit und Vollkommenheit als wahres Ziel der Geschichte. Erreicht werden soll es nicht durch Klassenkampf, sondern mit Solidarität und Liebe. Die Aktionäre der *Rheinischen Zeitung* engagieren ihn als Redakteur und ständigen Korrespondenten in Paris, wo er die Lehren Saint-Simons (1760 – 1825) übernimmt, die von Marx außerordentlich skeptisch beurteilt werden.

Schon nach fünf Monaten endet Marx' Tätigkeit. Nach dem Erscheinen eines Artikels gegen den russische Absolutismus, macht der Zar seinen Einfluss geltend, und auf sein Drängen hin muss die Zeitung ihr Erscheinen Ende März 1843 einstellen. Der heftige Protest der inzwischen fast 3.000 Abonnenten bleibt unbeachtet. Marx hatte 600 Taler verdient und die Zensur war von seinen Fähigkeiten dermaßen beeindruckt, dass ihm der Posten des Chefredakteurs der *Preußischen Staatszeitung* angeboten wird. Diese »Insinuation« lehnt er ab, zieht nach Bad Kreuznach und heiratet dort im Juni 1843 endlich, nach neunjähriger Verlobungszeit, Jenny von Westphalen. Im Oktober 1843 siedelt das Ehepaar nach Paris über, wo Marx zusammen mit Arnold Ruge eine Nachfolgezeitschrift der in Deutschland ebenfalls verbotenen *Deutschen Jahrbücher* herausgeben will.

Paris hat bereits eine Million Einwohner (darunter ungefähr 60.000 Deutsche) und wächst rasant weiter. Die Textilbranche und vor allem der Eisenbahnbau sind die Leitsektoren der Industrialisierung. »Heimat der Heimatlosen«, so nennt Siegfried Kracauer[3] Paris, wo Jacques Offenbach, Chopin, Meyerbeer und viele andere Komponisten Fuß zu fassen suchen. Die Umstellung der Zeitungsfinanzierung vom Abonnement auf Werbung führt zu einer enormen Auflagensteigerung, aber auch zur Abhängigkeit der Boulevardpresse von den wirtschaftlich mächtigen Inserenten. Der Feuilletonroman wird zur wichtigen Attraktion, Dichter und Schriftsteller wie Balzac, Dumas, Victor Hugo, Scribe, George Sand beliefern die Zeitungen, der Fortsetzungsroman von Eugène Sue, *Les Mystères de Paris* wird in Cafés und Salons täglich verfolgt und von Marx einer eingehenden Kritik unterzogen. Auf dem Boulevard des Italiens treffen sich »jeunesse dorée«, Bohemiens, Dandys, Prostituierte und Journalisten, die am nächsten Tag über diese Begegnungen schreiben. Es entsteht eine in Europa einmalige »Zeitungs-, Theater-, Literatur- und Liebesindustrie« mit einer ebenso eindrucksvollen Schattenseite: »Viertausend Arbeiter, die mitten in diesem so geregelt scheinenden Leben und Treiben täglich frühe auf dem Grêve Platz stehen und noch nicht wissen, wovon sie den Tag leben sollen, wenn sie keine Beschäftigung finden, zehntausend, die unsicher über den morgenden Tag, zwanzigtausend, die unsicher sind über die nächste Woche – das ist der Krankheitsstoff, der sich täglich von der äußersten Haut dieser Stadt, den Barrièren und den Faubourgs auf die inneren Theile des gesellschaftlichen Körpers werfen kann, auf den Bund der Macht mit dem Reichtum, die Würden und das Besitzthum.« Das schreibt Gutzkow 1842.[4]

Vor diesem Hintergrund der sozialen Deklassierung waren sozialistische Utopien entstanden. Schon François Babeuf (1760 – 1797) wollte alle Produktionsmittel in Gemeineigentum überführen. Er fordert gleiche Arbeit und gleiche Erziehung. Claude Henri de Rouvroy, Graf von Saint-Simon (1760 – 1825) erwartet die Beseitigung des Elends durch den Fortschritt von Wissenschaften und Technik. Auf ihn geht der Plan für den Suez- und Panamakanals zurück. Unternehmer und Wissenschaftler sollen nicht herrschen, sondern beraten, nachdem Aristokratie und Klerus entmachtet sind. Eigentum und Wettbewerb bleiben erhalten, ein neues pantheistisches Christentum verhindert die Ausbeutung. Charles Fourier (1772 – 1837) entwirft seine neue Gesellschaftsordnung als Verbindung von dezentralen Großkommunen. Diese »Phalanstères« (Mischwort aus Phalanx, römische Schlachtordnung, und monastère,

Kloster) sollen den Arbeitern eine ihren Fähigkeiten entsprechende Tätigkeit und das Existenzminimum gewährleisten. Louis Blanc (1811 – 1882) hingegen fordert staatlich organisierte Produktionsgenossenschaften, die 1848 kurzfristig eingerichtet werden.

Der preußische Konservative Lorenz von Stein studiert diese Bewegungen. Sein Buch *Der Socialismus und Communismus des heutigen Frankreichs* (1842) erkennt im Klassenkampf zwischen Kapital und Arbeit die grundlegende Gefährdung der bürgerlichen Gesellschaft und rät dem Staat, die drohende Revolution durch soziale Reformen abzuwenden.

Marx genießt das Pariser Leben. In Köln für ihn gesammelte 1.000 Taler ermöglichen ein sorgenfreies Leben, das allerdings nur wenig mehr als ein Jahr dauern sollte. Im Salon der Gräfin Agoult trifft er Schriftsteller und Komponisten. Er lernt eine Reihe französischer Frühsozialisten persönlich kennen, mit Heinrich Heine, dem Cousin seiner Mutter, und Georg Friedrich Herwegh ist er ständig in Kontakt, und mit Pierre Joseph Proudhon und Michail Bakunin diskutiert er nächtelang Hegel. Er liest die englischen Nationalökonomen Adam Smith, David Ricardo, James Mill in französischer Übersetzung und beschäftigt sich mit Rousseau, Montesquieu und Alexis de Tocqueville. Durch Moses Heß hat er die ersten Kontakte zum Proletariat, zu Mitgliedern des Bundes der Gerechten und anderer Arbeitervereine.

Der 1836 entstandene Bund der Gerechten ist als Geheimbund organisiert: Die Mitglieder der verschiedenen Gemeinden kennen sich untereinander nicht, auch nicht ihre Führung, dennoch sind sie dem »Bundeskriminalamt«, der Untersuchungskommission des Deutschen Bundes in Frankfurt, fast alle namentlich bekannt. Zwischen 250 und 500 Mitglieder hat der Bund europaweit, es sind überwiegend Handwerker, Schuster, Tischler, Schneider, nur wenige Intellektuelle gehören dazu. Die programmatischen Vorstellungen kommen von Moses Heß, dem Schneidergesellen Wilhelm Weitling, dem Anwalt und Romanautor Etienne Cabet und dem Schriftsetzer Pierre Joseph Proudhon. Die Parole des Bundes lautet: »Alle Menschen sind Brüder«. Gütergemeinschaft statt Privateigentum, Abschaffung des Geldes, christliche Ethik und friedliche Veränderung der Gesellschaft, das sind die Forderungen der Gruppe. Ein »süßer Sozialismus«, »seichte Liebesduselei« höhnt Marx, »Schneiderkommunismus« sagt Engels verächtlich.

Anfang März 1844 erscheint der erste (und einzige) Band der von Marx und Ruge herausgegebenen *Deutsch-Französischen Jahrbücher* – ohne Beitrag eines Franzosen. Theoretische Differenzen, die nervenaufreibende Zusammenarbeit und das kurzzeitige Zusammenleben der Ehepaare Marx und Ruge in einer Wohnung führen zum Zerwürfnis. Ruge ist mit den Auffassungen von Marx über die Rolle des Proletariats nicht einverstanden, verweigert das vereinbarte Honorar und überlässt ihm stattdessen 100 Exemplare der Publikation. Nur durch eine weitere Geldsammlung der Kölner Freunde, die den Verkauf der nach Deutschland eingeschmuggelten Hefte vorfinanzieren, erhält Marx 800 Francs. Marx und Ruge bleiben Feinde, und Marx' spätere Abrechnung in den *Großen Männern des Exils* (1852) ist an Bösartigkeit kaum zu übertreffen: »So zufrieden Ruge auch mit seinem Posten als Schweizer der deutschen Philosophie war, nagte doch im Stillen ein Wurm an seinem innersten Leben. Er hatte noch kein einziges dickes Buch geschrieben und beneidete täglich den glücklichen Bruno Bauer, der schon in seiner Jugend achtzehn schwere Bände veröffentlicht hatte. Um diesem Missverhältnis abzu- helfen, ließ Ruge einen und denselben Aufsatz unter verschiedenen Titeln dreimal in einem und demselben Band abdrucken und gab dann diesen Band wiederum in verschiedensten Formaten heraus. Auf diese Weise entstanden die ›Gesammelten Werke‹ Arnold Ruges, die der Verfasser, sauber gebunden, noch jetzt jeden Morgen in seiner Bibliothek Band für Band nachzählt und dann vergnügt ausruft: ›Bruno Bauer hat doch keine Gesinnung!‹«[5]

Die beiden Jahrbuch-Beiträge von Marx beschäftigen sich mit dem Verhältnis von Recht und Realität. Im ersten, der Einleitung zur *Kritik der hegelschen Rechtsphilosophie* formuliert Marx seine abschließende Auffassung zur Religion, wie er sie in der Auseinandersetzung mit den Junghegelianern gewonnen hatte. Das religiöse Bewusstsein ist für Marx der Schulfall für falsches Bewusstsein. Religion ist soziologisch zu erklären. Der Mensch macht die Religion. Sie ist, wie Ludwig Feuerbach (1841) gezeigt hatte, eine Projektion der irdischen Verhältnisse in den Himmel. Als illusorischer Trost über das irdische Elend kann sie aber auch als Protest gegen diese Zustände verstanden werden. Die gesellschaftliche Aufgabe lautet, die falschen Tröstungen der Religion durch ein besseres Diesseits überflüssig zu machen. Die Entstehung des religiösen Bewusstseins dient Marx noch in seinem Hauptwerk, dem *Kapital*, als Muster der Ideologiebildung in kapitalistischen Gesellschaften.

Im zweiten Teil der *Rechtsphilosophie* geht es ihm vor allem um die politischen Konsequenzen. In Absetzung von den Junghegelianern will Marx nicht mehr philosophisch eine bessere Welt vorwegnehmen, sondern aus der Kritik der alten Welt die neue finden. Die Kritik der Politik muss an die wirklichen Kämpfe anknüpfen und nicht doktrinär eine angebliche Wahrheit verkünden.

Letztlich kann die Kritik die Waffe nicht ersetzen, die materielle Gewalt muss durch materielle Gewalt gestürzt werden. Radikale Theorien werden vom Volk nur verwirklicht, wenn damit die Verwirklichung ihrer Bedürfnisse verbunden ist. Etwas pathetisch wird dem eben entdeckten Proletariat die Aufgabe zugeschrieben, diese Emanzipation zu Wege zu bringen, es kann sich nur emanzipieren, wenn es nicht nur sich, sondern alle Menschen emanzipiert.

Als Entgegnung auf Bruno Bauer fordert Marx in der *Judenfrage,* der Staat müsse sich von Judentum, Christentum und jeglicher Religion emanzipieren. Anhand einer Analyse der Menschenrechtsartikel der französischen Revolutionsverfassungen zeigt er, welch enge Grenzen die rechtliche Emanzipation hat. Wenn der Staat den Bürgern gleiche Rechte zuspricht, kann er ihre reale Gleichheit weder wollen noch verwirklichen. Die Schrift schließt mit dem provokanten Satz: »Die gesellschaftliche Emanzipation der Juden ist die Emanzipation der Gesellschaft vom Judentum«[6]. Marx verengt den Begriff Judentum auf die Gewinnsucht und blendet alle sonstigen historischen und kulturellen Gehalte des Begriffs aus. Über die Vorurteile, die er bedient, macht er sich wenig Gedanken. Ihm selbst waren seine jüdische Herkunft, die jüdische Religion und Kultur völlig gleichgültig, andererseits sind in seinen Briefen an Engels die sarkastischen oder giftigen Diffamierungen jüdischer Freunde und Gegner sehr auffällig.

1844 beginnt Marx, an der deutschen Wochenschrift *Vorwärts* mitzuarbeiten, seine erste Tochter, Jenny, kommt zur Welt, und aus den umfangreichen Exzerpten der englischen und französischen Ökonomen entstehen von April bis Juni die *Ökonomisch-philosophische Manuskripte*, die erst 1932 in Moskau veröffentlicht werden. Sichtbar beeindruckt von den empirischen Ergebnissen seiner Lektüre sucht er die Fakten philosophisch zu deuten und ihre verborgene Struktur darzustellen. Wieder ist Hegel der methodische Leitfaden, diesmal um dem Begriff der Entfremdung eine empirische Wendung zu geben. Schon Hegel hatte die Selbsterzeugung des Menschen als Entäußerung und Vergegenständlichung durch Arbeit verstanden und diesen Prozess als Selbstentfremdung des Geistes bezeichnet. Marx behält das dialektische Muster bei, gewinnt aber, indem er den Inhalt der »Arbeit« industriell versteht, ein Werkzeug der Gesellschaftskritik.

Industrielle Arbeit produziert nicht nur Waren, sondern den Arbeiter als Ware, sie unterwirft ihn der Maschine, den unmenschlichen Arbeitsbedingungen, der Konkurrenz mit anderen Arbeitern. Entfremdung darf nicht mehr als abstrakte Selbstentfremdung des Geistes, sondern muss als Entfremdung des Menschen von der Natur, von sich selbst und dem Mitmenschen begriffen werden. Hier wie auch später hütet sich Marx, die zukünftige Gesellschaft zu beschreiben. Zunehmende Freiheit von Zwang und Zugang zu allen Fähigkeiten der Gattung Mensch sind notwendige Schritte, die Zukunft jedoch ist völlig unbestimmt.

Im Januar 1845 wird Marx auf Betreiben der preußischen Regierung – die eigens Wilhelm von Humboldt als Sondergesandten nach Paris schickt – aus Frankreich ausgewiesen. Anlass waren Artikel im *Vorwärts* über die Unterdrückung des schlesischen Weberaufstands im Juni 1844. Er zieht nach Brüssel, wie Paris Aufenthaltsort vieler Emigranten.

Tiefe soziale und politische Gegensätze im Königreich der Vereinigten Niederlande hatten 1830 in Brüssel zur »Septemberrevolution« und der Unabhängigkeitserklärung Belgiens geführt. Die konstitutionelle Monarchie unter Leopold I. (1831 – 1865) hält die Balance zwischen klerikalen und liberalen Kräften und der wachsenden Feindschaft von Flamen und Wallonen. Die neue Hauptstadt Brüssel mit ihren 124.000 Einwohnern ist noch kein Handelszentrum. Es gibt Manufakturen für Brüssler Spitzen, Lederwaren, Möbel und andere Luxuswaren. Seit 1834 besteht eine kleine Universität und eine durchgehende Eisenbahnverbindung nach Nürnberg, nach und nach werden die Festungswälle durch Boulevards ersetzt. Marx beantragt, um künftigen Verfolgungen der preußischen Regierung zu entgehen, das Ausscheiden aus dem preußischen Staatsverband. Ab 1. Dezember 1845 ist er staatenlos und bleibt es bis zu seinem Tod. In Brüssel kommen sein Sohn Edgar und seine Tochter Laura zur Welt. Die Familie lebt fast nur von geliehenem Geld, was den Stolz von Marx außerordentlich kränkt. Als er schließlich 1848 den Rest seines Erbes in Höhe von 6.000 Francs[7] ausgezahlt bekommt, spendet er während des Februaraufstandes 5.000 Franc, damit sich die Brüssler Arbeiter Waffen kaufen können.

Auch Michail Bakunin, Moses Heß und Friedrich Engels (1820 – 1895) kommen nach Brüssel. Engels hatte Marx schon bei der *Rheinischen Zeitung* kennen gelernt, ihn dann in Paris wiedergetroffen und seine Artikel für die *Deutsch-Französischen Jahrbücher* redigiert. Sein Vater besitzt eine Textilfabrik in Barmen Elberfeld und eine weitere in Manchester. Kritisch gegenüber dem pietistischen Unternehmermilieu seines Elternhauses gerät Engels schon früh unter den Einfluss von Moses Heß. Er absolviert seinen Militärdienst, macht 1842/43 ein Praktikum in Manchester, studiert dort die englischen

Nationalökonomen und sammelt Materialien für sein Epoche machendes Buch: *Die Lage der arbeitenden Klassen in England*, das 1845 erscheint. Sein Aufenthalt in England schafft – wie für Marx die Pariser Zeit – die Distanz zur junghegelschen Philosophie. In Brüssel diskutieren die beiden alle aktuellen philosophischen und sozialen Theorien und verfassen in großem Einverständnis mehrere Manuskripte.

Im Juli/August 1845 unternehmen sie eine gemeinsame sechswöchige Studienreise nach England, für beide das Musterbeispiel der kapitalistischen Entwicklung. Die Bevölkerung des Königreichs hatte sich in der ersten Hälfte des 19.Jh. auf 27,4 Mio. (1851) fast verdoppelt. In Folge der Umstellung auf Fruchtwechselwirtschaft wächst zwischen 1770 und 1820 die Getreideproduktion um 60% und zwischen 1820 und 1860 nochmals um 50%. Eisenpflug, Sense und Dreschmaschine gehören zur Standardausrüstung der Landwirtschaft. Für die massenhafte Schafzucht werden riesige Einhegungen angelegt und die Landbevölkerung dieser Gebiete zum Wegzug in die Städte gezwungen. Die Zahl der in der Landwirtschaft Beschäftigten nimmt rapide ab: 1811 waren es noch ein Drittel der Erwerbstätigen, 1851 sind es nur noch 20%. Ab 1830 setzt (wie auch sonst in Europa) der Eisenbahnbau ein, was einen enormen Aufschwung für Bergbau, Stahlindustrie und die übrigen Zuliefererindustrien mit sich bringt, vergleichbar dem späteren Boom der Autoindustrie. In den zwanzig Jahren von 1830 – 1850 werden ca. 8.000 km neue Bahnlinien eröffnet, 1847 sind 300.000 Menschen beim Eisenbahnbau beschäftigt, die Leistung der Dampfmaschinen verdoppelt sich in zehn Jahren auf 1,3 Millionen PS. Gleichzeitig führt England den Freihandel ein, und schnell beherrschen englische Textilien, Eisenwaren und Nahrungsmitteln die Weltwirtschaft.

Auch die Zahl der Erwerbstätigen verdoppelt sich in der ersten Jahrhunderthälfte auf 9,7 Millionen. Mitte des Jahrhunderts beträgt die durchschnittliche Arbeitszeit 10 bis 12 Stunden, in der Textilindustrie sind es 14 bis 16 Stunden. Mehr als ein Drittel der Frauen und ein Drittel aller Kinder unter 15 müssen arbeiten, in den Bergwerken werden Kinder mit 8, in den Textilfabriken mit 6 Jahren beschäftigt. Die Fabrikgesetze von 1833 und 1844 schaffen nur wenig Besserung, die Schulpflicht gibt es erst ab 1880.

Diese Erfahrungen sind eine Herausforderung. Marx verschlingt eine Unmenge ökonomischer Literatur, 15 Hefte mit Auszügen klassischer ökonomischer Autoren füllt er in Brüssel über die Geschichte der Technik, der Währungs-, Bank- und Handelsgeschichte und über bevölkerungspolitische Probleme. Noch tragen die beiden Freunde ihr schweres deutsch-philosophisches Gepäck mit sich, so entstehen die *Thesen über Feuerbach*, die erst 1888 von Engels herausgegeben werden, *Die Deutsche Ideologie*, die nach langer Vergessenheit 1932 publiziert wird, und *Die Heilige Familie*, die 1845 in Frankfurt erscheint. *Die Heilige Familie* ist eine sehr zeitgebundene polemische Abrechnung mit Bruno Bauer und seinem Schülerkreis um die *Allgemeine Literatur-Zeitung* in Berlin. *Die Deutsche Ideologie* setzt diese Auseinandersetzung mit den Junghegelianern fort, dehnt sie aber aus, auf die Theorie des Individualismus von Max Stirner (1806 – 1856) und den »wahren Sozialismus« von Karl Grün (1817 – 1887). Im ersten Teil über Ludwig Feuerbach (1804 – 1872) formulieren Marx und Engels ihre neue Überzeugung, dass es nur eine Wissenschaft gibt: die Geschichte. Nur historische Analysen der Verhältnisse ermöglichen brauchbare Aussagen für künftiges Handeln, wenn man die Welt nicht nur interpretieren, sondern verändern will.

Die neuen Einsichten sollen politisch umgesetzt werden, dazu ist ein Netz von Korrespondenten in den europäischen Hauptstädten vorgesehen. Die regelmäßigen Treffen des Brüssler Korrespondenzkomitees (»Tendenzkomitee«, sagt Engels spöttisch) sind ein Treffpunkt vieler durchreisender Besucher und ein Forum für die Auseinandersetzung mit den unterschiedlichen Richtungen des Sozialismus. In Paris versucht Engels Etienne Cabet und Louis Blanc zur Mitarbeit zu bewegen. Marx bittet Proudhon, der aber mit einem hochironischen Brief absagt: »unsere Proletarier haben einen so großen Durst nach Wissenschaft, dass man sehr schlecht von ihnen empfangen würde, wenn man ihnen nichts zum Trinken bieten würde als Blut«.[8] Marx ärgert sich über diese Unterstellung, zumal er Proudhon sehr ernst nimmt. Mehrfach haben Engels und er Proudhon als Theoretiker gelobt, sein Einfluss auf französische Gruppen ist erheblich. Auf sein neuestes Werk reagiert Marx daher prompt: 1847 erscheint zeitgleich in Paris und Brüssel die Polemik *Misère de la Philosophie* (*Das Elend der Philosophie*), das erste Buch, das Marx ohne Engels verfasst: »Herr Proudhon genießt das Unglück, auf eigentümliche Art verkannt zu werden. In Frankreich hat er das Recht, ein schlechter Ökonom zu sein, weil man ihn für einen tüchtigen deutschen Philosophen hält; in Deutschland dagegen darf er ein schlechter Philosoph sein, weil er für einen der stärksten französischen Ökonomen gilt. In unserer Doppeleigenschaft als Deutscher und Ökonom sehen wir uns veranlasst, gegen diesen doppelten Irrtum Protest einzulegen.«[9]

Detailreich behandelt Marx Fragen der Arbeitszeit, der Warenpreise, des Geldes, der Arbeitsteilung, der Grundrente etc. um zu zeigen, dass Proudhon sich nicht auf dem Stand der ökonomischen Wissenschaft befindet. Statt den Geschichtsverlauf von einem schlecht verstandenen Hegel her zu konstruieren, soll er Sozialgeschichte studieren: »Die Handmühle ergibt eine Gesellschaft mit Feudalherren, die Dampfmühle eine Gesellschaft mit industriellen Kapitalisten. Aber dieselben Menschen, welche die sozialen Verhältnisse gemäß ihrer materiellen Produktivität gestalten, gestalten auch die Prinzipien, die Ideen, die Kategorien gemäß ihren gesellschaftlichen Verhältnissen. Somit sind diese Ideen, diese Kategorien, ebenso wenig ewig wie die Verhältnisse, die sie ausdrücken. Sie sind historische, vergängliche, vorübergehende Produkte.«[10]

Um die tief greifenden Differenzen zwischen den Bundesmitgliedern auszugleichen, geht von der Londoner Gemeinde, die sich in »Bund der Kommunisten« umbenennt, Ende 1846 die Initiative für ein neues Programm aus. In dem Einladungsschreiben zu einem ersten Kongress werden alle Gemeinden aufgefordert, zu drei Fragen Stellung zu nehmen: Welches ist die Stellung der Proletarier zur Bourgeoisie, zu den religiösen Parteien und zu den sozialen und kommunistischen Parteien. Zunächst war geplant, einen Katechismus aufzustellen, oder ein Glaubensbekenntnis.

Auch ein zweiter Kongress Anfang Dezember 1847 in London, der zehn Tage dauert, schafft es nicht, ein Programm zu formulieren. Immerhin wird die bisherige Parole »Alle Menschen sind Brüder« durch »Proletarier aller Länder vereinigt euch« ersetzt. Marx und Engels können schließlich die Delegierten überreden, sich von den Ansichten der »wahren Sozialisten« Weitling, Heß, Grün, u. a. zu trennen und stattdessen historisch materialistisch zu argumentieren. Engels schlägt für das Programm den Titel »Manifest« vor, und Marx erhält den Auftrag, bis Februar 1848 einen Text zu schreiben, was er in der letzten Januarwoche 1848 nach mehrfacher Abmahnung auch erledigt. *Das Manifest der Kommunistischen Partei* wurde in verschiedene Sprachen übersetzt und in geringer Auflage gedruckt. Er war vorläufig nur den Mitgliedern der Gemeinden bekannt. Bis 1870 wurden nur 10.000 Exemplare verbreitet, bis zur Jahrhundertwende zirka 60 000.

Der sprachlich überwältigende Text hat bis heute nicht an Aktualität verloren und wird immer wieder zitiert. Marx ersetzt die Wunschvorstellungen der Arbeiterverbrüderungen durch eine an der englischen Industrialisierungsgeschichte gewonnene Programmatik. Größere Verteilungsgerechtigkeit durch Abschaffung von Grundeigentum und Erbrecht und durch Einführung progressiver Steuern. Größere reale soziale Gleichheit durch unentgeltliche polytechnische Bildung, den Ausgleich zwischen Stadt und Land und die Abschaffung arbeitslosen Einkommens. Die wirtschaftliche Entwicklung soll durch Verbesserung der Infrastruktur – Transport, Urbarmachung, Kreditwesen – gefördert werden. Es wird nicht der Himmel auf Erden beschworen, sondern es werden nur die nächsten Schritte formuliert. Auch Sätze, die utopisch klingen, sind historisch begründet. Nach erfolgreicher Revolution des Proletariats und Beseitigung der Klassenherrschaft der Bourgeoisie, soll Herrschaft überhaupt verschwinden. Anstelle der alten bürgerlichen Gesellschaft soll eine Assoziation treten, in der freie Entwicklung eines jeden die Bedingung für die freie Entwicklung aller ist, schreibt Marx. Das sind die Forderungen der französischen Revolution: Freiheit, Gleichheit und Brüderlichkeit. Freiheit soll allerdings nicht mehr nur Gewerbe- und Meinungsfreiheit, und Gleichheit nicht nur die Rechtsgleichheit der Geld- und Warenbesitzer sein. Die Brüderlichkeit soll gewährleisten, dass die Freiheit des einen nicht die Grenze der Freiheit der anderen, sondern die Ermöglichung der Freiheit beider ist. Was das Bürgertum als Möglichkeit entdeckte, soll endlich praktisch angegangen werden.

Der bleibende theoretische Ertrag der Pariser und Brüssler Jahre ist die Ergänzung der hegelschen Methodik durch die materialistische Geschichtsauffassung, die Engels 1892 rückblickend als »Historischen Materialismus« bezeichnet. Das Manuskript *Die Deutsche Ideologie* dient Marx und Engels zur Selbstverständigung über die Neuorientierung ihrer Gesellschaftstheorie. Belehrt durch den Materialismus Feuerbachs und den Nominalismus Stirners kommen sie zur Überzeugung, dass die scheinbar überzeitliche philosophische Wesensbestimmung des Menschen zugunsten historischer Erklärungen aufgegeben werden muss. Alle historischen Erscheinungen, Ereignisse oder Gedanken, schreiben die beiden Autoren, sind aus der materiellen Produktion des Lebens empirisch erklärbar. Diese Produktion prägt sowohl die sinnliche Wahrnehmung als auch die gedankliche Verarbeitung der Realität. Aus vergangenen Produktionsformen geprägte Wahrnehmungsweisen sind noch wirksam, z. B. als Religion, aber die vorherrschenden Interpretationen von Natur und Gesellschaft, die herrschende Meinung ist die Meinung der Herrschenden. Zeitgleich mit der materiellen Produktion entstehen gesellschaftliche Verhältnisse (Verkehrsformen), die wieder auf die Produktion und die Wahrnehmungsweisen zurückwirken. Die Dynamik der historischen Entwicklung ist völlig offen und ergibt sich aus dem Wechselverhältnis von Produktivkräften und Produktionsverhältnissen. Dabei gibt es eine Abfolge von Produktionsweisen, die nicht übersprungen werden können.

Die Befreiung des Individuums aus den starken gesellschaftlichen Zwängen verwirklicht sich durch seine vielseitige Entwicklung, die es nicht auf eine bestimmte Tätigkeit lebenslang festlegt. Emanzipation ist aber nur zusammen mit der Entwicklung zu einer Weltgesellschaft möglich. In späteren Arbeiten haben Marx und Engels diese Theorie durch zusätzliche Annahmen ergänzt: Die Produktionsverhältnisse legen die Eigentumsverhältnisse an den Produktionsmitteln fest. Es bilden sich zwei Grundklassen: Ausbeuter und Ausgebeutete. Die Geschichte ist eine Geschichte der Klassenkämpfe. Ihr Ziel ist die Abschaffung des Privateigentums, eine klassenlose Gesellschaft und das Absterben des Staates, der ein Zwangsinstrument der Klassengesellschaft ist. Das Proletariat hat die weltgeschichtliche Aufgabe, diesen Prozess voranzutreiben.

Trotz verschiedener Anläufe hat Marx die Theorie des historischen Materialismus nicht weiter ausgearbeitet.[11] Zunehmend zweifelt er an der Möglichkeit einer allgemeinen Theorie des Geschichtsverlaufs und beschränkt sich konsequent auf die Theorie der kapitalistischen Entwicklung. Schon die Texte der *Deutschen Ideologie* sprechen sehr kritisch über die Begründbarkeit allgemeiner geschichtstheoretischer Annahmen. Zwar müsse die Theorie von den wirklichen Menschen und ihren materiellen Lebensbedingungen ausgehen, aber die Autoren wissen, dass auch ihre eigene empirische Wahrnehmung und Begriffsbildung historisch geprägt ist. Diese historischen Bedingungen können zwar reflektiert, aber nicht überholt werden. Für Marx und Engels gibt es kein Außen, von dem aus der Prozess gesellschaftlicher Entwicklung beschrieben werden könnte. Sie fordern, in jedem einzelnen Fall den Zusammenhang der gesellschaftlichen und politischen Gliederung mit der Produktion empirisch und ohne alle Mystifikation und Spekulation aufzuweisen.

Empirische Forschungen, die diesen Zusammenhang von Handlungen und gesellschaftlichem System nachweisen, wurden von ihnen nicht durchgeführt.

Heute ist der »Historische Materialismus« als Methode der Sozialwissenschaften selbstverständlich. Zentrale Themen der Theoriedebatte im 20. Jahrhundert waren Fragen nach der Gesetzmäßigkeit und Zielgerichtetheit des Geschichtsverlaufs, dem Einfluss der Biologie neben der Ökonomie und nach der Eigenständigkeit der Entwicklung ideologischer Strömungen. Stalin unterbindet 1938 in der Sowjetunion die Weiterentwicklung der Theorie , aber nach seinem Tod (1953) beginnt auch dort eine »marxistischen Soziologie«.

Die Sozialgeschichtsschreibung in der Bundesrepublik nach 1968 ist stark vom Historischen Materialismus beeinflusst, ebenso die empirische soziologische Forschung. Aus der marxschen Frage nach dem Verhältnis von Handlung und Gesellschaftssystem hat die theoretische Soziologie zwei konkurrierende Erklärungsansätze entwickelt: die Handlungstheorie und die Systemtheorie. Für die Handlungstheorie bestehen Gesellschaften aus Netzwerken von Akteuren, die ihre Entscheidungen aus mehr oder minder rationalen Präferenzen treffen. Nach Auffassung der Systemtheorie bestehen moderne Gesellschaften aus sich selbst erzeugenden Systemen, die unabhängig voneinander operieren und nur indirekt über wechselseitige Beobachtungen miteinander kommunizieren. Unstrittig ist, dass die Produktionsverhältnisse den Zugang zu den Produktionsmitteln gesellschaftlich regulieren. Umstritten bleibt hingegen, ob gesellschaftliche Lernprozesse durch zufällige, nicht steuerbare Verknüpfungen »autopoetischer« Teilsysteme verlaufen (Luhmann), oder ob Fortschritte des technischen Wissens durch normative Regeln der Lebenswelt sozial integriert werden müssen (Habermas). Zu beiden Richtungen hat Marx Argumente beigetragen, die bis heute diskutiert werden.

Anmerkungen | **1** MEW 13, S. 7 – 8. **2** MEW 27, S. 412. **3** Siegfried Kracauer, *Jacques Offenbach und das Paris seiner Zeit*. Frankfurt, 1976, S. 67. **4** Ebd., S. 81. **5** MEW 8, S. 276. **6** MEW 1, S. 373. **7** 1 Franc hatte 5 gr. Feingehalt Silber. **8** MEW 27, S. 668, Anm. 360. **9** MEW 4, S. 65. **10** MEW 4, S. 130. **11** MEW 13, S. 615 ff.; MEW 23, S. 92 – 96.

»Ein Teil der Bourgeoisie wünscht den sozialen Missständen abzuhelfen, um den Bestand der bürgerlichen Gesellschaft zu sichern.

Es gehören hierher:

Ökonomisten,
Philanthropen,
Humanitäre,
Verbesserer der Lage der arbeitenden Klassen,
Wohltätigkeitsorganisierer,
Abschaffer der Tierquälerei,
Mäßigkeitsvereinsstifter,
Winkelreformer der buntscheckigsten Art.«

Die Deutsche Ideologie

1845/46

Die Voraussetzungen, mit denen wir beginnen, sind keine willkürlichen, keine Dogmen, es sind wirkliche Voraussetzungen, von denen man nur in der Einbildung abstrahieren kann. Es sind die wirklichen Individuen, ihre Aktion und ihre materiellen Lebensbedingungen, sowohl die vorgefundenen wie die durch ihre eigne Aktion erzeugten. Diese Voraussetzungen sind also auf rein empirischem Wege konstatierbar.

Die erste Voraussetzung aller Menschengeschichte ist natürlich die Existenz lebendiger menschlicher Individuen. Der erste zu konstatierende Tatbestand ist also die körperliche Organisation dieser Individuen und ihr dadurch gegebenes Verhältnis zur übrigen Natur. Wir können hier natürlich weder auf die physische Beschaffenheit der Menschen selbst noch auf die von den Menschen vorgefundenen Naturbedingungen, die geologischen, orohydrographischen, klimatischen und andern Verhältnisse, eingehen. Alle Geschichtsschreibung muss von diesen natürlichen Grundlagen und ihrer Modifikation im Lauf der Geschichte durch die Aktion der Menschen ausgehen.

Man kann die Menschen durch das Bewusstsein, durch die Religion, durch was man sonst will, von den Tieren unterscheiden. Sie selbst fangen an, sich von den Tieren zu unterscheiden, sobald sie anfangen, ihre Lebensmittel zu produzieren, ein Schritt, der durch ihre körperliche Organisation bedingt ist. Indem die Menschen ihre Lebensmittel produzieren, produzieren sie indirekt ihr materielles Leben selbst.

Die Weise, in der die Menschen ihre Lebensmittel produzieren, hängt zunächst von der Beschaffenheit der vorgefundenen und zu reproduzierenden Lebensmittel selbst ab. Diese Weise der Produktion ist nicht bloß nach der Seite hin zu betrachten, dass sie die Reproduktion der physischen Existenz der Individuen ist. Sie ist vielmehr schon eine bestimmte Art der Tätigkeit dieser Individuen, eine bestimmte Art, ihr Leben zu äußern, eine bestimmte Lebensweise derselben. Wie die Individuen ihr Leben äußern, so sind sie. Was sie sind, fällt also zusammen mit ihrer Produktion, sowohl damit, was sie produzieren, als auch damit, wie sie produzieren. Was die Individuen also sind, das hängt ab von den materiellen Bedingungen ihrer Produktion.

Diese Produktion tritt erst ein mit der Vermehrung der Bevölkerung. Sie setzt selbst wieder einen Verkehr der Individuen untereinander voraus. Die Form dieses Verkehrs ist wieder durch die Produktion bedingt.

Die Beziehungen verschiedener Nationen untereinander hängen davon ab, wie weit jede von ihnen ihre Produktivkräfte, die Teilung der Arbeit und den innern

Verkehr entwickelt hat. Dieser Satz ist allgemein anerkannt. Aber nicht nur die Beziehung einer Nation zu anderen, sondern auch die ganze innere Gliederung dieser Nation selbst hängt von der Entwicklungsstufe ihrer Produktion und ihres innern und äußern Verkehrs ab. Wie weit die Produktionskräfte einer Nation entwickelt sind, zeigt am augenscheinlichsten der Grad, bis zu dem die Teilung der Arbeit entwickelt ist. Jede neue Produktivkraft, sofern sie nicht eine bloß quantitative Ausdehnung der bisher schon bekannten Produktivkräfte ist (z. B. Urbarmachung von Ländereien), hat eine neue Ausbildung der Teilung der Arbeit zur Folge.

Die Teilung der Arbeit innerhalb einer Nation führt zunächst die Trennung der industriellen und kommerziellen von der ackerbauenden Arbeit und damit die Trennung von Stadt und Land und den Gegensatz der Interessen beider herbei. Ihre weitere Entwicklung führt zur Trennung der kommerziellen Arbeit von der industriellen. Zu gleicher Zeit entwickeln sich durch die Teilung der Arbeit innerhalb dieser verschiednen Branchen wieder verschiedene Abteilungen unter den zu bestimmten Arbeiten zusammenwirkenden Individuen. Die Stellung dieser einzelnen Abteilungen gegeneinander ist bedingt durch die Betriebsweise der ackerbauenden, industriellen und kommerziellen Arbeit (Patriarchalismus, Sklaverei, Stände, Klassen). Dieselben Verhältnisse zeigen sich bei entwickelterem Verkehr in den Beziehungen verschiedner Nationen zueinander.

Die verschiedenen Entwicklungsstufen der Teilung der Arbeit sind ebensoviel verschiedene Formen des Eigentums; d.h. die jedesmalige Stufe der Teilung der Arbeit bestimmt auch die Verhältnisse der Individuen zueinander in Beziehung auf das Material, Instrument und Produkt der Arbeit. (...)

Die Tatsache ist also die: bestimmte Individuen, die auf bestimmte Weise produktiv tätig sind, gehen diese bestimmten gesellschaftlichen und politischen Verhältnisse ein. Die empirische Beobachtung muss in jedem einzelnen Fall den Zusammenhang der gesellschaftlichen und politischen Gliederung mit der Produktion empirisch und ohne alle Mystifikation und Spekulation aufweisen. Die gesellschaftliche Gliederung und der Staat gehen beständig aus dem Lebensprozess bestimmter Individuen hervor; aber dieser Individuen, nicht wie sie in der eignen oder fremden Vorstellung erscheinen mögen, sondern wie sie wirklich sind, d.h. wie sie wirken, materiell produzieren, also wie sie unter bestimmten materiellen und von ihrer Willkür unabhängigen Schranken, Voraussetzungen und Bedingungen tätig sind.

Die Produktion der Ideen, Vorstellungen, des Bewusstseins ist zunächst unmittelbar verflochten in die materielle Tätigkeit und den materiellen Verkehr der Menschen, Sprache des wirklichen Lebens. Das Vorstellen, Denken, der geistige Verkehr der Menschen erscheinen hier noch als direkter Ausfluss ihres materiellen Verhaltens. Von der geistigen Produktion, wie sie in der Sprache der Politik, der Gesetze, der Moral, der Religion, Metaphysik usw. eines Volkes sich darstellt, gilt dasselbe. Die Menschen sind die Produzenten ihrer Vorstellungen, Ideen pp., aber die wirklichen, wirkenden Menschen, wie sie bedingt sind durch eine bestimmte Entwicklung ihrer Produktivkräfte und des denselben entsprechenden Verkehrs bis zu seinen weitesten Formationen hinauf. Das Bewusstsein kann nie etwas andres sein als das bewusste Sein, und das Sein der Menschen ist ihr wirklicher Lebensprozess. Wenn in der ganzen Ideologie die Menschen und ihre Verhältnisse wie in einer Camera obscura auf den Kopf gestellt erscheinen, so geht dies Phänomen ebensosehr aus ihrem historischen Lebensprozess hervor wie die Umdrehung der Gegenstände auf der Netzhaut aus ihrem unmittelbar physischen.

Ganz im Gegensatz zur deutschen Philosophie, welche vom Himmel auf die Erde herabsteigt, wird hier von der Erde zum Himmel gestiegen. D.h., es wird nicht ausgegangen von dem, was die Menschen sagen, sich einbilden, sich vorstellen, auch nicht von den gesagten, gedachten, eingebildeten, vorgestellten Menschen, um davon aus bei den leibhaftigen Menschen anzukommen; es wird von den wirklich tätigen Menschen ausgegangen und aus ihrem wirklichen Lebensprozess auch die Entwicklung der ideologischen Reflexe und Echos dieses Lebensprozesses dargestellt. Auch die Nebelbildungen im Gehirn der Menschen sind notwendige Sublimate ihres materiellen, empirisch konstatierbaren und an materielle Voraussetzungen geknüpften Lebensprozesses. Die Moral, Religion, Metaphysik und sonstige Ideologie und die ihnen entsprechenden Bewusstseinsformen behalten hiermit nicht länger den Schein der Selbstständigkeit. Sie haben keine Geschichte, sie haben keine Entwicklung, sondern die ihre materielle Produktion und ihren materiellen Verkehr entwickelnden Menschen ändern mit dieser ihrer Wirklichkeit auch ihr Denken und die Produkte ihres Denkens. Nicht das Bewusstsein bestimmt das Leben, sondern das Leben bestimmt das Bewusstsein. In der ersten Betrachtungsweise geht man von dem Bewusstsein als dem lebendigen Individuum aus. In der zweiten, dem wirklichen Leben entsprechenden, von den wirklichen lebendigen Individuen selbst und betrachtet das Bewusstsein nur als ihr Bewusstsein.

Diese Betrachtungsweise ist nicht voraussetzungslos. Sie geht von den wirklichen Voraussetzungen aus, sie verlässt sie keinen Augenblick. Ihre Voraussetzungen sind die Menschen nicht in irgendeiner fantastischen Abgeschlossenheit und Fixierung, sondern in ihrem wirklichen, empirisch anschaulichen Entwicklungsprozess unter bestimmten Bedingungen. Sobald dieser tätige Lebensprozess dargestellt wird, hört die Geschichte auf, eine Sammlung toter Fakta zu sein, wie bei den selbst noch abstrakten Empirikern, oder eine eingebildete Aktion eingebildeter Subjekte, wie bei den Idealisten. Da, wo die Spekulation aufhört, beim wirklichen Leben, beginnt also die wirkliche, positive Wissenschaft, die Darstellung der praktischen Betätigung, des praktischen Entwicklungsprozesses der Menschen. Die Phrasen vom Bewusstsein hören auf, wirkliches Wissen muss an ihre Stelle treten. Die selbstständige Philosophie verliert mit der Darstellung der Wirklichkeit ihr Existenzmedium. An ihre Stelle kann höchstens eine Zusammenfassung der allgemeinsten Resultate treten, die sich aus der Betrachtung der historischen Entwicklung der Menschen abstrahieren lassen. Diese Abstraktionen haben für sich, getrennt von der wirklichen Geschichte, durchaus keinen Wert. Sie können nur dazu dienen, die Ordnung des geschichtlichen Materials zu erleichtern, die Reihenfolge seiner einzelnen Schichten anzudeuten. Sie geben aber keineswegs, wie die Philosophie, ein Rezept oder Schema, wonach die geschichtlichen Epochen zurechtgestutzt werden können. Die Schwierigkeit beginnt im Gegenteil erst da, wo man sich an die Betrachtung und Ordnung des Materials, sei es einer vergangnen Epoche oder der Gegenwart, an die wirkliche Darstellung gibt. Die Beseitigung dieser Schwierigkeiten ist durch Voraussetzungen bedingt, die keineswegs hier gegeben werden können, sondern die erst aus dem Studium des wirklichen Lebensprozesses und der Aktion der Individuen jeder Epoche sich ergeben. Wir nehmen hier einige dieser Abstraktionen heraus, die wir gegenüber der Ideologie gebrauchen, und werden sie an historischen Beispielen erläutern. (...)

Der »Geist« hat von vornherein den Fluch an sich, mit der Materie »behaftet« zu sein, die hier in der Form von bewegten Luftschichten, Tönen, kurz der Sprache auftritt. Die Sprache ist so alt wie das Bewusstsein – die Sprache ist das praktische, auch für andre Menschen existierende, also auch für mich selbst erst existierende wirkliche Bewusstsein, und die Sprache entsteht, wie das Bewusstsein, erst aus dem Bedürfnis, der Notdurft des Verkehrs mit andern Menschen. Wo ein Verhältnis existiert, da existiert es für mich, das Tier »*verhält*« sich zu nichts und überhaupt nicht. Für das Tier existiert sein Verhältnis zu andern nicht als Verhältnis. Das Bewusstsein ist also von vornherein schon ein gesellschaftliches Produkt und bleibt es, solange überhaupt Menschen existieren. Das Bewusstsein ist natürlich zuerst bloß Bewusstsein über die *nächste* sinnliche Umgebung und Bewusstsein des bornierten Zusammenhanges mit andern Personen und Dingen außer dem sich bewusst werdenden Individuum; es ist zu gleicher Zeit Bewusstsein der Natur, die den Menschen anfangs als eine durchaus fremde, allmächtige und unangreifbare Macht gegenübertritt, zu der sich die Menschen rein tierisch verhalten, von der sie sich imponieren lassen wie das Vieh; und also ein rein tierisches Bewusstsein der Natur (Naturreligion).

Man sieht hier sogleich: Diese Naturreligion oder dies bestimmte Verhalten zur Natur ist bedingt durch die Gesellschaftsform und umgekehrt. Hier wie überall tritt die Identität von Natur und Mensch auch so hervor, dass das bornierte Verhalten der Menschen zur Natur ihr borniertes Verhalten zueinander, und ihr borniertes Verhalten zueinander ihr borniertes Verhältnis zur Natur bedingt, eben weil die Natur noch kaum geschichtlich modifiziert ist, und andrerseits Bewusstsein der Notwendigkeit, mit den umgebenden Individuen in Verbindung zu treten, der Anfang des Bewusstseins darüber, dass er überhaupt in einer Gesellschaft lebt. Dieser Anfang ist so tierisch wie das gesellschaftliche Leben dieser Stufe selbst, er ist bloßes Herdenbewusstsein, und der Mensch unterscheidet sich hier vom Hammel nur dadurch, dass sein Bewusstsein ihm die Stelle des Instinkts vertritt, oder dass sein Instinkt ein bewusster ist. Dieses Hammel- oder Stammbewusstsein erhält seine weitere Entwicklung und Ausbildung durch die gesteigerte Produktivität, die Vermehrung der Bedürfnisse und die beiden zum Grunde liegende Vermehrung der Bevölkerung.

Damit entwickelt sich die Teilung der Arbeit, die ursprünglich nichts war als die Teilung der Arbeit im Geschlechtsakt, dann Teilung der Arbeit, die sich vermöge der natürlichen Anlage (z.B. Körperkraft), Bedürfnisse, Zufälle etc. etc. von selbst oder »naturwüchsig« macht. Die Teilung der Arbeit wird erst wirklich Teilung von dem Augenblicke an, wo eine Teilung der materiellen und geistigen Arbeit eintritt.

Von diesem Augenblicke an *kann* sich das Bewusstsein wirklich einbilden, etwas andres als das Bewusstsein der bestehenden Praxis zu sein, *wirklich* etwas vorzustellen, ohne etwas Wirkliches vorzustellen – von diesem Augenblicke an ist das Bewusstsein im Stande, sich von der Welt zu emanzipieren und zur Bildung der »reinen« Theorie, Theologie, Philosophie, Moral etc. überzugehen. Aber selbst wenn diese Theorie, Theologie, Philosophie, Moral etc. in Widerspruch mit den bestehenden Verhältnissen treten, so kann dies nur dadurch geschehen, dass die bestehenden gesellschaftlichen Verhältnisse mit der bestehenden Produktionskraft in Widerspruch getreten sind – was übrigens in einem bestimmten nationalen Kreise von Verhältnissen auch dadurch geschehen kann, dass der Widerspruch nicht in diesem nationalen Umkreis, sondern zwischen diesem nationalen Bewusstsein und der Praxis der anderen Nationen, d.h. zwischen dem nationalen und allgemeinen Bewusstsein einer Nation sich einstellt.

Übrigens ist es ganz einerlei, was das Bewusstsein alleine anfängt, wir erhalten aus diesem ganzen Dreck nur das eine Resultat, dass diese drei Momente, die Produktionskraft, der gesellschaftliche Zustand und das Bewusstsein, in Widerspruch untereinander geraten können und müssen, weil mit der *Teilung der Arbeit* die Möglichkeit, ja die Wirklichkeit gegeben ist, dass die geistige und materielle Tätigkeit –

dass der Genuss und die Arbeit, Produktion und Konsumtion, verschiedenen Individuen zufallen, und die Möglichkeit, dass sie nicht in Widerspruch geraten, nur darin liegt, dass die Teilung der Arbeit wieder aufgehoben wird. Es versteht sich übrigens von selbst, dass die »Gespenster«, »Bande«, »höheres Wesen«, »Begriff«, »Bedenklichkeit« bloß der idealistische geistliche Ausdruck, die Vorstellung scheinbar des vereinzelten Individuums sind, die Vorstellung von sehr empirischen Fesseln und Schranken, innerhalb deren sich die Produktionsweise des Lebens und die damit zusammenhängende Verkehrsform bewegt.

Mit der Teilung der Arbeit, in welcher alle diese Widersprüche gegeben sind und welche ihrerseits wieder auf der naturwüchsigen Teilung der Arbeit in der Familie und der Trennung der Gesellschaft in einzelne, einander entgegengesetzte Familien beruht, ist zu gleicher Zeit auch die Verteilung, und zwar die *ungleiche*, sowohl quantitative wie qualitative Verteilung der Arbeit und ihrer Produkte gegeben, also das Eigentum, das in der Familie, wo die Frau und die Kinder die Sklaven des Mannes sind, schon seinen Keim, seine erste Form hat. Die freilich noch sehr rohe, latente Sklaverei in der Familie ist das erste Eigentum, das übrigens hier schon vollkommen der Definition der modernen Ökonomen entspricht, nach der es die Verfügung über fremde Arbeitskraft ist. Übrigens sind Teilung der Arbeit und Privateigentum identische Ausdrücke – in dem einen wird in Beziehung auf die Tätigkeit dasselbe ausgesagt, was in dem andern in Bezug auf das Produkt der Tätigkeit ausgesagt wird.

Ferner ist mit der Teilung der Arbeit zugleich der Widerspruch zwischen dem Interesse des einzelnen Individuums oder der einzelnen Familie und dem gemeinschaftlichen Interesse aller Individuen, die miteinander verkehren, gegeben; und zwar existiert dies gemeinschaftliche Interesse nicht bloß in der Vorstellung, als »Allgemeines«, sondern zuerst in der Wirklichkeit als gegenseitige Abhängigkeit der Individuen, unter denen die Arbeit geteilt ist. Und endlich bietet uns die Teilung der Arbeit gleich das erste Beispiel davon dar, dass, solange die Menschen sich in der naturwüchsigen Gesellschaft befinden, solange also die Spaltung zwischen dem besondern und gemeinsamen Interesse existiert, solange die Tätigkeit also nicht freiwillig, sondern naturwüchsig geteilt ist, die eigne Tat des Menschen ihm zu einer fremden, gegenüberstehenden Macht wird, die ihn unterjocht, statt dass er sie beherrscht. Sowie nämlich die Arbeit verteilt zu werden anfängt, hat jeder einen bestimmten ausschließlichen Kreis der Tätigkeit, der ihm aufgedrängt wird, aus dem er nicht heraus kann; er ist Jäger, Fischer oder Hirt oder kritischer Kritiker und muss es bleiben, wenn er nicht die Mittel zum Leben verlieren will – während in der kommunistischen Gesellschaft, wo jeder nicht einen ausschließlichen Kreis der Tätigkeit hat, sondern sich in jedem beliebigen Zweige ausbilden kann, die Gesellschaft die allgemeine Produktion regelt und mir eben dadurch möglich macht, heute dies, morgen jenes zu tun, morgens zu jagen, nachmittags zu fischen, abends Viehzucht zu treiben, nach dem Essen zu kritisieren, wie ich gerade Lust habe, ohne je Jäger, Fischer, Hirt oder Kritiker zu werden. Dieses Sichfestsetzen der sozialen Tätigkeit, diese Konsolidation unsres eignen Produkts zu einer sachlichen Gewalt über uns, die unsrer Kontrolle entwächst, unsre Erwartungen durchkreuzt, unsre Berechnungen zunichte macht, ist eines der Hauptmomente in der bisherigen geschichtlichen Entwicklung, und eben aus diesem Widerspruch des besondern und gemeinschaftlichen Interesses nimmt das gemeinschaftliche Interesse als *Staat* eine selbstständige Gestaltung, getrennt von den wirklichen Einzel- und Gesamtinteressen, an, und zugleich als illusorische Gemeinschaftlichkeit, aber stets auf der realen Basis der in jedem Familien- und Stamm-Konglomerat vorhandenen Bänder, wie Fleisch und Blut, Sprache, Teilung der Arbeit im größeren Maßstabe und sonstigen Interessen – und besonders, wie wir später entwickeln werden, der durch die Teilung der Arbeit bereits bedingten Klassen, die in jedem derartigen Menschenhaufen sich absondern und von denen eine alle andern beherrscht. Hieraus folgt, dass alle Kämpfe innerhalb des Staats, der Kampf zwischen Demokratie, Aristokratie und Monarchie, der Kampf um das Wahlrecht etc. etc., nichts als die illusorischen Formen sind, in denen die wirklichen Kämpfe der verschiednen Klassen untereinander geführt werden (wovon die deutschen Theoretiker nicht eine Silbe ahnen, trotzdem dass man ihnen in den »Deutsch-Französischen Jahrbüchern« und der »Heiligen Familie« dazu Anleitung genug gegeben hatte), und ferner, dass jede nach der Herrschaft strebende Klasse, wenn ihre Herrschaft auch, wie dies beim Proletariat der Fall ist, die Aufhebung der ganzen alten Gesellschaftsform und der Herrschaft überhaupt bedingt, sich zuerst die politische Macht erobern muss, um ihr Interesse wieder als das Allgemeine, wozu sie im ersten Augenblick gezwungen ist, darzustellen. Eben weil die Individuen *nur* ihr besondres, für sie nicht mit ihrem gemeinschaftlichen Interesse zusammenfallendes suchen, überhaupt das Allgemeine illusorische Form der Gemeinschaftlichkeit, wird dies als ein ihnen »fremdes« und von ihnen »unabhängiges«, als ein selbst wieder besonderes und eigentümliches »Allgemein«-Interesse geltend gemacht, oder sie selbst müssen sich in diesem Zwiespalt bewegen, wie in der Demokratie. Andrerseits macht denn auch der *praktische* Kampf dieser beständig *wirklich* den gemeinschaftlichen und illusorischen gemeinschaftlichen Interessen entgegentretenden Sonderinteressen die *praktische* Dazwischenkunft und Zügelung durch das illusorische »Allgemein«-Interesse als Staat nötig. Die soziale Macht, d.h. die vervielfachte Produktionskraft, die durch das in der Teilung der Arbeit bedingte Zusammenwirken der verschiedenen Individuen entsteht, erscheint diesen Individuen, weil das Zu-

»Freier Staat – was ist das? Es ist keines
schränkten Untertanenverstand losgewo
schen Reich ist der »Staat« fast so »frei«
den Staat aus einem der Gesellschaft übe
netes Organ zu verwandeln, und auch heu
freier im Maß, worin sie die »Freiheit des
terpartei – wenigstens, wenn sie das Pro
ihr die sozialistischen Ideen nicht einma
hende Gesellschaft (und das gilt von jede
Staats (oder künftigen, für künftige Gesel
mehr als ein selbstständiges Wesen behar
chen, freiheitlichen Grundlagen« besitzt.
Es fragt sich dann: Welche Umwandlung
tischen Gesellschaft untergehn? In ander
tionen bleiben dort übrig, die jetzigen Sta
nur wissenschaftlich zu beantworten, ma
Zusammensetzung des Worts Volk mit dem
näher.«

wegs Zweck der Arbeiter, die den be-
den, den Staat »frei« zu machen. Im Deut-
als in Russland. Die Freiheit besteht darin,
geordnetes in ein ihr durchaus untergeord-
ig sind die Staatsformen freier oder un-
Staats« beschränken. Die deutsche Arbei-
ramm zu dem ihrigen macht – zeigt, wie
hauttief sitzen, indem sie, statt die beste-
ünftigen) als Grundlage des bestehenden
chaften) zu behandeln, den Staat viel-
elt, das seine eignen »geistigen, sittli-

wird das Staatswesen in einer kommunis-
Worten, welche gesellschaftlichen Funk-
sfunktionen analog sind? Diese Frage ist
kommt dem Problem durch tausendfache
Wort Staat auch nicht um einen Flohsprung

sammenwirken selbst nicht freiwillig, sondern naturwüchsig ist, nicht als ihre eigne, vereinte Macht, sondern als eine fremde, außer ihnen stehende Gewalt, von der sie nicht wissen woher und wohin, die sie also nicht mehr beherrschen können, die im Gegenteil nun eine eigentümliche, vom Wollen und Laufen der Menschen unabhängige, ja dies Wollen und Laufen erst dirigierende Reihenfolge von Phasen und Entwicklungsstufen durchläuft. Ohne dies könnte 1. der Kommunismus nur als eine Lokalität existieren, 2. die *Mächte* des Verkehrs selbst hätten sich als *universelle*, drum unerträgliche Mächte nicht entwickeln können, sie wären heimisch-abergläubige »Umstände« geblieben, und 3. würde jede Erweiterung des Verkehrs den lokalen Kommunismus aufheben. Der Kommunismus ist empirisch nur als die Tat der herrschenden Völker »auf einmal« und gleichzeitig möglich, was die universelle Entwicklung der Produktivkraft und den mit ihm zusammenhängenden Weltverkehr voraussetzt. Wie hätte sonst z.B. das Eigentum überhaupt eine Geschichte haben, verschiedene Gestalten annehmen, und etwa das Grundeigentum je nach der verschiedenen vorliegenden Voraussetzung in Frankreich aus der Parzellierung zur Zentralisation in wenigen Händen, in England aus der Zentralisation in wenigen Händen zur Parzellierung drängen können, wie dies heute wirklich der Fall ist? Oder wie kommt es, dass der Handel, der doch weiter nichts ist als der Austausch der Produkte verschiedner Individuen und Länder, durch das Verhältnis von Nachfrage und Zufuhr die ganze Welt beherrscht – ein Verhältnis, das, wie ein englischer Ökonom sagt, gleich dem antiken Schicksal über der Erde schwebt und mit unsichtbarer Hand Glück und Unglück an die Menschen verteilt, Reiche stiftet und Reiche zertrümmert, Völker entstehen und verschwinden macht –, während mit der Aufhebung der Basis, des Privateigentums, mit der kommunistischen Regelung der Produktion und der darin liegenden Vernichtung der Fremdheit, mit der sich die Menschen zu ihrem eignen Produkt verhalten, die Macht des Verhältnisses von Nachfrage und Zufuhr sich in nichts auflöst und die Menschen den Austausch, die Produktion, die Weise ihres gegenseitigen Verhaltens wieder in ihre Gewalt bekommen?

Der Kommunismus ist für uns nicht ein *Zustand*, der hergestellt werden soll, ein *Ideal*, wonach die Wirklichkeit sich zu richten haben (wird). Wir nennen Kommunismus die *wirkliche* Bewegung, welche den jetzigen Zustand aufhebt. Die Bedingungen dieser Bewegung ergeben sich aus der jetzt bestehenden Voraussetzung. Übrigens setzt die Masse von *bloßen* Arbeitern – massenhafte von Kapital oder von irgendeiner bornierten Befriedigung abgeschnittne Arbeiterkraft – und darum auch der nicht mehr temporäre Verlust dieser Arbeit selbst als einer gesicherten Lebensquelle durch die Konkurrenz den *Weltmarkt* voraus. Das Proletariat kann also nur *weltgeschichtlich* existieren, wie der Kommunismus, seine Aktion, nur als »weltgeschichtliche« Existenz überhaupt vorhanden sein kann; weltgeschichtliche Existenz der Individuen, d.h. Existenz der Individuen, die unmittelbar mit der Weltgeschichte verknüpft ist.

Die durch die auf allen bisherigen geschichtlichen Stufen vorhandenen Produktionskräfte bedingte und sie wiederum bedingende Verkehrsform ist die *bürgerliche Gesellschaft*, die, wie schon aus dem Vorhergehenden hervorgeht, die einfache Familie und die zusammengesetzte Familie, das so genannte Stammwesen zu ihrer Voraussetzung und Grundlage hat, und deren nähere Bestimmungen im Vorhergehenden enthalten sind. Es zeigt sich schon hier, dass diese bürgerliche Gesellschaft der wahre Herd und Schauplatz aller Geschichte ist, und wie widersinnig die bisherige, die wirklichen Verhältnisse vernachlässigende Geschichtsauffassung mit ihrer Beschränkung auf hochtönende Haupt- und Staatsaktionen ist.

Die bürgerliche Gesellschaft umfasst den gesamten materiellen Verkehr der Individuen innerhalb einer bestimmten Entwicklungsstufe der Produktivkräfte. Sie umfasst das gesamte kommerzielle und industrielle Leben einer Stufe und geht insofern über den Staat und die Nation hinaus, obwohl sie andrerseits wieder nach außen hin als Nationalität sich geltend machen, nach innen als Staat sich gliedern muss. Das Wort bürgerliche Gesellschaft kam auf im achtzehnten Jahrhundert, als die Eigentumsverhältnisse bereits aus dem antiken und mittelalterlichen Gemeinwesen sich herausgearbeitet hatten. Die bürgerliche Gesellschaft als solche entwickelt sich erst mit der Bourgeoisie; die unmittelbar aus der Produktion und dem Verkehr sich entwickelnde gesellschaftliche Organisation, die zu allen Zeiten die Basis des Staats und der sonstigen idealistischen Superstruktur bildet, ist indes fortwährend mit demselben Namen bezeichnet worden.

Über die Produktion des Bewusstseins

Diese Geschichtsauffassung beruht also darauf, den wirklichen Produktionsprozess, und zwar von der materiellen Produktion des unmittelbaren Lebens ausgehend, zu entwickeln und die mit dieser Produktionsweise zusammenhängende und von ihr erzeugte Verkehrsform, also die bürgerliche Gesellschaft in ihren verschiedenen Stufen, als Grundlage der ganzen Geschichte aufzufassen und sie sowohl in ihrer Aktion als Staat darzustellen, wie die sämtlichen verschiedenen theoretischen Erzeugnisse und Formen des Bewusstseins, Religion, Philosophie, Moral etc. etc., aus ihr zu erklären und ihren Entstehungsprozess aus ihnen zu verfolgen, wo dann natürlich auch die Sache in ihrer Totalität (und darum auch die Wechselwirkung dieser verschiednen Seiten aufeinander) dargestellt werden kann. Sie hat in jeder Periode nicht, wie die idealistische Geschichtsanschauung, nach einer Kategorie zu suchen, sondern bleibt fortwährend auf dem wirklichen Geschichtsboden stehen, erklärt nicht die Praxis aus der Idee, erklärt die Ideenformationen aus der materiellen Praxis und kommt demgemäß auch zu dem Resultat, dass alle Formen und Produkte des Bewusstseins nicht durch geistige Kritik, durch Auflösung ins »Selbstbewusstsein« oder Verwandlung in »Spuk«, »Gespenster«, »Sparren« etc., sondern nur durch den praktischen Umsturz der realen gesellschaftlichen Verhältnisse, aus denen diese idealistischen Flausen hervorgegangen sind, aufgelöst werden können – dass nicht die Kritik, sondern die Revolution die treibende Kraft der Geschichte auch der Religion, Philosophie und sonstigen Theorie ist. Sie zeigt, dass die Geschichte nicht damit endigt, sich ins »Selbstbewusstsein« als »Geist vom Geist« aufzulösen, sondern dass in ihr auf jeder Stufe ein materielles Resultat, eine Summe von Produktionskräften, ein historisch geschaffnes Verhältnis zur Natur und der Individuen zueinander sich vorfindet, die jeder Generation von ihrer Vorgängerin überliefert wird, eine Masse von Produktivkräften, Kapitalien und Umständen, die zwar einerseits von der neuen Generation modifiziert wird, ihr aber auch andrerseits ihre eignen Lebensbedingungen vorschreibt und ihr eine bestimmte Entwicklung, einen speziellen Charakter gibt – dass also die Umstände ebenso sehr die Menschen, wie die Menschen die Umstände machen. Diese Summe von Produktionskräften, Kapitalien und sozialen Verkehrsformen, die jedes Individuum und jede Generation als etwas Gegebenes vorfindet, ist der reale Grund dessen, was sich die Philosophen als »Substanz« und »Wesen des Menschen« vorgestellt, was sie apotheosiert und bekämpft haben, ein realer Grund, der dadurch nicht im mindesten in seinen Wirkungen und Einflüssen auf die Entwicklung der Menschen gestört wird, dass diese Philosophen als »Selbstbewusstsein« und »Einzige« dagegen rebellieren. Diese vorgefundenen Lebensbedingungen der verschiedenen Generationen entscheiden auch, ob die periodisch in der Geschichte wiederkehrende revolutionäre Erschütterung stark genug sein wird oder nicht, die Basis alles Bestehenden umzuwerfen, und wenn diese materiellen Elemente einer totalen Umwälzung, nämlich einerseits die vorhandenen Produktivkräfte, andrerseits die Bildung einer revolutionären Masse, die nicht nur gegen einzelne Bedingungen der bisherigen Gesellschaft, sondern gegen die bisherige »Lebensproduktion« selbst, die »Gesamttätigkeit«, worauf sie basierte, revolutioniert – nicht vorhanden sind, so ist es ganz gleichgültig für die praktische Entwicklung, ob die *Idee* dieser Umwälzung schon hundertmal ausgesprochen ist – wie die Geschichte des Kommunismus dies beweist.

Die ganze bisherige Geschichtsauffassung hat diese wirkliche Basis der Geschichte entweder ganz und gar unberücksichtigt gelassen oder sie nur als eine Nebensache betrachtet, die mit dem geschichtlichen Verlauf außer allem Zusammenhang steht. Die Geschichte muss daher immer nach einem außer ihr liegenden Maßstab geschrieben werden; die wirkliche Lebensproduktion erscheint als urgeschichtlich, während das Geschichtliche als das vom gemeinen Leben Getrennte, Extra-Überweltliche erscheint. Das Verhältnis der Menschen zur Natur ist hiermit von der Geschichte ausgeschlossen, wodurch der Gegensatz von Natur und Geschichte erzeugt wird; sie hat daher in der Geschichte nur politische Haupt- und Staatsaktionen und religiöse und überhaupt theoretische Kämpfe sehen können und speziell bei jeder geschichtlichen Epoche *die Illusion dieser Epoche* teilen müssen. Z.B. bildet sich eine Epoche ein, durch rein »politische« oder »religiöse« Motive bestimmt zu werden, obgleich »Religion« und »Politik« nur Formen ihrer wirklichen Motive sind, so akzeptiert ihr Geschichtsschreiber diese Meinung. Die »Einbildung«, die »Vorstellung« dieser bestimmten Menschen über ihre wirkliche Praxis wird in die einzig bestimmende und aktive Macht verwandelt, welche die Praxis dieser Menschen beherrscht und bestimmt. Wenn die rohe Form, in der die Teilung der Arbeit bei den Indern und Ägyptern vorkommt, das Kastenwesen bei diesen Völkern in ihrem Staat und ihrer Religion hervorruft, so glaubt der Historiker, das Kastenwesen sei die Macht, welche diese rohe gesellschaftliche Form erzeugt habe. Während die Franzosen und Engländer wenigstens an der politischen Illusion, die der Wirklichkeit noch am nächsten steht, halten, bewegen sich die Deutschen im Gebiete des »reinen Geistes« und machen die religiöse Illusion zur treibenden Kraft der Geschichte. Die hegelsche Geschichtsphilosophie ist die letzte, auf ihren »reinsten Ausdruck« gebrachte Konsequenz dieser gesamten deutschen Geschichtschreibung, in der es sich nicht um wirkliche, nicht einmal um politische Interessen, sondern um reine Gedanken handelt, die dann auch dem heiligen Bruno als eine Reihe von »Gedanken« erscheinen muss, von denen einer den andren auffrisst und in dem »Selbstbewusstsein« schließlich untergeht, und noch konsequenter dem heiligen Max Stirner, der von der ganzen wirklichen Geschichte nichts weiß, dieser historische Verlauf als eine bloße »Ritter«-, Räuber- und Gespenstergeschichte erscheinen musste, vor deren Visionen er sich natürlich nur durch die »Heillosigkeit« zu retten weiß.

Diese Auffassung ist wirklich religiös, sie unterstellt den religiösen Menschen als den Urmenschen, von dem alle Geschichte ausgeht, und setzt in ihrer Einbildung die religiöse Fantasien-Produktion an die Stelle der wirklichen Produktion der Lebensmittel und des Lebens selbst. Diese ganze Geschichtsauffassung samt ihrer Auflösung und den daraus entstehenden Skrupeln und Bedenken ist eine bloß *nationale* Angelegenheit der Deutschen und hat nur *lokales* Interesse für Deutschland, wie zum Exempel die wichtige, neuerdings mehrfach behandelte Frage: wie man denn eigentlich »aus dem Gottesreich in das Menschenreich komme«, als ob dieses »Gottesreich« je anderswo existiert habe als in der Einbildung und die gelahrten Herren nicht fortwährend, ohne es zu wissen, in dem »Menschenreich« lebten, zu welchem sie jetzt den Weg suchen, und als ob das wissenschaftliche Amüsement, denn mehr als das ist es nicht, das Kuriosum dieser theoretischen Wolkenbildung zu erklären, nicht gerade umgekehrt darin läge, dass man ihre Entstehung aus den wirklichen irdischen Verhältnissen nachweist. Überhaupt handelt es sich bei diesen Deutschen stets darum, den vorgefundenen Unsinn in irgendeine andre Marotte aufzulösen, d.h. vorauszusetzen, dass dieser ganze Unsinn überhaupt einen aparten *Sinn* habe, der herauszufinden sei, während es sich nur darum handelt, diese theoretischen Phrasen aus den bestehenden wirklichen Verhältnissen zu erklären. Die wirkliche, praktische Auflösung dieser Phrasen, die Beseitigung dieser Vorstellungen aus dem Bewusstsein der Menschen wird, wie schon gesagt, durch veränderte Umstände, nicht durch theoretische Deduktionen bewerkstelligt. Für die Masse der Menschen, d.h. das Proletariat, existieren diese theoretischen Vorstellungen nicht, brauchen also für sie auch nicht aufgelöst zu werden, und wenn diese Masse je einige theoretische Vorstellungen, z.B. Religion hatte, so sind diese jetzt schon längst durch die Umstände aufgelöst.

Wenn bei Feuerbach sich zuweilen derartige Anschauungen finden, so gehen sie doch nie über vereinzelte Ahnungen hinaus und haben auf seine allgemeine Anschauungsweise viel zu wenig Einfluss, als dass sie hier anders denn als entwicklungsfähige Keime in Betracht kommen könnten. Feuerbachs »Auffassung« der sinnlichen Welt beschränkt sich einerseits auf die bloße Anschauung derselben und andrerseits auf die bloße Empfindung, er sagt »*den* Menschen« statt die »wirklichen historischen Menschen«. »*Der* Mensch« ist realiter »der Deutsche«. Im ersten Falle, in der *Anschauung* der sinnlichen Welt, stößt er notwendig auf Dinge, die seinem Bewusstsein und seinem Gefühl widersprechen, die die von ihm vorausgesetzte Harmonie aller Teile der sinnlichen Welt und namentlich des Menschen mit der Natur stören. Um diese zu beseitigen, muss er dann zu einer doppelten Anschauung seine Zuflucht nehmen, zwischen einer profanen, die nur das »auf platter Hand Liegende«, und einer höheren, philosophischen, die das »wahre Wesen« der Dinge erschaut. Er sieht nicht, wie die ihn umgebende sinnliche Welt nicht ein unmittelbar von Ewigkeit her gegebenes, sich stets gleiches Ding ist, sondern das Produkt der Industrie und des Gesellschaftszustandes, und zwar in dem Sinne, dass sie ein geschichtliches Produkt ist, das Resultat der Tätigkeit einer ganzen Reihe von Generationen, deren jede auf den Schultern der vorhergehenden stand, ihre Industrie und ihren Verkehr weiter ausbildete, ihre soziale Ordnung nach den veränderten Bedürfnissen modifizierte. Selbst die Gegenstände der einfachsten »sinnlichen Gewissheit« sind ihm nur durch die gesellschaftliche Entwicklung, die Industrie und den kommerziellen Verkehr gegeben. Der Kirschbaum ist, wie fast alle Obstbäume, bekanntlich erst vor wenig Jahrhunderten durch den *Handel* in unsre Zone verpflanzt worden und wurde deshalb erst *durch* diese Aktion einer bestimmten Gesellschaft in einer bestimmten Zeit der »sinnlichen Gewissheit« Feuerbachs gegeben.

Übrigens löst sich in dieser Auffassung der Dinge, wie sie wirklich sind und geschehen sind, wie sich weiter unten noch deutlicher zeigen wird, jedes tiefsinnige philosophische Problem ganz einfach in ein empirisches Faktum auf. Z.B. die wichtige Frage über das Verhältnis des Menschen zur Natur (oder gar, wie Bruno sagt, die »Gegensätze in Natur und Geschichte«, als ob das zwei voneinander getrennte »Dinge« seien, der Mensch nicht immer eine geschichtliche Natur und eine natürliche Geschichte vor sich habe), aus der alle die »unergründlich hohen Werke« über »Substanz« und »Selbstbewusstsein« hervorgegangen sind, zerfällt von selbst in der Einsicht, dass die vielberühmte »Einheit des Menschen mit der Natur« in der Industrie von jeher bestanden und in jeder Epoche je nach der geringeren oder größeren Entwicklung der Industrie anders bestanden hat, ebenso wie der »Kampf« des Menschen mit der Natur, bis zur Entwicklung seiner Produktivkräfte auf einer entsprechenden Basis. Die Industrie und der Handel, die Produktion und der Austausch der Lebensbedürfnisse bedingen ihrerseits und werden wiederum in der Art ihres Betriebes bedingt durch die Distribution, die Gliederung der verschiedenen gesellschaftlichen Klassen – und so kommt es denn, dass Feuerbach in Manchester z.B. nur Fabriken und Maschinen sieht, wo vor hundert Jahren nur Spinnräder und Webstühle zu sehen waren, oder in der Campagna di Roma nur Viehweiden und Sümpfe entdeckt, wo er zur Zeit des Augustus nichts als Weingärten und Villen römischer Kapitalisten gefunden hätte. Feuerbach spricht namentlich von der Anschauung der Naturwissenschaft, er erwähnt Geheimnisse, die nur dem Auge des Physikers und Chemikers offenbar werden; aber wo wäre ohne Industrie und Handel die Naturwissenschaft? Selbst diese »reine« Naturwissenschaft erhält ja ihren Zweck sowohl wie ihr Material erst durch Handel und Industrie, durch sinnliche Tätigkeit der Menschen. So sehr ist diese Tätigkeit, dieses fortwährende sinnliche Arbeiten und Schaffen, diese Produktion die Grundlage der ganzen sinnlichen Welt, wie sie jetzt existiert, dass, wenn sie auch nur für ein Jahr unterbrochen würde, Feuerbach eine ungeheure Veränderung nicht nur in der natürlichen Welt vorfinden, sondern auch die ganze Menschenwelt und sein eignes Anschauungsvermögen, ja seine eigne Existenz sehr bald vermissen würde. Allerdings bleibt dabei die Priorität der äußeren Natur bestehen, und allerdings hat dies alles keine Anwendung auf die ursprünglichen, durch generatio aequivoca erzeugten Menschen; aber diese Unterscheidung hat nur insofern Sinn, als man den Menschen als von der Natur unterschieden betrachtet. Übrigens ist diese der menschlichen Geschichte vorhergehende Natur ja nicht die Natur, in der Feuerbach lebt, nicht die Natur, die heutzutage, ausgenommen etwa auf einzelnen australischen Koralleninseln neueren Ursprungs, nirgends mehr existiert, also auch für Feuerbach nicht existiert.

Feuerbach hat allerdings den großen Vorzug vor den »reinen« Materialisten, dass er einsieht, wie auch der Mensch »sinnlicher Gegenstand« ist; aber abgesehen davon, dass er ihn nur als »sinnlichen Gegenstand«, nicht als »sinnliche Tätigkeit« fasst, da er sich auch hierbei in der Theorie hält, die Menschen nicht in ihrem gegebenen gesellschaftlichen Zusammenhange, nicht unter ihren vorliegenden Lebensbedingungen, die sie zu dem gemacht haben, was sie sind, auffasst, so kommt er nie zu den wirklich existierenden, tätigen Menschen, sondern bleibt bei dem Abstraktum »der Mensch« stehen und bringt es nur dahin, den »wirklichen, individuellen, leibhaftigen Menschen« in der Empfindung anzuerkennen, d.h., er kennt keine andern »menschlichen Verhältnisse« »des Menschen zum Menschen« als Liebe und Freundschaft, und zwar idealisiert. Gibt keine Kritik der jetzigen Lebensverhältnisse. Er kommt also nie dazu, die sinnliche Welt als die gesamte lebendige sinnliche *Tätigkeit* der sie ausmachenden Individuen aufzufassen, und ist daher gezwungen, wenn er z.B. statt gesunder Menschen einen Haufen skrofulöser, überarbeiteter und schwindsüchtiger Hungerleider sieht, da zu der »höheren Anschauung« und zur ideellen »Ausgleichung in der Gattung« seine Zuflucht zu nehmen, also gerade da in den Idealismus zurückzufallen, wo der kommunistische Materialist die Notwendigkeit und zugleich die Bedingung einer Umgestaltung sowohl der Industrie wie der gesellschaftlichen Gliederung sieht.

Soweit Feuerbach Materialist ist, kommt die Geschichte bei ihm nicht vor, und soweit er die Geschichte in Betracht zieht, ist er kein Materialist. Bei ihm fallen Materialismus und Geschichte ganz auseinander, was sich übrigens schon aus dem Gesagten erklärt.

X Die Geschichte ist nichts als die Aufeinanderfolge der einzelnen Generationen, von denen jede die ihr von allen vorhergegangenen übermachten Materiale, Kapitalien, Produktionskräfte exploitiert, daher also einerseits unter ganz veränderten Umständen die überkommene Tätigkeit fortsetzt und andrerseits mit einer ganz veränderten Tätigkeit die alten Umstände modifiziert, was sich nun spekulativ so verdrehen lässt, dass die spätere Geschichte zum Zweck der früheren gemacht wird, z.B. dass der Entdeckung Amerikas der Zweck zugrunde gelegt wird, der französischen Revolution zum Durchbruch zu verhelfen, wodurch dann die Geschichte ihre aparten Zwecke erhält und eine »Person neben anderen Personen« (als da sind:

»Selbstbewusstsein, Kritik, Einziger« etc.) wird, während das, was man mit den Worten »Bestimmung«, »Zweck«, »Keim«, »Idee« der früheren Geschichte bezeichnet, weiter nichts ist als eine Abstraktion von der späteren Geschichte, eine Abstraktion von dem aktiven Einfluss, den die frühere Geschichte auf die spätere ausübt.

Je weiter sich im Laufe dieser Entwicklung nun die einzelnen Kreise, die aufeinander einwirken, ausdehnen, je mehr die ursprüngliche Abgeschlossenheit der einzelnen Nationalitäten durch die ausgebildete Produktionsweise, Verkehr und dadurch naturwüchsig hervorgebrachte Teilung der Arbeit zwischen verschiednen Nationen vernichtet wird, desto mehr wird die Geschichte zur Weltgeschichte, sodass z.B., wenn in England eine Maschine erfunden wird, die in Indien und China zahllose Arbeiter außer Brot setzt und die ganze Existenzform dieser Reiche umwälzt, diese Erfindung zu einem weltgeschichtlichen Faktum wird; oder dass der Zucker und Kaffee ihre weltgeschichtliche Bedeutung im 19. Jahrhundert dadurch bewiesen, dass der durch das napoleonische Kontinentalsystem erzeugte Mangel an diesen Produkten die Deutschen zum Aufstande gegen Napoleon brachte und so die reale Basis der glorreichen Befreiungskriege von 1813 wurde. Hieraus folgt, dass diese Umwandlung der Geschichte in Weltgeschichte nicht etwa eine bloße abstrakte Tat des »Selbstbewusstseins«, Weltgeistes oder sonst eines metaphysischen Gespenstes ist, sondern eine ganz materielle, empirisch nachweisbare Tat, eine Tat, zu der jedes Individuum, wie es geht und steht, isst, trinkt und sich kleidet, den Beweis liefert.

Die Gedanken der herrschenden Klasse sind in jeder Epoche die herrschenden Gedanken, d.h. die Klasse, welche die herrschende *materielle* Macht der Gesellschaft ist, ist zugleich ihre herrschende *geistige* Macht. Die Klasse, die die Mittel zur materiellen Produktion zu ihrer Verfügung hat, disponiert damit zugleich über die Mittel zur geistigen Produktion, sodass ihr damit zugleich im Durchschnitt die Gedanken derer, denen die Mittel zur geistigen Produktion abgehen, unterworfen sind. Die herrschenden Gedanken sind weiter nichts als der ideelle Ausdruck der herrschenden materiellen Verhältnisse, die als Gedanken gefassten herrschenden materiellen Verhältnisse; also der Verhältnisse, die eben die eine Klasse zur herrschenden machen, also die Gedanken ihrer Herrschaft.

Die Individuen, welche die herrschende Klasse ausmachen, haben unter anderm auch Bewusstsein und denken daher; insofern sie also als Klasse herrschen und den ganzen Umfang einer Geschichtsepoche bestimmen, versteht es sich von selbst, dass sie dies in ihrer ganzen Ausdehnung tun, also unter andern auch als Denkende, als Produzenten von Gedanken herrschen, die Produktion und Distribution der Gedanken ihrer Zeit regeln; dass also ihre Gedanken die herrschenden Gedanken der Epoche sind. Zu einer Zeit z.B. und in einem Lande, wo königliche Macht, Aristokratie und Bourgeoisie sich um die Herrschaft streiten, wo also die Herrschaft geteilt ist, zeigt sich als herrschender Gedanke die Doktrin von der Teilung der Gewalten, die nun als ein »ewiges Gesetz« ausgeprochen wird.

Die Teilung der Arbeit, die wir schon oben als eine der Hauptmächte der bisherigen Geschichte vorfanden, äußert sich nun auch in der herrschenden Klasse als Teilung der geistigen und materiellen Arbeit, sodass innerhalb dieser Klasse der eine Teil als die Denker dieser Klasse auftritt (die aktiven konzeptiven Ideologen derselben, welche die Ausbildung der Illusion dieser Klasse über sich selbst zu ihrem Hauptnahrungszweige machen), während die andern sich zu diesen Gedanken und Illusionen mehr passiv und rezeptiv verhalten, weil sie in der Wirklichkeit die aktiven Mitglieder dieser Klasse sind und weniger Zeit dazu haben, sich Illusionen und Gedanken über sich selbst zu machen. Innerhalb dieser Klasse kann diese Spaltung derselben sich sogar zu einer gewissen Entgegensetzung und Feindschaft beider Teile entwickeln, die aber bei jeder praktischen Kollision, wo die Klasse selbst gefährdet ist, von selbst wegfällt, wo denn auch der Schein verschwindet, als wenn die herrschenden Gedanken nicht die Gedanken der herrschenden Klasse wären und eine von der Macht dieser Klasse unterschiedene Macht hätten. Die Existenz revolutionärer Gedanken in einer bestimmten Epoche setzt bereits die Existenz einer revolutionären Klasse voraus, über deren Voraussetzungen bereits oben das Nötige gesagt ist.

Löst man nun bei der Auffassung des geschichtlichen Verlaufs die Gedanken der herrschenden Klasse von der herrschenden Klasse los, verselbstständigt man sie, bleibt dabei stehen, dass in einer Epoche diese und jene Gedanken geherrscht haben, ohne sich um die Bedingungen der Produktion und um die Produzenten dieser Gedanken zu bekümmern, lässt man also die den Gedanken zugrunde liegenden Individuen und Weltzustände weg, so kann man z.B. sagen, dass während der Zeit, in der die Aristokratie herrschte, die Begriffe Ehre, Treue etc., während der Herrschaft der Bourgeoisie die Begriffe Freiheit, Gleichheit etc. herrschten. Die herrschende Klasse selbst bildet sich dies im Durchschnitt ein. Diese Geschichtsauffassung, die allen Geschichtsschreibern vorzugsweise seit dem achtzehnten Jahrhundert gemeinsam ist, wird notwendig auf das Phänomen stoßen, dass immer abstraktere Gedanken herrschen, d.h. Gedanken, die immer mehr die Form der Allgemeinheit annehmen. Jede neue Klasse nämlich, die sich an die Stelle einer vor ihr herrschenden setzt, ist genötigt, schon um ihren Zweck durchzuführen, ihr Interesse als das gemeinschaftliche Interesse aller Mitglieder der Gesellschaft darzustellen, d.h. ideell ausgedrückt: ihren Gedanken die Form der Allgemeinheit zu geben, sie als die einzig vernünftigen, allgemein gültigen darzustellen. Die revolutionierende Klasse tritt von vornherein, schon weil sie einer *Klasse* gegenübersteht, nicht als Klasse, sondern als

Vertreterin der ganzen Gesellschaft auf, sie erscheint als die ganze Masse der Gesellschaft gegenüber der einzigen, herrschenden Klasse. Sie kann dies, weil im Anfange ihr Interesse wirklich noch mehr mit dem gemeinschaftlichen Interesse aller übrigen nichtherrschenden Klassen zusammenhängt, sich unter dem Druck der bisherigen Verhältnisse noch nicht als besonderes Interesse einer besonderen Klasse entwickeln konnte. Ihr Sieg nutzt daher auch vielen Individuen der übrigen, nicht zur Herrschaft kommenden Klassen, aber nur insofern, als er diese Individuen jetzt in den Stand setzt, sich in die herrschende Klasse zu erheben. Als die französische Bourgeoisie die Herrschaft der Aristokratie stürzte, machte sie es dadurch vielen Proletariern möglich, sich über das Proletariat zu erheben, aber nur, insofern sie Bourgeois wurden. Jede neue Klasse bringt daher nur auf einer breiteren Basis als die der bisher herrschenden ihre Herrschaft zustande, wogegen sich dann später auch der Gegensatz der nichtherrschenden gegen die nun herrschende Klasse umso schärfer und tiefer entwickelt. Durch beides ist bedingt, dass der gegen diese neue herrschende Klasse zu führende Kampf wiederum auf eine entschiedenere, radikalere Negation der bisherigen Gesellschaftszustände hinarbeitet, als alle bisherigen die Herrschaft anstrebenden Klassen dies tun konnten.

Dieser ganze Schein, als ob die Herrschaft einer bestimmten Klasse nur die Herrschaft gewisser Gedanken sei, hört natürlich von selbst auf, sobald die Herrschaft von Klassen überhaupt aufhört, die Form der gesellschaftlichen Ordnung zu sein, sobald es also nicht mehr nötig ist, ein besonderes Interesse als allgemeines oder »das Allgemeine« als herrschend darzustellen.

Nachdem einmal die herrschenden Gedanken von den herrschenden Individuen und vor allem von den Verhältnissen, die aus einer gegebnen Stufe der Produktionsweise hervorgehn, getrennt sind und dadurch das Resultat zustande gekommen ist, dass in der Geschichte stets Gedanken herrschen, ist es sehr leicht, aus diesen verschiedenen Gedanken sich »*den* Gedanken«, die Idee etc. als das in der Geschichte Herrschende zu abstrahieren und damit alle diese einzelnen Gedanken und Begriffe als »Selbstbestimmungen« *des* sich in der Geschichte entwickelnden Begriffs zu fassen. Es ist dann auch natürlich, dass alle Verhältnisse der Menschen aus dem Begriff des Menschen, dem vorgestellten Menschen, dem Wesen des Menschen, dem Menschen abgeleitet werden können. Dies hat die spekulative Philosophie getan. Hegel gesteht selbst am Ende der »Geschichtsphilosophie«, dass er »den Fortgang des *Begriffs* allein betrachtet« und in der Geschichte die »wahrhafte *Theodizee*« dargestellt habe. Man kann nun wieder auf die Produzenten »des Begriffs« zurückgehen, auf die Theoretiker, Ideologen und Philosophen, und kommt dann zu dem Resultate, dass die Philosophen, die Denkenden als solche, von jeher in der Geschichte geherrscht haben – ein Resultat, was, wie wir sehen, auch schon von Hegel ausgesprochen wurde. Das ganze Kunststück also. In der Geschichte die Oberherrlichkeit des Geistes (Hierarchie bei Stirner) nachzuweisen, beschränkt sich auf folgende drei Efforts.

Nr. 1: Man muss die Gedanken der aus empirischen Gründen, unter empirischen Bedingungen und als materielle Individuen Herrschenden von diesen Herrschenden trennen und somit die Herrschaft von Gedanken oder Illusionen in der Geschichte anerkennen.

Nr. 2: Man muss in diese Gedankenherrschaft eine Ordnung bringen, einen mystischen Zusammenhang unter den aufeinander folgenden herrschenden Gedanken nachweisen, was dadurch zustande gebracht wird, dass man sie als »Selbstbestimmungen des Begriffs« fasst (dies ist deshalb möglich, weil diese Gedanken vermittelst ihrer empirischen Grundlage wirklich miteinander zusammenhängen und weil sie als *bloße* Gedanken gefasst zu Selbstunterscheidungen, vom Denken gemachten Unterschieden, werden).

Nr. 3: Um das mystische Aussehen dieses »sich selbst bestimmenden Begriffs« zu beseitigen, verwandelt man ihn in eine Person – »das Selbstbewusstsein« – oder, um recht materialistisch zu erscheinen. In eine Reihe von Personen, die »den Begriff« in der Geschichte repräsentieren, in »die Denkenden«, die »Philosophen«, die Ideologen, die nun wieder als die Fabrikanten der Geschichte, als »der Rat der Wächter«, als die Herrschenden gefasst werden. Hiermit hat man sämtliche materialistischen Elemente aus der Geschichte beseitigt und kann nun seinem spekulativen Ross ruhig die Zügel schießen lassen.

Manifest der kommunistischen Partei
1848

Ein Gespenst geht um in Europa – das Gespenst des Kommunismus. Alle Mächte des alten Europa haben sich zu einer heiligen Hetzjagd gegen dies Gespenst verbündet, der Papst und der Zar, Metternich und Guizot, französische Radikale und deutsche Polizisten.

Wo ist die Oppositionspartei, die nicht von ihren regierenden Gegnern als kommunistisch verschrien worden wäre, wo die Oppositionspartei, die den fortgeschritteneren Oppositionsleuten sowohl wie ihren reaktionären Gegnern den brandmarkenden Vorwurf des Kommunismus nicht zurückgeschleudert hätte?

Zweierlei geht aus dieser Tatsache hervor.

Der Kommunismus wird bereits von allen europäischen Mächten als eine Macht anerkannt.

Es ist hohe Zeit, dass die Kommunisten ihre Anschauungsweise, ihre Zwecke, ihre Tendenzen vor der ganzen Welt offen darlegen und dem Märchen vom Gespenst des Kommunismus ein Manifest der Partei selbst entgegenstellen.

Zu diesem Zweck haben sich Kommunisten der verschiedensten Nationalität in London versammelt und das folgende Manifest entworfen, das in englischer, französischer, deutscher, italienischer, flämischer und dänischer Sprache veröffentlicht wird.

I. Bourgeois und Proletarier

Die Geschichte aller bisherigen Gesellschaft ist die Geschichte von Klassenkämpfen.

Freier und Sklave, Patrizier und Plebejer, Baron und Leibeigener, Zunftbürger und Gesell, kurz, Unterdrücker und Unterdrückte standen in stetem Gegensatz zueinander, führten einen ununterbrochenen, bald versteckten, bald offenen Kampf, einen Kampf, der jedes Mal mit einer revolutionären Umgestaltung der ganzen Gesellschaft endete oder mit dem gemeinsamen Untergang der kämpfenden Klassen.

In den früheren Epochen der Geschichte finden wir fast überall eine vollständige Gliederung der Gesellschaft in verschiedene Stände, eine mannigfaltige Abstufung der gesellschaftlichen Stellungen. Im alten Rom haben wir Patrizier, Ritter, Plebejer, Sklaven; im Mittelalter Feudalherren, Vasallen, Zunftbürger, Gesellen, Leibeigene, und noch dazu in fast jeder dieser Klassen wieder besondere Abstufungen.

Die aus dem Untergang der feudalen Gesellschaft hervorgegangene moderne bürgerliche Gesellschaft hat die Klassengegensätze nicht aufgehoben. Sie hat nur neue Klassen, neue Bedingungen der Unterdrückung, neue Gestaltungen des Kampfes an die Stelle der alten gesetzt.

Unsere Epoche, die Epoche der Bourgeoisie, zeichnet sich jedoch dadurch aus, dass sie die Klassengegensätze vereinfacht hat. Die ganze Gesellschaft spaltet sich mehr und mehr in zwei große feindliche Lager, in zwei große, einander direkt gegenüberstehende Klassen: Bourgeoisie und Proletariat.

Aus den Leibeigenen des Mittelalters gingen die Pfahlbürger der ersten Städte hervor; aus dieser Pfahlbürgerschaft entwickelten sich die ersten Elemente der Bourgeoisie.

Die Entdeckung Amerikas, die Umschiffung Afrikas schufen der aufkommenden Bourgeoisie ein neues Terrain. Der ostindische und chinesische Markt, die Kolonisierung von Amerika, der Austausch mit den Kolonien, die Vermehrung der Tauschmittel und der Waren überhaupt gaben dem Handel, der Schifffahrt, der Industrie einen nie gekannten Aufschwung und damit dem revolutionären Element in der zerfallenden feudalen Gesellschaft eine rasche Entwicklung.

Die bisherige feudale oder zünftige Betriebsweise der Industrie reichte nicht mehr aus für den mit den neuen Märkten anwachsenden Bedarf. Die Manufaktur trat an ihre Stelle. Die Zunftmeister wurden verdrängt durch den industriellen Mittelstand; die Teilung der Arbeit zwischen den verschiedenen Korporationen verschwand vor der Teilung der Arbeit in der einzelnen Werkstatt selbst.

Aber immer wuchsen die Märkte, immer stieg der Bedarf. Auch die Manufaktur reichte nicht mehr aus. Da revolutionierte der Dampf und die Maschinerie die industrielle Produktion. An die Stelle der Manufaktur trat die moderne große Industrie, an die Stelle des industriellen Mittelstandes traten die industriellen Millionäre, die Chefs ganzer industrieller Armeen, die modernen Bourgeois.

Die große Industrie hat den Weltmarkt hergestellt, den die Entdeckung Amerikas vorbereitete. Der Weltmarkt hat dem Handel, der Schifffahrt, den Landkommunikationen eine unermessliche Entwicklung gegeben. Diese hat wieder auf die Ausdehnung der Industrie zurückgewirkt, und in demselben Maße, worin Industrie, Handel, Schifffahrt, Eisenbahnen sich ausdehnten, in demselben Maße entwickelte sich die Bourgeoisie, vermehrte sie ihre Kapitalien, drängte sie alle vom Mittelalter her überlieferten Klassen in den Hintergrund.

Wir sehen also, wie die moderne Bourgeoisie selbst das Produkt eines langen Entwicklungsganges, einer Reihe von Umwälzungen in der Produktions- und Verkehrsweise ist.

Jede dieser Entwicklungsstufen der Bourgeoisie war begleitet von einem entsprechenden politischen Fortschritt. Unterdrückter Stand unter der Herrschaft der Feudalherren, bewaffnete und sich selbst verwaltende Assoziation in der Kommune, hier unabhängige städtische Republik, dort dritter steuerpflichtiger Stand der Monarchie, dann zur Zeit der Manufaktur Gegengewicht gegen den Adel in der ständischen oder in der absoluten Monarchie, Hauptgrundlage der großen Monarchien überhaupt, erkämpfte sie sich endlich seit der Herstellung der großen Industrie und des Weltmarktes im modernen Repräsentativstaat die ausschließliche politische Herrschaft. Die moderne Staatsgewalt ist nur ein Ausschuss, der die gemeinschaftlichen Geschäfte der ganzen Bourgeoisklasse verwaltet.

Die Bourgeoisie hat in der Geschichte eine höchst revolutionäre Rolle gespielt.

Die Bourgeoisie, wo sie zur Herrschaft gekommen, hat alle feudalen, patriarchalischen, idyllischen Verhältnisse zerstört. Sie hat die buntscheckigen Feudalbande, die den Menschen an seinen natürlichen Vorgesetzten knüpften, unbarmherzig zerrissen und kein anderes Band zwischen Mensch und Mensch übrig gelassen als das nackte Interesse, als die gefühllose »bare Zahlung«. Sie hat die heiligen Schauer der frommen Schwärmerei, der ritterlichen Begeisterung, der spießbürgerlichen Wehmut in dem eiskalten Wasser egoistischer Berechnung ertränkt. Sie hat die persönliche Würde in den Tauschwert aufgelöst und an die Stelle der zahllosen verbrieften und wohlerworbenen Freiheiten die eine gewissenlose Handelsfreiheit gesetzt. Sie hat, mit einem Wort, an die Stelle der mit religiösen und politischen Illusionen verhüllten Ausbeutung die offene, unverschämte, direkte, dürre Ausbeutung gesetzt.

Die Bourgeoisie hat alle bisher ehrwürdigen und mit frommer Scheu betrachteten Tätigkeiten ihres Heiligenscheins entkleidet. Sie hat den Arzt, den Juristen, den Pfaffen, den Poeten, den Mann der Wissenschaft in ihre bezahlten Lohnarbeiter verwandelt.

Die Bourgeoisie hat dem Familienverhältnis seinen rührend-sentimentalen Schleier abgerissen und es auf ein reines Geldverhältnis zurückgeführt.

Die Bourgeoisie hat enthüllt, wie die brutale Kraftäußerung, die die Reaktion so sehr am Mittelalter bewundert, in der trägsten Bärenhäuterei ihre passende Ergänzung fand. Erst sie hat bewiesen, was die Tätigkeit der Menschen zustande bringen kann. Sie hat ganz andere Wunderwerke vollbracht als ägyptische Pyramiden, römische Wasserleitungen und gotische Kathedralen, sie hat ganz andere Züge ausgeführt als Völkerwanderungen und Kreuzzüge.

Die Bourgeoisie kann nicht existieren, ohne die Produktionsinstrumente, also die Produktionsverhältnisse, also sämtliche gesellschaftlichen Verhältnisse fortwährend zu revolutionieren. Unveränderte Beibehaltung der alten Produktionsweise war dagegen die erste Existenzbedingung aller früheren industriellen Klassen. Die fortwährende Umwälzung der Produktion, die ununterbrochene Erschütterung aller gesellschaftlichen Zustände, die ewige Unsicherheit und Bewegung zeichnet die Bourgeoisepoche vor allen anderen aus. Alle festen eingerosteten Verhältnisse mit ihrem Gefolge von altehrwürdigen Vorstellungen und Anschauungen werden aufgelöst, alle neu gebildeten veralten, ehe sie verknöchern können. Alles Ständische und Stehende verdampft, alles Heilige wird entweiht, und die Menschen sind endlich gezwungen, ihre Lebensstellung, ihre gegenseitigen Beziehungen mit nüchternen Augen anzusehen.

Das Bedürfnis nach einem stets ausgedehnteren Absatz für ihre Produkte jagt die Bourgeoisie über die ganze Erdkugel. Überall muss sie sich einnisten, überall anbauen, überall Verbindungen herstellen.

Die Bourgeoisie hat durch ihre Exploitation des Weltmarkts die Produktion und Konsumtion aller Länder kosmopolitisch gestaltet. Sie hat zum großen Bedauern der Reaktionäre den nationalen Boden der Industrie unter den Füßen weggezogen. Die uralten nationalen Industrien sind vernichtet worden und werden noch täglich vernichtet. Sie werden verdrängt durch neue Industrien, deren Einführung eine Lebensfrage für alle zivilisierten Nationen wird, durch Industrien, die nicht mehr einheimische Rohstoffe, sondern den entlegensten Zonen angehörige Rohstoffe verarbeiten und deren Fabrikate nicht nur im Lande selbst, sondern in allen Weltteilen zugleich verbraucht werden. An die Stelle der alten, durch Landeserzeugnisse befriedigten Bedürfnisse treten neue, welche die Produkte der entferntesten Länder und Klimate zu ihrer Befriedigung erheischen. An die Stelle der alten lokalen und nationalen Selbstgenügsamkeit und Abgeschlossenheit tritt ein allseitiger Verkehr, eine allseitige Abhängigkeit der Nationen voneinander. Und wie in der materiellen, so auch in der geistigen Produktion. Die geistigen Erzeugnisse der einzelnen Nationen werden Gemeingut. Die nationale Einseitigkeit und Beschränktheit wird mehr und mehr unmöglich, und aus den vielen nationalen und lokalen Literaturen bildet sich eine Weltliteratur.

Die Bourgeoisie reißt durch die rasche Verbesserung aller Produktionsinstrumente, durch die unendlich erleichterten Kommunikationen alle, auch die barbarischsten Nationen in die Zivilisation. Die wohlfeilen Preise ihrer Waren sind die schwere Artillerie, mit der sie alle chinesischen Mauern in den Grund schießt, mit der sie den hartnäckigsten Fremdenhass der Barbaren zur Kapitulation zwingt. Sie zwingt alle Nationen, die Produktionsweise der Bourgeoisie sich anzueignen, wenn sie nicht zugrunde gehn wollen; sie zwingt sie, die so genannte Zivilisation bei sich selbst einzuführen, d.h. Bourgeois zu werden. Mit einem Wort, sie schafft sich eine Welt nach ihrem eigenen Bilde.

Die Bourgeoisie hat das Land der Herrschaft der Stadt unterworfen. Sie hat enorme Städte geschaffen, sie hat die Zahl der städtischen Bevölkerung gegenüber der ländlichen in hohem Grade vermehrt und so einen bedeutenden Teil der Bevölkerung dem Idiotismus des Landlebens entrissen. Wie sie das Land von der Stadt, hat sie die barbarischen und halbbarbarischen Länder von den zivilisierten, die Bauernvölker von den Bourgeoisvölkern, den Orient vom Okzident abhängig gemacht.

Die Bourgeoisie hebt mehr und mehr die Zersplitterung der Produktionsmittel, des Besitzes und der Bevölkerung auf. Sie hat die Bevölkerung agglomeriert, die Produktionsmittel zentralisiert und das Eigentum in wenigen Händen konzentriert. Die notwendige Folge hiervon war die politische Zentralisation. Unabhängige, fast nur verbündete Provinzen mit verschiedenen Interessen, Gesetzen, Regierungen und Zöllen wurden zusammengedrängt in eine Nation, eine Regierung, ein Gesetz, ein nationales Klasseninteresse, eine Douanenlinie.

Die Bourgeoisie hat in ihrer kaum hundertjährigen Klassenherrschaft massenhaftere und kolossalere Produktionskräfte geschaffen als alle vergangenen Generationen zusammen. Unterjochung der Naturkräfte, Maschinerie, Anwendung der Chemie auf Industrie und Ackerbau, Dampfschifffahrt, Eisenbahnen, elektrische Telegrafen, Urbarmachung ganzer Weltteile, Schiffbarmachung der Flüsse, ganze aus dem Boden hervorgestampfte Bevölkerungen – welches frühere Jahrhundert ahnte, dass solche Produktionskräfte im Schoß der gesellschaftlichen Arbeit schlummerten.

Wir haben also gesehen: Die Produktions- und Verkehrsmittel, auf deren Grundlage sich die Bourgeoisie heranbildete, wurden in der feudalen Gesellschaft erzeugt. Auf einer gewissen Stufe der Entwicklung dieser Produktions- und Verkehrsmittel entsprachen die Verhältnisse, worin die feudale Gesellschaft produzierte und austauschte, die feudale Organisation der Agrikultur und Manufaktur, mit einem Wort die feudalen Eigentumsverhältnisse den schon entwickelten Produktivkräften nicht mehr. Sie hemmten die Produktion, statt sie zu fördern. Sie verwandelten sich in ebenso viele Fesseln. Sie mussten gesprengt werden, sie wurden gesprengt.

An ihre Stelle trat die freie Konkurrenz mit der ihr angemessenen gesellschaftlichen und politischen Konstitution, mit der ökonomischen und politischen Herrschaft der Bourgeoisklasse.

Unter unsern Augen geht eine ähnliche Bewegung vor. Die bürgerlichen Produktions- und Verkehrsverhältnisse, die bürgerlichen Eigentumsverhältnisse, die moderne bürgerliche Gesellschaft, die so gewaltige Produktions- und Verkehrsmittel hervorgezaubert hat, gleicht dem Hexenmeister, der die unterirdischen Gewalten nicht mehr zu beherrschen vermag, die er heraufbeschwor. Seit Dezennien ist die Geschichte der Industrie und des Handels nur die Geschichte der Empörung der modernen Produktivkräfte gegen die modernen Produktionsverhältnisse, gegen die Eigentumsverhältnisse, welche die Lebensbedingungen der Bourgeoisie und ihrer Herrschaft sind. Es genügt, die Handelskrisen zu nennen, welche in ihrer periodischen Wiederkehr immer drohender die Existenz der ganzen bürgerlichen Gesellschaft infrage stellen. In den Handelskrisen wird ein großer Teil nicht nur der erzeugten Produkte, sondern der bereits geschaffenen Produktivkräfte regelmäßig vernichtet. In den Krisen bricht eine gesellschaftliche Epidemie aus, welche allen früheren Epochen als ein Widersinn erschienen wäre – die Epidemie der Überproduktion. Die Gesellschaft findet sich plötzlich in einen Zustand momentaner Barbarei zurückversetzt; eine Hungersnot, ein allgemeiner Vernichtungskrieg scheinen ihr alle Lebensmittel abgeschnitten zu haben; die Industrie, der Handel scheinen vernichtet, und warum? Weil sie zu viel Zivilisation, zu viel Lebensmittel, zu viel Industrie, zu viel Handel besitzt. Die Produktivkräfte, die ihr zur Verfügung stehen, dienen nicht mehr zur Beförderung der bürgerlichen Eigentumsverhältnisse; im Gegenteil, sie sind zu gewaltig für diese Verhältnisse geworden, sie werden von ihnen gehemmt; und sobald sie dies Hemmnis überwinden, bringen sie die ganze bürgerliche Gesellschaft in Unordnung, gefährden sie die Existenz des bürgerlichen Eigentums. Die bürgerlichen Verhältnisse sind zu eng geworden, um den von ihnen erzeugten Reichtum zu fassen. – Wodurch überwindet die Bourgeoisie die Krisen? Einerseits durch die erzwungene Vernichtung einer Masse von Produktivkräften; anderseits durch die Eroberung neuer Märkte und die gründlichere Ausbeutung alter Märkte. Wodurch also? Dadurch, dass sie allseitigere und gewaltigere Krisen vorbereitet und die Mittel, den Krisen vorzubeugen, vermindert.

Die Waffen, womit die Bourgeoisie den Feudalismus zu Boden geschlagen hat, richten sich jetzt gegen die Bourgeoisie selbst.

Aber die Bourgeoisie hat nicht nur die Waffen geschmiedet, die ihr den Tod bringen; sie hat auch die Männer gezeugt, die diese Waffen führen werden – die modernen Arbeiter, die *Proletarier*.

In demselben Maße, worin sich die Bourgeoisie, d.h. das Kapital, entwickelt, in demselben Maße entwickelt sich das Proletariat, die Klasse der modernen Arbeiter, die nur so lange leben, als sie Arbeit finden, und die nur so lange Arbeit finden, als ihre Arbeit das Kapital vermehrt. Diese Arbeiter, die sich stückweis verkaufen müssen, sind eine Ware wie jeder andere Handelsartikel und daher gleichmäßig allen Wechselfällen der Konkurrenz, allen Schwankungen des Marktes ausgesetzt.

Die Arbeit der Proletarier hat durch die Ausdehnung der Maschinerie und die Teilung der Arbeit allen selbstständigen Charakter und damit allen Reiz für die Arbeiter verloren. Er wird ein bloßes Zubehör der Maschine, von dem nur der einfachste, eintönigste, am leichtesten erlernbare Handgriff verlangt wird. Die Kosten, die der Arbeiter verursacht, beschränken sich daher fast nur auf die Lebensmittel, die er zu seinem Unterhalt und zur Fortpflanzung seiner Race bedarf. Der Preis einer Ware, also auch der Arbeit, ist aber gleich ihren Produktionskosten. In demselben Maße, in dem die Widerwärtigkeit der Arbeit wächst, nimmt daher der Lohn ab. Noch mehr, in demselben Maße, wie Maschinerie und Teilung der Arbeit zunehmen, in demselben Maße nimmt auch die Masse der Arbeit zu, sei es durch Vermehrung der Arbeitsstunden, sei es durch Vermehrung der in einer gegebenen Zeit geforderten Arbeit, beschleunigten Lauf der Maschinen usw.

Die moderne Industrie hat die kleine Werkstube des patriarchalischen Meisters in die große Fabrik des industriellen Kapitalisten verwandelt. Arbeitermassen, in der Fabrik zusammengedrängt, werden soldatisch organisiert. Sie werden als gemeine Industriesoldaten unter die Aufsicht einer vollständigen Hierarchie von Unteroffizieren und Offizieren gestellt. Sie sind nicht nur Knechte der Bourgeoisklasse, des Bourgeoisstaates, sie sind täglich und stündlich geknechtet von der Maschine, von dem Aufseher und vor allem von den einzelnen fabrizierenden Bourgeois selbst. Diese Despotie ist umso kleinlicher, gehässiger, erbitternder, je offener sie den Erwerb als ihren Zweck proklamiert.

Je weniger die Handarbeit Geschicklichkeit und Kraftäußerung erheischt, d.h., je mehr die moderne Industrie sich entwickelt, desto mehr wird die Arbeit der Männer durch die der Weiber verdrängt. Geschlechts- und Altersunterschiede haben keine gesellschaftliche Geltung mehr für die Arbeiterklasse. Es gibt nur noch Arbeitsinstrumente, die je nach Alter und Geschlecht verschiedene Kosten machen.

Ist die Ausbeutung des Arbeiters durch den Fabrikanten so weit beendigt, dass er seinen Arbeitslohn bar ausgezahlt erhält, so fallen die andern Teile der Bourgeoisie über ihn her, der Hausbesitzer, der Krämer, der Pfandleiher usw.

Die bisherigen kleinen Mittelstände, die kleinen Industriellen, Kaufleute und Rentiers, die Handwerker und Bauern, alle diese Klassen fallen ins Proletariat hinab, teils dadurch, dass ihr kleines Kapital für den Betrieb der großen Industrie nicht ausreicht und der Konkurrenz mit den größeren Kapitalisten erliegt, teils dadurch, dass ihre Geschicklichkeit von neuen Produktionsweisen entwertet wird. So rekrutiert sich das Proletariat aus allen Klassen der Bevölkerung.

Das Proletariat macht verschiedene Entwicklungsstufen durch. Sein Kampf gegen die Bourgeoisie beginnt mit seiner Existenz.

Im Anfang kämpfen die einzelnen Arbeiter, dann die Arbeiter einer Fabrik, dann die Arbeiter eines Arbeitszweiges an einem Ort gegen den einzelnen Bourgeois, der sie direkt ausbeutet. Sie richten ihre Angriffe nicht nur gegen die bürgerlichen Produktionsverhältnisse, sie richten sie gegen die Produktionsinstrumente selbst; sie vernichten die fremden konkurrierenden Waren, sie zerschlagen die Maschinen, sie stecken die Fabriken in Brand, sie suchen die untergegangene Stellung des mittelalterlichen Arbeiters wieder zu erringen.

Auf dieser Stufe bilden die Arbeiter eine über das ganze Land zerstreute und durch die Konkurrenz zersplitterte Masse. Massenhaftes Zusammenhalten der Arbeiter ist noch nicht die Folge ihrer eigenen Vereinigung, sondern die Folge der Vereinigung der Bourgeoisie, die zur Erreichung ihrer eigenen politischen Zwecke das ganze Proletariat in Bewegung setzen muss und es einstweilen noch kann. Auf dieser Stufe bekämpfen die Proletarier also nicht ihre Feinde, sondern die Feinde ihrer Feinde, die Reste der absoluten Monarchie, die Grundeigentümer, die nichtindustriellen Bourgeois, die Kleinbürger. Die ganze geschichtliche Bewegung ist so in den Händen der Bourgeoisie konzentriert; jeder Sieg, der so errungen wird, ist ein Sieg der Bourgeoisie.

Aber mit der Entwicklung der Industrie vermehrt sich nicht nur das Proletariat; es wird in größeren Massen zusammengedrängt, seine Kraft wächst, und es fühlt sie immer mehr. Die Interessen, die Lebenslagen innerhalb des Proletariats gleichen sich immer mehr aus, indem die Maschinerie mehr und mehr die Unterschiede der Arbeit verwischt und den Lohn fast überall auf ein gleich niedriges Niveau herabdrückt. Die wachsende Konkurrenz der Bourgeois unter sich und die daraus hervorgehenden Handelskrisen machen den Lohn der Arbeiter immer schwankender; die immer rascher sich entwickelnde, unaufhörliche Verbesserung der Maschinerie macht ihre ganze Lebensstellung immer unsicherer; immer mehr nehmen die Kollisionen zwischen dem einzelnen Arbeiter und dem einzelnen Bourgeois den Charakter von Kollisionen zweier Klassen an. Die Arbeiter beginnen damit, Koalitionen gegen die Bourgeois zu bilden; sie treten zusammen zur Behauptung ihres Arbeitslohns. Sie stiften selbst dauernde Assoziationen, um sich für die gelegentlichen Empörungen zu verproviantieren. Stellenweis bricht der Kampf in Emeuten aus.

Von Zeit zu Zeit siegen die Arbeiter, aber nur vorübergehend. Das eigentliche Resultat ihrer Kämpfe ist nicht der unmittelbare Erfolg, sondern die immer weiter um sich greifende Vereinigung der Arbeiter. Sie wird befördert durch die wachsenden Kommunikationsmittel, die von der großen Industrie erzeugt werden und die Arbeiter der verschiedenen Lokalitäten miteinander in Verbindung setzen. Es bedarf aber bloß der Verbindung, um die vielen Lokalkämpfe von überall gleichem Charakter zu einem nationalen, zu einem Klassenkampf zu zentralisieren. Jeder Klassenkampf ist aber ein politischer Kampf. Und die Vereinigung, zu der die Bürger des Mittelalters mit ihren Vizinalwegen Jahrhunderte bedurften, bringen die modernen Proletarier mit den Eisenbahnen in wenigen Jahren zustande.

Diese Organisation der Proletarier zur Klasse, und damit zur politischen Partei, wird jeden Augenblick wieder gesprengt durch die Konkurrenz unter den Arbeitern selbst. Aber sie ersteht immer wieder, stärker, fester, mächtiger. Sie erzwingt die Anerkennung einzelner Interessen der Arbeiter in Gesetzesform, indem sie die Spaltungen der Bourgeoisie unter sich benutzt. So die Zehnstundenbill in England.

Die Kollisionen der alten Gesellschaft überhaupt fördern mannigfach den Entwicklungsgang des Proletariats. Die Bourgeoisie befindet sich in fortwährendem Kampfe: anfangs gegen die Aristokratie; später gegen die Teile der Bourgeoisie selbst, deren Interessen mit dem Fortschritt der Industrie in Widerspruch geraten; stets gegen die Bourgeoisie aller auswärtigen Länder. In allen diesen Kämpfen sieht sie sich genötigt, an das Proletariat zu appellieren, seine Hülfe in Anspruch zu nehmen und es so in die politische Bewegung hineinzureißen. Sie selbst führt also dem Proletariat ihre eigenen Bildungselemente, d.h. Waffen gegen sich selbst, zu.

Es werden ferner, wie wir sahen, durch den Fortschritt der Industrie ganze Bestandteile der herrschenden Klasse ins Proletariat hinabgeworfen oder wenigstens in ihren Lebensbedingungen bedroht. Auch sie führen dem Proletariat eine Masse Bildungselemente zu.

In Zeiten endlich, wo der Klassenkampf sich der Entscheidung nähert, nimmt der Auflösungsprozess innerhalb der herrschenden Klasse, innerhalb der ganzen alten Gesellschaft, einen so heftigen, so grellen Charakter an, dass ein kleiner Teil der herrschenden Klasse sich von ihr lossagt und sich der revolutionären Klasse anschließt, der Klasse, welche die Zukunft in ihren Händen trägt. Wie daher früher ein Teil des Adels zur Bourgeoisie überging, so geht jetzt ein Teil der Bourgeoisie zum Proletariat über, und namentlich ein Teil der Bourgeoisideologen, welche zum theoretischen Verständnis der ganzen geschichtlichen Bewegung sich hinaufgearbeitet haben.

Von allen Klassen, welche heutzutage der Bourgeoisie gegenüberstehen, ist nur das Proletariat eine wirklich revolutionäre Klasse. Die übrigen Klassen verkommen und gehen unter mit der großen Industrie, das Proletariat ist ihr eigenstes Produkt.

Die Mittelstände, der kleine Industrielle, der kleine Kaufmann, der Handwerker, der Bauer, sie alle bekämpfen die Bourgeoisie, um ihre Existenz als Mittelstände vor dem Untergang zu sichern. Sie sind also nicht revolutionär, sondern konservativ. Noch mehr, sie sind reaktionär, sie suchen das Rad der Geschichte zurückzudrehen. Sind sie revolutionär, so sind sie es im Hinblick auf den ihnen bevorstehenden Übergang ins Proletariat, so verteidigen sie nicht ihre gegenwärtigen, sondern ihre zukünftigen Interessen, so verlassen sie ihren eigenen Standpunkt, um sich auf den des Proletariats zu stellen.

Das Lumpenproletariat, diese passive Verfaulung der untersten Schichten der alten Gesellschaft, wird durch eine proletarische Revolution stellenweise in die Bewegung hineingeschleudert, seiner ganzen Lebenslage nach wird es bereitwilliger sein, sich zu reaktionären Umtrieben erkaufen zu lassen.

Die Lebensbedingungen der alten Gesellschaft sind schon vernichtet in den Lebensbedingungen des Proletariats. Der Proletarier ist eigentumslos; sein Verhältnis zu Weib und Kindern hat nichts mehr gemein mit dem bürgerlichen Familienverhältnis; die moderne industrielle Arbeit, die moderne Unterjochung unter das Kapital, dieselbe in England wie in Frankreich, in Amerika wie in Deutschland, hat ihm allen nationalen Charakter abgestreift. Die Gesetze, die Moral, die Religion sind für ihn ebenso viele bürgerliche Vorurteile, hinter denen sich ebenso viele bürgerliche Interessen verstecken.

Alle früheren Klassen, die sich die Herrschaft eroberten, suchten ihre schon erworbene Lebensstellung zu sichern, indem sie die ganze Gesellschaft den Bedingungen ihres Erwerbs unterwarfen. Die Proletarier können sich die gesellschaftlichen Produktivkräfte nur erobern, indem sie ihre eigene bisherige Aneignungsweise und damit die ganze bisherige Aneignungsweise abschaffen. Die Proletarier haben nichts von dem Ihrigen zu sichern, sie haben alle bisherigen Privatsicherheiten und Privatversicherungen zu zerstören.

Alle bisherigen Bewegungen waren Bewegungen von Minoritäten oder im Interesse von Minoritäten. Die proletarische Bewegung ist die selbstständige Bewegung der ungeheuren Mehrzahl im Interesse der ungeheuren Mehrzahl. Das Proletariat, die unterste Schichte der jetzigen Gesellschaft, kann sich nicht erheben, nicht aufrichten, ohne dass der ganze Überbau der Schichten, die die offizielle Gesellschaft bilden, in die Luft gesprengt wird.

Obgleich nicht dem Inhalt, ist der Form nach der Kampf des Proletariats gegen die Bourgeoisie zunächst ein nationaler. Das Proletariat eines jeden Landes muss natürlich zuerst mit seiner eigenen Bourgeoisie fertig werden.

Indem wir die allgemeinsten Phasen der Entwicklung des Proletariats zeichneten, verfolgten wir den mehr oder minder versteckten Bürgerkrieg innerhalb der bestehenden Gesellschaft bis zu dem Punkt, wo er in eine offene Revolution ausbricht und durch den gewaltsamen Sturz der Bourgeoisie das Proletariat seine Herrschaft begründet.

Alle bisherige Gesellschaft beruhte, wie wir gesehn haben, auf dem Gegensatz unterdrückender und unterdrückter Klassen. Um aber eine Klasse unterdrücken zu können, müssen ihre Bedingungen gesichert sein, innerhalb derer sie wenigstens ihre knechtische Existenz fristen kann. Der Leibeigene hat sich zum Mitglied der

Kommune in der Leibeigenschaft herangearbeitet wie der Kleinbürger zum Bourgeois unter dem Joch des feudalistischen Absolutismus. Der moderne Arbeiter dagegen, statt sich mit dem Fortschritt der Industrie zu heben, sinkt immer tiefer unter die Bedingungen seiner eigenen Klasse herab. Der Arbeiter wird zum Pauper, und der Pauperismus entwickelt sich noch schneller als Bevölkerung und Reichtum. Es tritt hiermit offen hervor, dass die Bourgeoisie unfähig ist, noch länger die herrschende Klasse der Gesellschaft zu bleiben und die Lebensbedingungen ihrer Klasse der Gesellschaft als regelndes Gesetz aufzuzwingen. Sie ist unfähig zu herrschen, weil sie unfähig ist, ihrem Sklaven die Existenz selbst innerhalb seiner Sklaverei zu sichern, weil sie gezwungen ist, ihn in eine Lage herabsinken zu lassen, wo sie ihn ernähren muss, statt von ihm ernährt zu werden. Die Gesellschaft kann nicht mehr unter ihr leben, d.h. ihr Leben ist nicht mehr verträglich mit der Gesellschaft.

Die wesentliche Bedingung für die Existenz und für die Herrschaft der Bourgeoisklasse ist die Anhäufung des Reichtums in den Händen von Privaten, die Bildung und Vermehrung des Kapitals; die Bedingung des Kapitals ist die Lohnarbeit. Die Lohnarbeit beruht ausschließlich auf der Konkurrenz der Arbeiter unter sich. Der Fortschritt der Industrie, dessen willenloser und widerstandsloser Träger die Bourgeoisie ist, setzt an die Stelle der Isolierung der Arbeiter durch die Konkurrenz ihre revolutionäre Vereinigung durch die Assoziation. Mit der Entwicklung der großen Industrie wird also unter den Füßen der Bourgeoisie die Grundlage selbst hinweggezogen, worauf sie produziert und die Produkte sich aneignet. Sie produziert vor allem ihren eigenen Totengräber. Ihr Untergang und der Sieg des Proletariats sind gleich unvermeidlich. (...)

Das Proletariat wird seine politische Herrschaft dazu benutzen, der Bourgeoisie nach und nach alles Kapital zu entreißen, alle Produktionsinstrumente in den Händen des Staats, d.h. des als herrschende Klasse organisierten Proletariats, zu zentralisieren und die Masse der Produktionskräfte möglichst rasch zu vermehren.

Es kann dies natürlich zunächst nur geschehen vermittelst despotischer Eingriffe in das Eigentumsrecht und in die bürgerlichen Produktionsverhältnisse, durch Maßregeln also, die ökonomisch unzureichend und unhaltbar erscheinen, die aber im Lauf der Bewegung über sich selbst hinaustreiben und als Mittel zur Umwälzung der ganzen Produktionsweise unvermeidlich sind.

Diese Maßregeln werden natürlich je nach den verschiedenen Ländern verschieden sein.

Für die fortgeschrittensten Länder werden jedoch die folgenden ziemlich allgemein in Anwendung kommen können:

1. Expropriation des Grundeigentums und Verwendung der Grundrente zu Staatsausgaben.
2. Starke Progressivsteuer.
3. Abschaffung des Erbrechts.
4. Konfiskation des Eigentums aller Emigranten und Rebellen.
5. Zentralisation des Kredits in den Händen des Staats durch eine Nationalbank mit Staatskapital und ausschließlichem Monopol.
6. Zentralisation des Transportwesens in den Händen des Staats.
7. Vermehrung der Nationalfabriken, Produktionsinstrumente, Urbarmachung und Verbesserung der Ländereien nach einem gemeinschaftlichen Plan.
8. Gleicher Arbeitszwang für alle, Errichtung industrieller Armeen, besonders für den Ackerbau.
9. Vereinigung des Betriebs von Ackerbau und Industrie, Hinwirken auf die allmähliche Beseitigung des Unterschieds von Stadt und Land.
10. Öffentliche und unentgeltliche Erziehung aller Kinder.
    Beseitigung der Fabrikarbeit der Kinder in ihrer heutigen Form.
    Vereinigung der Erziehung mit der materiellen Produktion usw.

Sind im Laufe der Entwicklung die Klassenunterschiede verschwunden und ist alle Produktion in den Händen der assoziierten Individuen konzentriert, so verliert die öffentliche Gewalt den politischen Charakter. Die politische Gewalt im eigentlichen Sinne ist die organisierte Gewalt einer Klasse zur Unterdrückung einer andern. Wenn das Proletariat im Kampfe gegen die Bourgeoisie sich notwendig zur Klasse vereint, durch eine Revolution sich zur herrschenden Klasse macht und als herrschende Klasse gewaltsam die alten Produktionsverhältnisse aufhebt, so hebt es mit diesen Produktionsverhältnissen die Existenzbedingungen des Klassengegensatzes, die Klassen überhaupt, und damit seine eigene Herrschaft als Klasse auf.

An die Stelle der alten bürgerlichen Gesellschaft mit ihren Klassen und Klassengegensätzen tritt eine Assoziation, worin die freie Entwicklung eines jeden die freie Entwicklung aller ist.

Karl Marx in einer chinesischen Biografie, die realistisch bebildert, was stattgefunden haben könnte.

Der achtzehnte Brumaire des Louis Bonaparte
1851/52

Hegel bemerkte irgendwo, dass alle großen weltgeschichtlichen Tatsachen und Personen sich sozusagen zweimal ereignen. Er hat vergessen hinzuzufügen: das eine Mal als Tragödie, das andere Mal als Farce. Caussidière für Danton, Louis Blanc für Robespierre, die Montagne von 1848 – 1851 für die Montagne von 1793 – 1795, der Neffe für den Onkel. Und dieselbe Karikatur in den Umständen, unter denen die zweite Auflage des 18. Brumaire herausgegeben wird!

Die Menschen machen ihre eigene Geschichte, aber sie machen sie nicht aus freien Stücken, nicht unter selbst gewählten, sondern unter unmittelbar vorgefundenen, gegebenen und überlieferten Umständen. Die Tradition aller toten Geschlechter lastet wie ein Alb auf dem Gehirne der Lebenden. Und wenn sie eben damit beschäftigt scheinen, sich und die Dinge umzuwälzen, noch nicht Dagewesenes zu schaffen, gerade in solchen Epochen revolutionärer Krise beschwören sie ängstlich die Geister der Vergangenheit zu ihrem Dienste herauf, entlehnen ihnen Namen, Schlachtparole, Kostüm, um in dieser altehrwürdigen Verkleidung und mit dieser erborgten Sprache die neue Weltgeschichtsszene aufzuführen. So maskierte sich Luther als Apostel Paulus, die Revolution von 1789 – 1814 drapierte sich abwechselnd als römische Republik und als römisches Kaisertum, und die Revolution von 1848 wuss-te nichts Besseres zu tun, als hier 1789, dort die revolutionäre Überlieferung von 1793 – 1795 zu parodieren. So übersetzt der Anfänger, der eine neue Sprache erlernt hat, sie immer zurück in seine Muttersprache, aber den Geist der neuen Sprache hat er sich nur angeeignet, und frei in ihr zu produzieren vermag er nur, sobald er sich ohne Rückerinnerung in ihr bewegt und die ihm angestammte Sprache in ihr vergisst.

Bei Betrachtung jener weltgeschichtlichen Totenbeschwörungen zeigt sich sofort ein springender Unterschied. Camille Desmoulins, Danton, Robespierre, St-Just, Napoleon, die Heroen, wie die Parteien und die Masse der alten französischen Revolution, vollbrachten in dem römischen Kostüme und mit römischen Phrasen die Aufgabe ihrer Zeit, die Entfesselung und Herstellung der modernen *bürgerlichen* Gesellschaft. Die einen schlugen den feudalen Boden in Stücke und mähten die feudalen Köpfe ab, die darauf gewachsen waren. Der andere schuf im Innern von Frankreich die Bedingungen, worunter erst die freie Konkurrenz entwickelt, das parzellierte Grundeigentum ausgebeutet, die entfesselte industrielle Produktivkraft der Nation verwandt werden konnte, und jenseits der französischen Grenzen fegte er überall die feudalen Gestaltungen weg, soweit es nötig war, um der bürgerlichen Gesellschaft in Frankreich eine entsprechende, zeitgemäße Umgebung auf dem europäischen Kontinent zu verschaffen. Die neue Gesellschaftsformation einmal hergestellt, verschwanden die vorsündflutlichen Kolosse und mit ihnen das wieder auferstandene Römertum – die Brutusse, Gracchusse, Publicolas, die Tribunen, die Senatoren und Cäsar selbst. Die bürgerliche Gesellschaft in ihrer nüchternen Wirklichkeit hatte sich ihre wahren Dolmetscher und Sprachführer erzeugt in den Says, Cousins, Royer-Collards, Benjamin Constants und Guizots, ihre wirklichen Heerführer saßen hinter dem Kontortisch, und der Speckkopf Ludwigs XVIII. war ihr politisches Haupt. Ganz absorbiert in die Produktion des Reichtums und in den friedlichen Kampf der Konkurrenz, begriff sie nicht mehr, dass die Gespenster der Römerzeit ihre Wiege gehütet hatten. Aber unheroisch wie die bürgerliche Gesellschaft ist, hatte es jedoch des Heroismus bedurft, der Aufopferung, des Schreckens, des Bürgerkriegs und der Völkerschlachten, um sie auf die Welt zu setzen. Und ihre Gladiatoren fanden in den klassisch strengen Überlieferungen der römischen Republik die Ideale und die Kunstformen, die Selbsttäuschungen, deren sie bedurften, um den bürgerlich beschränkten Inhalt ihrer Kämpfe sich selbst zu verbergen und ihre Leidenschaft auf der Höhe der großen geschichtlichen Tragödie zu halten. So hatten auf einer andern Entwicklungsstufe, ein Jahrhundert früher, Cromwell und das englische Volk dem Alten Testament Sprache, Leidenschaften und Illusionen für ihre bürgerliche Revolution entlehnt. Als das wirkliche Ziel erreicht, als die bürgerliche Umgestaltung der englischen Gesellschaft vollbracht war, verdrängte Locke den Habakuk.

Die Totenerweckung in jenen Revolutionen diente also dazu, die neuen Kämpfe zu verherrlichen, nicht die alten zu parodieren, die gegebene Aufgabe in der Fantasie zu übertreiben, nicht vor ihrer Lösung in der Wirklichkeit zurückzuflüchten, den Geist der Revolution wieder zu finden, nicht ihr Gespenst wieder umgehen zu machen.

1848 – 1851 ging nur das Gespenst der alten Revolution um, von Marrast, dem Républicain en gants jaunes, der sich in den alten Bailly verkleidete, bis auf den Abenteurer, der seine trivial-widrigen Züge unter der eisernen Totenlarve Napoleons versteckte. Ein ganzes Volk, das sich durch eine Revolution eine beschleunigte Bewegungskraft gegeben zu haben glaubt, findet sich plötzlich in eine verstorbene Epoche zurückversetzt, und damit keine Täuschung über den Rückfall möglich ist, stehen die alten Data wieder auf, die alte Zeitrechnung, die alten Namen, die alten Edikte, die längst der antiquarischen Gelehrsamkeit verfallen, und die alten Schergen, die längst verfault schienen. Die Nation kömmt sich vor wie jener närrische Engländer in Bedlam, der zur Zeit der alten Pharaonen zu leben meint und täglich über die harten Dienste jammert, die er in den äthiopischen Bergwerken als Goldgräber verrichten muss, eingemauert in dies unterirdische Gefängnis, eine spärlich leuchtende Lampe auf dem eigenen Kopfe befestigt, hinter ihm der Sklavenaufseher mit langer Peitsche und an den Ausgängen ein Gewirr von barbarischen Kriegsknechten, die weder die Zwangsarbeiter in den Bergwerken, noch sich untereinander verstehen, weil sie keine gemeinsame Sprache reden. »Und dies alles wird mir« – seufzt der närrische Engländer – »mir, dem freigebornen Briten, zugemutet, um Gold für die alten Pharaonen zu machen.« »Um die Schulden der Familie Bonaparte zu zahlen« – seufzt die französische Nation. Der Engländer, solange er bei Verstand war, konnte die fixe Idee des Goldmachens nicht loswerden. Die Franzosen, solange sie revolutionierten, nicht die napoleonische Erinnerung, wie die Wahl vom 10. Dezember bewies. Sie sehnten sich aus den Gefahren der Revolution zurück nach den Fleischtöpfen Ägyptens, und der 2. Dezember 1851 war die Antwort. Sie haben nicht nur die Karikatur des alten Napoleon, sie haben den alten Napoleon selbst karikiert, wie er sich ausnehmen muss in der Mitte des 19. Jahrhunderts.

Die soziale Revolution des 19. Jahrhunderts kann ihre Poesie nicht aus der Vergangenheit schöpfen, sondern nur aus der Zukunft. Sie kann nicht mit sich selbst beginnen, bevor sie allen Aberglauben an die Vergangenheit abgestreift hat. Die früheren Revolutionen bedurften der weltgeschichtlichen Rückerinnerungen, um sich über ihren eigenen Inhalt zu betäuben. Die Revolution des 19. Jahrhunderts muss die Toten ihre Toten begraben lassen, um bei ihrem eigenen Inhalt anzukommen. Dort ging die Phrase über den Inhalt, hier geht der Inhalt über die Phrase hinaus. (...)

Es genügt nicht zu sagen, wie die Franzosen tun, dass ihre Nation überrascht worden sei. Einer Nation und einer Frau wird die unbewachte Stunde nicht verziehen, worin der erste beste Abenteurer ihnen Gewalt antun konnte. Das Rätsel wird durch dergleichen Wendungen nicht gelöst, sondern nur anders formuliert. Es bliebe zu erklären, wie eine Nation von 36 Millionen durch drei Industrieritter überrascht und widerstandslos in die Gefangenschaft abgeführt werden kann.

Rekapitulieren wir in allgemeinen Zügen die Phasen, die die französische Revolution vom 24. Februar 1848 bis zum Dezember 1851 durchlaufen hat.

Drei Hauptperioden sind unverkennbar: die *Februarperiode*; 4. Mai 1848 bis zum 28. Mai 1849: *Periode der Konstituierung der Republik* oder *der konstituierenden Nationalversammlung*; 28. Mai 1849 bis zum 2. Dezember 1851: *Periode der konstitutionellen Republik* oder *der legislativen Nationalversammlung*.

Die *erste Periode* vom 24. Februar oder dem Sturze Louis-Philippes bis zum 4. Mai 1848, dem Zusammentritt der konstituierenden Versammlung, die eigentliche *Februarperiode*, kann als der *Prolog* der Revolution bezeichnet werden. Ihr Charakter sprach sich offiziell darin aus, dass die von ihr improvisierte Regierung sich selbst für *provisorisch* erklärte, und, wie die Regierung, gab alles, was in dieser Periode angeregt, versucht, ausgesprochen wurde, sich für nur *provisorisch* aus. Niemand und nichts wagte das Recht des Bestehens und der wirklichen Tat für sich in Anspruch zu nehmen. Alle Elemente, die die Revolution vorbereitet oder bestimmt hatten, dynastische Opposition, republikanische Bourgeoisie, demokratisch-republikanisches Kleinbürgertum, sozial-demokratisches Arbeitertum, fanden provisorisch ihren Platz in der Februar-*Regierung*.

Es konnte nicht anders sein. Die Februartage bezweckten ursprünglich eine Wahlreform, wodurch der Kreis der politisch Privilegierten unter der besitzenden Klasse selbst erweitert und die ausschließliche Herrschaft der Finanzaristokratie gestürzt werden sollte. Als es aber zum wirklichen Konflikt kam, das Volk auf die Barrikaden stieg, die Nationalgarde sich passiv verhielt, die Armee keinen ernstlichen Widerstand leistete und das Königtum davonlief, schien sich die Republik von selbst zu verstehen. Jede Partei deutete sie in ihrem Sinn. Von dem Proletariat, die Waffen in der Hand, ertrotzt, prägte es ihr seinen Stempel auf und proklamierte sie als *soziale* Republik. So wurde der allgemeine Inhalt der modernen Revolution angedeutet, der in sonderbarstem Widerspruch stand zu allem, was mit dem vorliegenden Material, mit der erreichten Bildungsstufe der Masse, unter den gegebenen Umständen und Verhältnissen zunächst unmittelbar ins Werk gesetzt werden konnte. Andererseits wurde der Anspruch aller übrigen Elemente, die zur Februarrevolution mitgewirkt hatten, anerkannt in dem Löwenanteil, den sie an der Regierung erhielten. In keiner Periode finden wir daher ein bunteres Gemisch von überfliegenden Phrasen und tatsächlicher Unsicherheit und Unbeholfenheit, von enthusiastischerem Neuerungsstreben und von gründlicherer Herrschaft der alten Routine, von mehr scheinbarer Harmonie der ganzen Gesellschaft und von tieferer Entfremdung ihrer Elemente. Während das Pariser Proletariat noch in dem Anblick der großen Perspektive, die sich ihm eröffnet hatte, schwelgte und sich in ernst gemeinten Diskussionen über die sozialen Probleme erging, hatten sich die alten Mächte der Gesellschaft gruppiert, gesammelt, besonnen und fanden eine unerwartete Stütze an der Masse der Nation, den Bauern und Kleinbürgern, die alle auf einmal auf die politische Bühne stürzten, nachdem die Barrieren der Julimonarchie gefallen waren.

Die *zweite Periode* vom 4. Mai 1848 bis Ende Mai 1849 ist die Periode der *Konstituierung, der Begründung der bürgerlichen Republik*. Unmittelbar nach den Februartagen war nicht nur die dynastische Opposition überrascht worden durch die Republikaner, die Republikaner durch die Sozialisten, sondern ganz Frankreich durch Paris. Die Nationalversammlung, die am 4. Mai 1848 zusammentrat, aus den Wahlen der Nation hervorgegangen, repräsentierte die Nation. Sie war ein lebendiger Protest gegen die Zumutungen der Februartage und sollte die Resultate der Revolution auf den bürgerlichen Maßstab zurückführen. Vergebens versuchte das Pariser Proletariat, das den Charakter dieser Nationalversammlung sofort begriff, wenige Tage nach ihrem Zusammentritt, am 15. Mai, ihre Existenz gewaltsam wegzuleugnen, sie aufzulösen, die organische Gestalt, worin der reagierende Geist der Nation es bedrohte, wieder in ihre einzelnen Bestandteile zu zerstreuen. Der 15. Mai hatte bekanntlich kein anderes Resultat, als Blanqui und Genossen, d.h. die wirklichen Führer der proletarischen Partei, für die ganze Dauer des Zyklus, den wir betrachten, vom öffentlichen Schauplatz zu entfernen.

Auf die *bürgerliche Monarchie* Louis-Philippes kann nur die *bürgerliche Republik* folgen, d.h., wenn unter dem Namen des Königs ein beschränkter Teil der Bourgeoisie geherrscht hat, so wird jetzt im Namen des Volks die Gesamtheit der Bourgeoisie herrschen. Die Forderungen des Pariser Proletariats sind utopistische Flausen, womit geendet werden muss. Auf diese Erklärung der konstituierenden Nationalversammlung antwortete das Pariser Proletariat mit der *Juni-Insurrektion*, dem kolossalsten Ereignis in der Geschichte der europäischen Bürgerkriege. Die bürgerliche Republik siegte. Auf ihrer Seite stand die Finanzaristokratie, die industrielle Bourgeoisie, der Mittelstand, die Kleinbürger, die Armee, das als Mobilgarde organisierte Lumpenproletariat, die geistigen Kapazitäten, die Pfaffen und die Landbevölkerung. Auf der Seite des Pariser Proletariats stand niemand als es selbst. Über 3.000 Insurgenten wurden niedergemetzelt nach dem Siege, 15.000 ohne Urteil transportiert. Mit dieser Niederlage tritt das Proletariat in den *Hintergrund* der revolutionären Bühne. Es versucht sich jedes Mal wieder vorzudrängen, sobald die Bewegung einen neuen Anlauf zu nehmen scheint, aber mit immer schwächerem Kraftaufwand und stets geringerem Resultat. Sobald eine der höher über ihm liegenden Gesellschaftsschichten in revolutionäre Gärung gerät, geht es eine Verbindung mit ihr ein, und teilt so alle Niederlagen, die die verschiedenen Parteien nacheinander erleiden. Aber diese nachträglichen Schläge schwächen sich immer mehr ab, je mehr sie sich auf die ganze Oberfläche der Gesellschaft verteilen. Seine bedeutenderen Führer in der Versammlung und in der Presse fallen der Reihe nach den Gerichten als Opfer, und immer zweideutigere Figuren treten an seine Spitze. Zum Teil wirft es sich auf *doktrinäre Experimente, Tauschbanken und Arbeiterassoziationen, also in eine Bewegung, worin es darauf verzichtet, die alte Welt mit ihren eigenen großen Gesamtmitteln umzuwälzen, vielmehr hinter dem Rücken der Gesellschaft, auf Privatweise, innerhalb seiner beschränkten Existenzbedingungen, seine Erlösung zu vollbringen sucht, also notwendig scheitert*. Es scheint weder in sich selbst die revolutionäre Größe wieder finden noch aus den neu eingegangenen Verbindungen neue Energie gewinnen zu können, bis *alle Klassen*, womit es im Juni gekämpft, neben ihm selbst platt darniederliegen. Aber wenigstens erliegt es mit den Ehren des großen weltgeschichtlichen Kampfes; nicht nur Frankreich, ganz Europa zittert vor dem Juni-Erdbeben, während die nachfolgenden Niederlagen der höhern Klassen so wohlfeil erkauft werden, dass sie der frechen Übertreibung vonseiten der siegenden Partei bedürfen, um überhaupt als Ereignisse passieren zu können, und umso schmachvoller werden, je weiter die unterliegende Partei von der proletarischen entfernt ist.

Die Niederlage der Juni-Insurgenten hatte nun allerdings das Terrain vorbereitet, geebnet, worauf die bürgerliche Republik begründet, aufgeführt werden konnte; aber sie hatte zugleich gezeigt, dass es sich in Europa um andere Fragen handelt als um »Republik oder Monarchie«. Sie hatte offenbart, dass *bürgerliche Republik* hier die uneingeschränkte Despotie einer Klasse über andere Klassen bedeute. Sie hatte bewiesen, dass in altzivilisierten Ländern mit entwickelter Klassenbildung, mit modernen Produktionsbedingungen und mit einem geistigen Bewusstsein, worin alle überlieferten Ideen durch jahrhundertlange Arbeit aufgelöst sind, *die Republik überhaupt nur die politische Umwälzungsform der bürgerlichen Gesellschaft* bedeutet und nicht ihre *konservative Lebensform*, wie z.B. in den Vereinigten Staaten von Nordamerika, wo zwar schon Klassen bestehen, aber sich noch nicht fixiert haben, sondern in beständigem Flusse fortwährend ihre Bestandteile wechseln und aneinander abtreten, wo die modernen Produktionsmittel, statt mit einer stagnanten Übervölkerung zusammenzufallen, vielmehr den relativen Mangel an Köpfen und Händen ersetzen, und wo endlich die fieberhaft jugendliche Bewegung der materiellen Produktion, die eine neue Welt sich anzueignen hat, weder Zeit noch Gelegenheit ließ, die alte Geisterwelt abzuschaffen.

Alle Klassen und Parteien hatten sich während der Junitage zur *Partei der Ordnung* vereint gegenüber der proletarischen Klasse, als der *Partei der Anarchie*, des Sozialismus, des Kommunismus. Sie hatten die Gesellschaft »gerettet« gegen *»die Feinde der Gesellschaft«*. Sie hatten die Stichworte der alten Gesellschaft, *»Eigentum, Familie, Religion, Ordnung«*, als Parole unter ihr Heer ausgeteilt und der kontrerevolutionären Kreuzfahrt zugerufen: »Unter diesem Zeichen wirst du siegen!« Von diesem Augenblick, sobald eine der zahlreichen Parteien, die sich unter diesem Zeichen gegen die Juni-Insurgenten geschart hatten, in ihrem eigenen Klasseninteresse den revolutionären Kampfplatz zu behaupten sucht, unterliegt sie vor dem Rufe: »Eigentum, Familie, Religion, Ordnung«. Die Gesellschaft wird ebenso oft gerettet, als sich der Kreis ihrer Herrscher verengt, als ein exklusiveres Interesse dem weiteren gegenüber behauptet wird. Jede Forderung der einfachsten bürgerlichen Finanzreform, des ordinärsten Liberalismus, des formalsten Republikanertums, der plattesten

Demokratie, wird gleichzeitig als »Attentat auf die Gesellschaft« bestraft und als »Sozialismus« gebrandmarkt. Und schließlich werden die Hohenpriester der »Religion und Ordnung« selbst mit Fußtritten von ihren Pythiastühlen verjagt, bei Nacht und Nebel aus ihren Betten geholt, in Zellenwagen gesteckt, in Kerker geworfen oder ins Exil geschickt, ihr Tempel wird der Erde gleichgemacht, ihr Mund wird versiegelt, ihre Feder zerbrochen, ihr Gesetz zerrissen, im Namen der Religion, des Eigentums, der Familie, der Ordnung. Ordnungsfanatische Bourgeois auf ihren Balkonen werden von besoffenen Soldatenhaufen zusammengeschossen, ihr Familienheiligtum wird entweiht, ihre Häuser werden zum Zeitvertreib bombardiert – im Namen des Eigentums, der Familie, der Religion und der Ordnung. Der Auswurf der bürgerlichen Gesellschaft bildet schließlich die *heilige Phalanx der Ordnung*, und Held Krapülinski zieht in die Tuilerien ein als »*Retter der Gesellschaft*«. (...)

Ehe wir der parlamentarischen Geschichte weiter folgen, sind einige Bemerkungen nötig, um gewöhnliche Täuschungen über den ganzen Charakter der Epoche, die uns vorliegt, zu vermeiden. In der demokratischen Manier zu sehen, handelt es sich während der Periode der gesetzgebenden Nationalversammlung, um was es sich in der Periode der konstituierenden handelte, um den einfachen Kampf zwischen Republikanern und Royalisten. Die Bewegung selbst aber fassen sie in *ein* Stichwort zusammen: »*Reaktion*«, Nacht, worin alle Katzen grau sind, und die ihnen erlaubt, ihre nachtwächterlichen Gemeinplätze abzuleiern. Und allerdings, auf den ersten Blick zeigt die Ordnungspartei einen Knäuel von verschiedenen royalistischen Fraktionen, die nicht nur gegeneinander intrigieren, um jede ihren eigenen Prätendenten auf den Thron zu erheben und den Prätendenten der Gegenpartei auszuschließen, sondern auch sich alle vereinigen in gemeinschaftlichem Hass und gemeinschaftlichen Angriffen gegen die »Republik«. Die Montagne ihrerseits erscheint im Gegensatze zu dieser royalistischen Konspiration als Vertreterin der »Republik«. Die Ordnungspartei erscheint beständig beschäftigt mit einer »Reaktion«, die sich nicht mehr, nicht minder als in Preußen gegen Presse, Assoziation u. dgl. richtet und in brutalen Polizeieinmischungen der Bürokratie, der Gendarmerie und der Parkette sich vollstreckt wie in Preußen. Die »Montagne« ihrerseits wieder ist ebenso fortwährend beschäftigt, diese Angriffe abzuwehren und so die »ewigen Menschenrechte« zu verteidigen, wie jede so genannte Volkspartei mehr oder minder seit anderthalb Jahrhunderten getan hat. Vor einer nähern Betrachtung der Situation und der Parteien verschwindet indes dieser oberflächliche Schein, der den *Klassenkampf* und die eigentümliche Physiognomie dieser Periode verschleiert.

Legitimisten und Orleanisten bildeten, wie gesagt, die zwei großen Fraktionen der Ordnungspartei. Was diese Fraktionen an ihren Prätendenten festhielt und sie wechselseitig auseinander hielt, war es nichts anderes als Lilie und Trikolore, Haus Bourbon und Haus Orléans, verschiedene Schattierungen des Royalismus, war es überhaupt das Glaubensbekenntnis des Royalismus? Unter den Bourbonen hatte das *große Grundeigentum* regiert mit seinen Pfaffen und Lakaien, unter den Orléans die hohe Finanz, die große Industrie, der große Handel, d.h. *das Kapital* mit seinem Gefolge von Advokaten, Professoren und Schönrednern. Das legitime Königtum war bloß der politische Ausdruck für die angestammte Herrschaft der Herren von Grund und Boden, wie die Julimonarchie nur der politische Ausdruck für die usurpierte Herrschaft der bürgerlichen Parvenüs. Was also diese Fraktionen auseinander hielt, es waren keine so genannten Prinzipien, es waren ihre materiellen Existenzbedingungen, zwei verschiedene Arten des Eigentums, es war der alte Gegensatz von Stadt und Land, die Rivalität zwischen Kapital und Grundeigentum. Dass gleichzeitig alte Erinnerungen, persönliche Feindschaften, Befürchtungen und Hoffnungen, Vorurteile und Illusionen, Sympathien und Antipathien, Überzeugungen, Glaubensartikel und Prinzipien sie an das eine oder das andere Königshaus banden, wer leugnet es? Auf den verschiedenen Formen des Eigentums, auf den sozialen Existenzbedingungen erhebt sich ein ganzer Überbau verschiedener und eigentümlich gestalteter Empfindungen, Illusionen, Denkweisen und Lebensanschauungen. Die ganze Klasse schafft und gestaltet sie aus ihren materiellen Grundlagen heraus und aus den entsprechenden gesellschaftlichen Verhältnissen. Das einzelne Individuum, dem sie durch Tradition und Erziehung zufließen, kann sich einbilden, dass sie die eigentlichen Bestimmungsgründe und den Ausgangspunkt seines Handelns bilden. Wenn Orleanisten, Legitimisten, jede Fraktion sich selbst und der anderen vorzureden suchte, dass die Anhänglichkeit an ihre zwei Königshäuser sie trenne, bewies später die Tatsache, dass vielmehr ihr gespaltenes Interesse die Vereinigung der zwei Königshäuser verbot. Und wie man im Privatleben unterscheidet zwischen dem, was ein Mensch von sich meint und sagt, und dem, was er wirklich ist und tut, so muss man noch mehr in geschichtlichen Kämpfen die Phrasen und Einbildungen der Parteien von ihrem wirklichen Organismus und ihren wirklichen Interessen, ihre Vorstellungen von ihrer Realität unterscheiden. Orleanisten und Legitimisten fanden sich in der Republik nebeneinander mit gleichen Ansprüchen. Wenn jede Seite gegen die andere die *Restauration* ihres *eigenen* Königshauses durchsetzen wollte, so hieß das nichts anderes, als dass die *zwei großen Interessen*, worin die *Bourgeoisie* sich spaltete – Grundeigentum und Kapital – , jedes seine eigene Suprematie und die Unterordnung des anderen zu restaurieren suchte. Wir sprechen von zwei Interessen der Bourgeoisie, denn das große Grundeigentum, trotz seiner feudalen Koketterie und seines Racenstolzes, war durch die Entwicklung der modernen Gesellschaft vollständig verbürgerlicht. So haben die Tories in England sich lange eingebildet, dass sie für das Königtum, die Kirche und die Schönheiten der altenglischen Verfassung schwärmten, bis der Tag der Gefahr ihnen das Geständnis entriss, dass sie nur für die *Grundrente* schwärmen. Die koalisierten Royalisten spielten ihre Intrige gegeneinander in der Presse, in Ems, in Claremont, außerhalb des Parlaments. Hinter den Kulissen zogen sie ihre alten orleanistischen und legitimistischen Livreen wieder an und führten ihre alten Turniere wieder auf. Aber auf der öffentlichen Bühne, in ihren Haupt- und Staatsaktionen, als große parlamentarische Partei, fertigen sie ihre respektiven Königshäuser mit bloßen Reverenzen ab und vertagten die Restauration der Monarchie in infinitum. Sie verrichteten ihr wirkliches Geschäft als *Partei der Ordnung*, d.h. unter einem *gesellschaftlichen*, nicht unter einem *politischen* Titel, als Vertreter der bürgerlichen Weltordnung, nicht als Ritter fahrender Prinzessinnen, als Bourgeoisklasse gegenüber andern Klassen, nicht als Royalisten gegenüber den Republikanern. Und als Partei der Ordnung haben sie eine unumschränktere und härtere Herrschaft über die andern Klassen der Gesellschaft ausgeübt als je zuvor unter der Restauration oder unter der Julimonarchie, wie sie überhaupt nur unter der Form der parlamentarischen Republik möglich war, denn nur unter dieser Form konnten die zwei großen Abteilungen der französischen Bourgeoisie sich vereinigen, also die Herrschaft ihrer Klasse statt des Regimes einer privilegierten Fraktion derselben auf die Tagesordnung setzen. Wenn sie trotzdem auch als Partei der Ordnung die Republik insultieren und ihren Widerwillen gegen sie aussprechen, so geschah das nicht nur aus royalistischer Erinnerung. Es lehrte sie der Instinkt, dass die Republik zwar ihre politische Herrschaft vollendet, aber zugleich deren gesellschaftliche Grundlage unterwühlt, indem sie nun ohne Vermittlung, ohne den Versteck der Krone, ohne das nationale Interesse durch ihre untergeordneten Kämpfe untereinander und mit dem Königtum ableiten zu können, den unterjochten Klassen gegenüberstehen und mit ihnen ringen müssen. Es war das Gefühl der Schwäche, das sie vor den reinen Bedingungen ihrer eigenen Klassenherrschaft zurückbeben und sich nach den unvollständigeren, unterentwickelteren und eben darum gefahrloseren Formen derselben zurücksehnen ließ. Sooft die koalisierten Royalisten dagegen in Konflikt mit dem Prätendenten geraten, der ihnen gegenübersteht, mit Bonaparte, sooft sie ihre parlamentarische Allmacht von der Exekutivgewalt gefährdet glauben, sooft sie also den politischen Titel ihrer Herrschaft herauskehren müssen, treten sie als *Republikaner* auf und nicht als *Royalisten*, von dem Orleanisten Thiers, der die Nationalversammlung warnt, dass die Republik sie am wenigsten trenne, bis auf den Legitimisten Berryer, der am 2. Dezember 1851, die dreifarbige Schärpe umgewunden, das vor dem Mairiegebäude des zehnten Arrondissements versammelte Volk als Tribun im Namen der Republik harrangiert. Allerdings ruft ihm das Echo spottend zurück: Henri V ! Henri V !

Der koalisierten Bourgeoisie gegenüber hatte sich eine Koalition zwischen Kleinbürgern und Arbeitern gebildet, die so genannte *sozial-demokratische* Partei. Die Kleinbürger sahen sich nach den Junitagen 1848 schlecht belohnt, ihre materiellen Interessen gefährdet und die demokratischen Garantien, die ihnen die Geltendmachung dieser Interessen sichern sollten, von der Kontrerevolution infrage gestellt. Sie näherten sich daher den Arbeitern. Ihre parlamentarische Repräsentation andererseits, die *Montagne*, während der Diktatur der Bourgeois-Republikaner beiseite geschoben, hatte in der letzten Lebenshälfte der Konstituante durch den Kampf mit Bonaparte und den royalistischen Ministern ihre verlorene Popularität wieder erobert. Sie hatte mit den sozialistischen Führern eine Allianz geschlossen. Februar 1849 wurden Versöhnungsbankette gefeiert. Ein gemeinschaftliches Programm wurde entworfen, gemeinschaftliche Wahlkomitees wurden gestiftet und gemeinschaftliche Kandidaten aufgestellt. Den sozialen Forderungen des Proletariats ward die revolutionäre Pointe abgebrochen und eine demokratische Wendung gegeben, den demokratischen Ansprüchen des Kleinbürgertums die bloß politische Form abgestreift und ihre sozialistische Pointe herausgekehrt. So entstand die *Sozial-Demokratie*. Die neue *Montagne*, das Ergebnis dieser Kombination, enthielt, einige Figuranten aus der Arbeiterklasse und einige sozialistische Sektierer abgerechnet, dieselben Elemente wie die alte Montagne, nur numerisch stärker. Aber im Laufe der Entwicklung hatte sie sich verändert mit der Klasse, die sie vertrat. Der eigentümliche Charakter der Sozial-Demokratie fasste sich dahin zusammen, dass demokratisch-republikanische Institutionen als Mittel verlangt werden, nicht um zwei Extreme, Kapital und Lohnarbeit, beide aufzuheben, sondern um ihren Gegensatz abzuschwächen und in Harmonie zu verwandeln. Wie verschiedene Maßregeln zur Erreichung dieses Zweckes vorgeschlagen werden mögen, wie sehr er mit mehr oder minder revolutionären Vorstellungen sich verbrämen mag, der Inhalt bleibt derselbe. Dieser Inhalt ist die Umänderung der Gesellschaft auf demokratischem Wege, aber eine Umänderung innerhalb der Grenzen des Kleinbürgertums. Man muss sich nur nicht die bornierte Vorstellung machen, als wenn das Kleinbürgertum prinzipiell ein egoistisches Klasseninteresse durchsetzen wolle. Es glaubt vielmehr, dass die *besonderen* Bedingungen seiner Befreiung die *allgemeinen* Bedingungen sind, innerhalb deren allein die moderne Gesellschaft gerettet und der Klassenkampf vermieden werden kann. Man muss sich ebenso wenig vorstellen, dass die demokratischen Repräsentanten nun alle shopkeepers sind oder für dieselben schwärmen. Sie können ihrer Bildung und ihrer individuellen Lage nach himmelweit von ihnen getrennt sein. Was sie zu Vertretern des Kleinbürgers macht, ist, dass sie im Kopfe nicht über die Schranken hinauskommen, worüber jener nicht im Leben hinauskommt, dass sie daher zu denselben Aufgaben und Lösungen theoretisch getrieben werden, wohin jenen das materielle Interesse und die gesellschaftliche Lage praktisch treiben. Dies ist überhaupt das Verhältnis der *politischen* und *literarischen Vertreter* einer Klasse zu der Klasse, die sie vertreten. (...)

Diese Exekutivgewalt mit ihrer ungeheuren bürokratischen und militärischen Organisation, mit ihrer weitschichtigen und künstlichen Staatsmaschinerie, ein Beamtenheer von einer halben Million neben einer Armee von einer andern halben Million, dieser fürchterliche Parasitenkörper, der sich wie eine Netzhaut um den Leib der französischen Gesellschaft schlingt und ihr alle Poren verstopft, entstand in der Zeit der absoluten Monarchie, beim Verfall des Feudalwesens, den er beschleunigen half. Die herrschaftlichen Privilegien der Grundeigentümer und Städte verwandelten sich in ebenso viele Attribute der Staatsgewalt, die feudalen Würdenträger in bezahlte Beamte und die bunte Mustercharte der widerstreitenden mittelalterlichen Machtvollkommenheiten in den geregelten Plan einer Staatsmacht, deren Arbeit fabrikmäßig geteilt und zentralisiert ist. Die erste französische Revolution mit ihrer Aufgabe, alle lokalen, territorialen, städtischen und provinziellen Sondergewalten zu brechen, um die bürgerliche Einheit der Nation zu schaffen, musste entwickeln, was die absolute Monarchie begonnen hatte: die Zentralisation, aber zugleich den Umfang, die Attribute und die Handlanger der Regierungsgewalt. Napoleon vollendete diese Staatsmaschinerie. Die legitime Monarchie und die Julimonarchie fügten nichts hinzu als eine größere Teilung der Arbeit, in demselben Maße wachsend, als die Teilung der Arbeit innerhalb der bürgerlichen Gesellschaft neue Gruppen von Interessen schuf, also neues Material für die Staatsverwaltung. Jedes *gemeinsame* Interesse wurde sofort von der Gesellschaft losgelöst, als höheres, *allgemeines* Interesse ihr gegenübergestellt, der Selbstständigkeit der Gesellschaftsglieder entrissen und zum Gegenstand der Regierungstätigkeit gemacht, von der Brücke, dem Schulhaus und dem Kommunalvermögen einer Dorfgemeinde bis zu den Eisenbahnen, dem Nationalvermögen und der Landesuniversität Frankreichs. Die parlamentarische Republik endlich sah sich in ihrem Kampfe wider die Revolution gezwungen, mit den Repressivmaßregeln die Mittel und die Zentralisation der Regierungsgewalt zu verstärken. Alle Umwälzungen vervollkommneten die Maschine statt sie zu brechen. Die Parteien, die abwechselnd um die Herrschaft rangen, betrachteten die Besitznahme dieses ungeheuren Staatsgebäudes als die Hauptbeute des Siegers.

Aber unter der absoluten Monarchie, während der ersten Revolution, unter Napoleon war die Bürokratie nur das Mittel, die Klassenherrschaft der Bourgeoisie vorzubereiten. Unter der Restauration, unter Louis-Philippe, unter der parlamentarischen Republik war sie das Instrument der herrschenden Klasse, so sehr sie auch nach Eigenmacht strebte.

Erst unter dem zweiten Bonaparte scheint sich der Staat völlig verselbstständigt zu haben. Die Staatsmaschinerie hat sich der bürgerlichen Gesellschaft gegenüber so befestigt, dass an ihrer Spitze der Chef der Gesellschaft vom 10. Dezember genügt, ein aus der Fremde herbeigelaufener Glücksritter, auf den Schild gehoben von einer trunkenen Soldateska, die er durch Schnaps und Würste erkauft hat, nach der er stets von neuem mit der Wurst werfen muss. Daher die kleinlaute Verzweiflung, das Gefühl der ungeheuersten Demütigung, Herabwürdigung, das die Brust Frankreichs beklemmt und seinen Atem stocken lässt. Es fühlt sich wie entehrt.

Und dennoch schwebt die Staatsgewalt nicht in der Luft. Bonaparte vertritt eine Klasse, und zwar die zahlreichste Klasse der französischen Gesellschaft, die *Parzellenbauern*.

Wie die Bourbons die Dynastie des großen Grundeigentums, wie die Orléans die Dynastie des Geldes, so sind die Bonapartes die Dynastie der Bauern, d.h. der französischen Volksmasse. Nicht der Bonaparte, der sich dem Bourgeoisparlamente unterwarf, sondern der Bonaparte, der das Bourgeoisparlament auseinander jagte, ist der Auserwählte der Bauern. Drei Jahre war es den Städten gelungen, den Sinn der Wahl vom 10. Dezember zu verfälschen und die Bauern um die Wiederherstellung des Kaiserreichs zu prellen. Die Wahl vom 10. Dezember 1848 ist erst erfüllt worden durch den coup d'état vom 2. Dezember 1851.

Die Parzellenbauern bilden eine ungeheure Masse, deren Glieder in gleicher Situation leben, aber ohne in mannigfache Beziehung zueinander zu treten. Ihre Produktionsweise isoliert sie voneinander, statt sie in wechselseitigen Verkehr zu bringen. Die Isolierung wird gefördert durch die schlechten französischen Kommunikationsmittel und die Armut der Bauern. Ihr Produktionsfeld, die Parzelle, lässt in seiner Kultur keine Teilung der Arbeit zu, keine Anwendung der Wissenschaft, also keine Mannigfaltigkeit der Entwickelung, keine Verschiedenheit der Talente, keinen Reichtum der gesellschaftlichen Verhältnisse. Jede einzelne Bauernfamilie genügt beinahe sich selbst, produziert unmittelbar selbst den größten Teil ihres Konsums und gewinnt so ihr Lebensmaterial mehr im Austausche mit der Natur als im Verkehr mit der Gesellschaft. Die Parzelle, der Bauer und die Familie; daneben eine andere Parzelle, ein anderer Bauer und eine andere Familie. Ein Schock davon macht ein Dorf, und ein Schock Dörfer macht ein Departement. So wird die große Masse der französischen Nation gebildet durch einfache Addition gleichnamiger Größen, wie etwa ein Sack von Kartoffeln einen Kartoffelsack bildet. Insofern Millionen von Familien unter ökonomischen Existenzbedingungen leben, die ihre Lebensweise, ihre Interessen und ihre Bildung von denen der andern Klassen trennen und ihnen feindlich gegenüberstellen, bilden sie eine Klasse. Insofern ein nur lokaler Zusammenhang unter den Parzellenbauern besteht, die Dieselbigkeit ihrer Interessen keine Gemeinsamkeit, keine nationale Verbindung und keine politische Organisation unter ihnen erzeugt, bilden sie keine Klasse. Sie sind daher unfähig, ihr Klasseninteresse im eigenen Namen, sei es durch ein Parlament, sei es durch einen Konvent geltend zu machen. Sie können sich nicht vertreten, sie müssen vertreten werden. Ihr Vertreter muss zugleich als ihr Herr, als eine Autorität über ihnen erscheinen, als eine unumschränkte Regierungsgewalt, die sie vor den andern Klassen beschützt und ihnen von oben Regen und Sonnenschein schickt. Der politische Einfluss der Parzellenbauern findet also darin seinen letzten Ausdruck, dass die Exekutivgewalt sich die Gesellschaft unterordnet.

Durch die geschichtliche Tradition ist der Wunderglaube der französischen Bauern entstanden, dass ein Mann namens Napoleon ihnen alle Herrlichkeit wiederbringen werde. Und es fand sich ein Individuum, das sich für diesen Mann ausgibt, weil es den Namen Napoleon trägt, infolge des Code Napoléon, der anbefiehlt: »La recherche de la paternité est interdite.« Nach zwanzigjähriger Vagabundage und einer Reihe von grotesken Abenteuern erfüllt sich die Sage, und der Mann wird Kaiser der Franzosen. Die fixe Idee des Neffen verwirklicht sich, weil sie mit der fixen Idee der zahlreichsten Klasse der Franzosen zusammenfiel.

Aber, wird man mir einwerfen, die Bauernaufstände in halb Frankreich, die Treibjagden der Armee auf die Bauern, die massenhafte Einkerkerung und Transportation der Bauern?

Seit Ludwig XIV. hat Frankreich keine ähnliche Verfolgung der Bauern »wegen demagogischer Umtriebe« erlebt.

Aber man verstehe wohl. Die Dynastie Bonaparte repräsentiert nicht den revolutionären, sondern den konservativen Bauern, nicht den Bauern, der über seine soziale Existenzbedingung, die Parzelle hinausdrängt, sondern der sie vielmehr befestigen will, nicht das Landvolk, das durch eigene Energie im Anschluss an die Städte die alte Ordnung umstürzen, sondern umgekehrt dumpf verschlossen in dieser alten Ordnung sich mitsamt seiner Parzelle von dem Gespenste des Kaisertums gerettet und bevorzugt sehen will. Sie repräsentiert nicht die Aufklärung, sondern den Aberglauben des Bauern, nicht sein Urteil, sondern sein Vorurteil, nicht seine Zukunft, sondern seine Vergangenheit, nicht seine modernen Cevennen, sondern seine moderne Vendée.

Die dreijährige harte Herrschaft der parlamentarischen Republik hatte einen Teil der französischen Bauern von der napoleonischen Illusion befreit und, wenn auch nur oberflächlich, revolutioniert; aber die Bourgeoisie warf sie gewaltsam zurück, sooft sie sich in Bewegung setzten. Unter der parlamentarischen Republik rang das moderne mit dem traditionellen Bewusstsein der französischen Bauern. Der Prozess ging vor sich in der Form eines unaufhörlichen Kampfes zwischen den Schulmeistern und den Pfaffen. Die Bourgeoisie schlug die Schulmeister nieder. Die Bauern machten zum ersten Mal Anstrengungen, der Regierungstätigkeit gegenüber sich selbstständig zu verhalten. Es erschien dies in dem fortgesetzten Konflikte der Maires mit den Präfekten. Die Bourgeoisie setzte die Maires ab. Endlich erhoben sich die Bauern verschiedener Orte während der Periode der parlamentarischen Republik gegen ihre eigene Ausgeburt, die Armee. Die Bourgeoisie bestrafte sie mit Belagerungszuständen und Exekutionen. Und dieselbe Bourgeoisie schreit jetzt über die Stupidität der Massen, der vile multitude, die sie an Bonaparte verraten habe. Sie selbst hat den Imperialismus der Bauernklasse gewaltsam befestigt, sie hielt die Zustände fest, die die Geburtsstätte dieser Bauernreligion bilden. Allerdings muss die Bourgeoisie die Dummheit der Massen fürchten, solange sie konservativ bleiben, und die Einsicht der Massen, sobald sie revolutionär werden.

In den Aufständen nach dem coup d'état protestierte ein Teil der französischen Bauern mit den Waffen in der Hand gegen sein eigenes Votum vom 10. Dezember 1848. Die Schule seit 1848 hatte sie gewitzigt. Allein sie hatten sich der geschichtlichen Unterwelt verschrieben, die Geschichte hielt sie beim Worte, und noch war die Mehrzahl so befangen, dass gerade in den rotesten Departements die Bauernbevölkerung öffentlich für Bonaparte stimmte. Die Nationalversammlung hatte ihn nach ihrer Ansicht am Gehen verhindert. Er hatte jetzt nur die Fessel gebrochen, die die Städte dem Willen des Landes angelegt. Sie trugen sich stellenweise sogar mit der grotesken Vorstellung: neben einem Napoleon ein Konvent.

Nachdem die erste Revolution die halbhörigen Bauern in freie Grundeigentümer verwandelt hatte, befestigte und regelte Napoleon die Bedingungen, worin sie ungestört den eben erst ihnen anheim gefallenen Boden Frankreichs ausbeuten und die jugendliche Lust am Eigentum büßen konnten. Aber woran der französische Bauer jetzt untergeht, es ist seine Parzelle selbst, die Teilung des Grund und Bodens, die Eigentumsform, die Napoleon in Frankreich konsolidierte. Es sind eben die materiellen Bedingungen, die den französischen Feudalbauer zum Parzellenbauer und Napoleon zum Kaiser machten. Zwei Generationen haben hingereicht, um das unvermeidliche Resultat zu erzeugen: progressive Verschlechterung des Ackerbaues, progressive Verschuldung des Ackerbauers. Die »Napoleonische« Eigentumsform, die im Anfange des neunzehnten Jahrhunderts die Bedingung für die Befreiung und die Bereicherung des französischen Landvolks war, hat sich im Laufe dieses Jahrhunderts als das Gesetz ihrer Sklaverei und ihres Pauperismus entwickelt. Und eben dies Gesetz ist die erste der »idées napoléoniennes«, die der zweite Bonaparte zu behaupten hat. Wenn er mit den Bauern noch die Illusion teilt, nicht im Parzelleneigentum selbst, sondern außerhalb, im Einflusse sekundärer Umstände die Ursache ihres Ruins zu suchen, so werden seine Experimente wie Seifenblasen an den Produktionsverhältnissen zerschellen.

Die ökonomische Entwicklung des Parzelleneigentums hat das Verhältnis der Bauern zu den übrigen Gesellschaftsklassen von Grund auf verkehrt. Unter Napoleon ergänzte die Parzellierung des Grund und Bodens auf dem Lande die freie Konkurrenz und die beginnende große Industrie in den Städten. Die Bauernklasse war der allgegenwärtige Protest gegen die eben erst gestürzte Grundaristokratie. Die Wurzeln, die das Parzelleneigentum in dem französischen Grund und Boden schlug, entzogen dem Feudalismus jeden Nahrungsstoff. Seine Grenzpfähle bildeten das natürliche Befestigungswerk der Bourgeoisie gegen jeden Handstreich ihrer alten Oberherren. Aber im Laufe des 19. Jahrhunderts trat an die Stelle des Feudalen der städtische Wucherer, an die Stelle der Feudalpflichtigkeit des Bodens die Hypothek, an die Stelle des aristokratischen Grundeigentums das bürgerliche Kapital. Die Parzelle des Bauern ist nur noch der Vorwand, der dem Kapitalisten erlaubt, Profit, Zinsen und Rente von dem Acker zu ziehen und den Ackerbauer selbst zusehen zu lassen, wie er seinen Arbeitslohn herausschlägt. Die auf dem französischen Boden lastende Hypothekarschuld legt der französischen Bauernschaft einen Zins auf, so groß wie der Jahreszins der gesamten britischen Nationalschuld. Das Parzelleneigentum in dieser Sklaverei vom Kapital, wozu seine Entwicklung unvermeidlich hindrängt, hat die Masse der französischen Nation in Troglodyten verwandelt. Sechzehn Millionen Bauern (Frauen und Kinder eingerechnet) hausen in Höhlen, wovon ein großer Teil nur eine Öffnung, der andere nur zwei, und der bevorzugteste nur drei Öffnungen hat. Die Fenster sind an einem Haus, was die fünf Sinne für den Kopf sind. Die bürgerliche Ordnung, die im Anfange des Jahrhunderts den Staat als Schildwache vor die neu entstandene Parzelle stellte und sie mit Lorbeeren düngte, ist zum Vampir geworden, der ihr Herzblut und Hirnmark aussaugt und sie in den Alchimistenkessel des Kapitals wirft. Der Code Napoleon ist nur noch der Kodex der Exekution, der Subhastation und der Zwangsversteigerung. Zu den vier Millionen (Kinder usw. eingerechnet) offizieller Paupers, Vagabunden, Verbrecher und Prostituierten, die Frankreich zählt, kommen fünf Millionen hinzu, die an dem Abgrunde der Existenz schweben und entweder auf dem Lande selbst hausen oder beständig mit ihren Lumpen und ihren Kindern von dem Lande in die Städte und von den Städten auf das Land desertieren. Das Interesse der Bauern befindet sich also nicht mehr, wie unter Napoleon, im Einklang, sondern im Gegensatz mit den Interessen der Bourgeoisie, mit dem Kapital. Sie finden also ihren natürlichen Verbündeten und Führer in dem *städtischen Proletariat*, dessen Aufgabe der Umsturz der bürgerlichen Ordnung ist. Aber die *starke und unumschränkte Regierung* – und dies ist die zweite »idée napoléonienne«, die der zweite Napoleon auszuführen hat – ist zur gewaltsamen Verteidigung dieser »materiellen« Ordnung berufen. Auch gibt dieser »ordre matériel« in allen Proklamationen Bonapartes gegen die aufrührerischen Bauern das Stichwort ab.

Neben der Hypothek, die das Kapital ihr auferlegt, lastet auf der Parzelle die *Steuer*. Die Steuer ist die Lebensquelle der Bürokratie, der Armee, der Pfaffen und des Hofes, kurz, des ganzen Apparats der Exekutivgewalt. Starke Regierung und starke Steuer sind identisch. Das Parzelleneigentum eignet sich seiner Natur nach zur Grundlage einer allgewaltigen und zahllosen Bürokratie. Es schafft ein gleichmäßiges Niveau der Verhältnisse und der Personen über der ganzen Oberfläche des Landes. Es erlaubt also auch die gleichmäßige Einwirkung nach allen Punkten dieser gleichmäßigen Masse von einem obersten Zentrum aus. Es vernichtet die aristokratischen Mittelstufen zwischen der Volksmasse und der Staatsgewalt. Es ruft also von allen Seiten das direkte Eingreifen dieser Staatsgewalt und das Zwischenschieben ihrer unmittelbaren Organe hervor. Es erzeugt endlich eine unbeschäftigte Überbevölkerung, die weder auf dem Lande noch in den Städten Platz findet und daher nach den Staatsämtern als einer Art von respektablem Almosen greift und die Schöpfung von Staatsämtern provoziert. Napoleon gab in den neuen Märkten, die er mit dem Bajonette eröffnete, in der Plünderung des Kontinents, die Zwangssteuer mit Zinsen zurück. Sie war ein Stachel für die Industrie des Bauern, während sie jetzt seine Industrie der letzten Hülfsquellen beraubt, seine Widerstandslosigkeit gegen den Pauperismus vollendet. Und eine enorme Bürokratie, wohlgaloniert und wohlgenährt, ist die »idée napoléonienne«, die dem zweiten Bonaparte von allen am meisten zusagt. Wie sollte sie auch nicht, da er gezwungen ist, neben den wirklichen Klassen der Gesellschaft eine künstliche Kaste zu schaffen, für welche die Erhaltung seines Regimes zur Messer- und Gabelfrage wird. Eine seiner ersten Finanzoperationen war daher auch die Wiedererhöhung der Beamtengehalte auf ihren alten Betrag und die Schöpfung neuer Sinekuren.

Eine andere »idée napoléonienne« ist die Herrschaft der *Pfaffen* als Regierungsmittel. Aber wenn die neu entstandene Parzelle in ihrem Einklang mit der Gesellschaft, in ihrer Abhängigkeit von den Naturgewalten und ihrer Unterwerfung unter die Autorität, die sie von oben beschützte, natürlich religiös war, wird die schuldzerrüttete, mit der Gesellschaft und der Autorität zerfallene, über ihre eigene Beschränktheit hinausgetriebene Parzelle natürlich irreligiös. Der Himmel war eine ganz schöne

Zugabe zu dem eben gewonnenen schmalen Erdstrich, zumal da er das Wetter macht; er wird zum Insult, sobald er als Ersatz für die Parzelle aufgedrängt wird. Der Pfaffe erscheint dann nur noch als der gesalbte Spürhund der irdischen Polizei – eine andere »idée napoléonienne«. Die Expedition gegen Rom wird das nächste Mal in Frankreich selbst stattfinden, aber im umgekehrten Sinne des Herrn von Montalembert.

Der Kulminationspunkt der »idées napoléoniennes« endlich ist das Übergewicht der Armee. Die Armee war der point d'honneur der Parzellenbauern, sie selbst in Heroen verwandelt, nach außen hin den neuen Besitz verteidigend, ihre eben erst errungene Nationalität verherrlichend, die Welt plündernd und revolutionierend. Die Uniform war ihr eigenes Staatskostüm, der Krieg ihre Poesie, die in der Fantasie verlängerte und abgerundete Parzelle das Vaterland und der Patriotismus die ideale Form des Eigentumssinnes. Aber die Feinde, wogegen der französische Bauer jetzt sein Eigentum zu verteidigen hat, es sind nicht die Kosaken, es sind die Huissiers und Steuerexekutoren. Die Parzelle liegt nicht mehr im so genannten Vaterland, sondern im Hypothekenbuch. Die Armee selbst ist nicht mehr die Blüte der Bauernjugend, sie ist die Sumpfblüte des bäuerlichen Lumpenproletariats. Sie besteht größtenteils aus Remplaçants, aus Ersatzmännern, wie der zweite Bonaparte selbst nur Remplaçant, der Ersatzmann für Napoleon ist. Ihre Heldentaten verrichtet sie jetzt in den Gems- und Treibjagden auf die Bauern, im Gendarmendienst, und wenn die innern Widersprüche seines Systems den Chef der Gesellschaft des 10. Dezember über die französische Grenze jagen, wird sie nach einigen Banditenstreichen keine Lorbeeren, sondern Prügel ernten.

Man sieht: *Alle »idées napoléoniennes« sind Ideen der unentwickelten, jugendfrischen Parzelle*, sie sind ein Widersinn für die überlebte Parzelle. Sie sind nur die Halluzinationen ihres Todeskampfes, Worte, die in Phrasen, Geister, die in Gespenster verwandelt. Aber die Parodie des Imperialismus war notwendig, um die Masse der französischen Nation von der Wucht der Tradition zu befreien und den Gegensatz der Staatsgewalt zur Gesellschaft rein herauszuarbeiten. Mit der fortschreitenden Zerrüttung des Parzelleneigentums bricht das auf ihm aufgeführte Staatsgebäude zusammen. Die staatliche Zentralisation, deren die moderne Gesellschaft bedarf, erhebt sich nur auf den Trümmern der militärisch-bürokratischen Regierungsmaschinerie, die im Gegensatz zum Feudalismus geschmiedet ward.

Die französischen Bauernverhältnisse enthüllen uns das Rätsel der *allgemeinen Wahlen vom 20. und 21. Dezember*, die den zweiten Bonaparte auf den Berg Sinai führten, nicht um Gesetze zu erhalten, sondern um sie zu geben.

»Es ist, als ob unter Sklaven, die endlich hinter das Geheimnis der Sklaverei gekommen und in Rebellion ausgebrochen, ein in veralteten Vorstellungen befangener Sklave auf das Programm der Rebellion schriebe: Die Sklaverei muss abgeschafft werden, weil die Beköstigung der Sklaven im System der Sklaverei ein gewisses niedriges Maximum nicht überschreiten kann!«

Karl Marx über das Gothaer Programm der Sozialistischen Arbeiterpartei Deutschlands, 1875

Karl Marx’ Wohnorte heute: Trier | Brückengasse 664 (Geburtshaus), heute Brückenstraße 10 (Museum) | Simeonsgasse 1070, heute Simeonstr. 8
Bonn | Joseph-Str. 764, heute Josef-Str. 31 und 29 | Stocken-Str.1, heute Stockenstr. 12
Köln | Cäcilienstr. 7 | Apostelnstr. 13, heute: »Gloria« | Im Laach 6/8

Berlin Mitte | Charitéstr. 10 | Schützenstr. 68 | Mohrenstr. 17 | Luisenstr. 45a, heute Nr. 60 | Markgrafenstr. 59 | Alte Jakobstr. 50
Paris | 31, Rue Vanneau (Faubourg St Germain) | 38, Rue Vanneau (Faubourg St Germain)

Vor allem in Paris rumort es seit 1830. Schon die Einführung neuer Müllkarren reicht aus, die Gilden der Lumpensammler auf die Barrikaden zu bringen. Das Verbot eines »Reformbanketts«, das Wahlrecht und politische Zustände debattieren will, führt zu Demonstrationen von Studenten. Die Arbeitslosen aus den Vorstädten schließen sich an, die Nationalgarde sympathisiert und verweigert dem König den Gehorsam. Louis-Philippe, der »Bürgerkönig« will nicht herrschen, sondern nur ein braves Familienleben führen. Am 24. Februar 1848 dankt er ab, die Republik wird ausgerufen. Eine provisorische Regierung aus Bürgerlichen und Sozialisten schreibt Wahlen zur konstituierenden Nationalversammlung aus und erlaubt es, Louis Blanc seine Nationalwerkstätten zu eröffnen, staatliche Unternehmen, die Arbeitslosen Beschäftigung garantieren sollen. Als die bankrotten Betriebe nach kurzer Zeit wieder geschlossen werden, bricht im Juni 1848 ein Aufstand aus – immerhin hatten 100.00 Menschen hier Beschäftigung gefunden. General Cavaignac geht mir brachialer Gewalt vor, 5.000 Arbeiterinnen und Arbeiter verlieren ihr Leben. Im November beschließt die Nationalversammlung die neue Verfassung, und Louis Napoleon gewinnt am 10. Dezember 1848 die plebiszitären Präsidentenwahlen gegen Cavaignac.

Wie schon so oft sind die Vorgänge in Paris ein Signal für Europa. Die Bildung von Nationalstaaten und die Durchsetzung liberaler Verfassungsrechte sind die beiden großen Themen, um die überall gekämpft wird. Auch in Wien, Berlin und anderen deutschen Städten kommt es im März 1848 zu Unruhen. »Es wird alles bewilligt«, war die flexible Antwort der Regierungen: Pressefreiheit, Schwurgerichte, Vereinsrecht, Volksbewaffnung und ein deutsches Parlament. Während der österreichische Ministerpräsident Metternich nach England flieht, vertraut der preußische König Friedrich Wilhelm IV auf eine symbolische Geste: Mit einem glamourösen Trauerzug bringt er sein Bedauern zum Ausdruck, dass sein Militär mehr als 100 Demonstranten in Berlin erschossen hat. In vielen Kleinstaaten wird die Verfassung geändert, im Mai tritt die Nationalversammlung in der Frankfurter Paulskirche zusammen. Unter den 600 Abgeordneten ist kein Arbeiter, dafür gibt es 319 Verwaltungsjuristen und 104 Gelehrte. Fast ein Jahr lang beraten sie die Verfassung eines gesamtdeutschen Nationalstaats und wählen schließlich Friedrich Wilhelm IV zum Kaiser. Schwankend zwischen romantischem Größenwahn und Hass gegen die Moderne lehnt er die »Krone von Bäckers und Metzgers Gnaden« im April 1849 ab.

Einen gesamtdeutschen Nationalstaat hätte die Paulskirche nur mit einem eigenen Heer gegen Österreich und Preußen durchsetzen können. Die schleppenden Verhandlungen in Frankfurt werden von den alten Mächten in beiden Ländern genutzt, um alle Zugeständnisse zurückzuschrauben, zumal das Militär treu zur Krone steht. Die österreichische Armee schlägt separatistische nationale Aufstände in Mailand, Prag und Budapest und schließlich in Wien nieder. Felix Schwarzenberg, ab November 1848 neuer österreichischer Ministerpräsident,erteilt allen gesamtdeutschen Plänen der Paulskirche eine kühle Absage und hält so den Vielvölkerstaat Österreich am Leben. Die preußische Armee vertreibt im selben Monat die parallel zur Paulskirche tagende preußische verfassungsgebende Versammlung aus Berlin, und der König oktroyiert eine Verfassung, die den Wünschen der Rechtsliberalen weitgehend entgegenkommt. Die gescheiterte Kaiserwahl ein Vierteljahr später führt nochmals zu Aufständen in Sachsen, Baden und in der Pfalz, die mithilfe der preußischen Armee niedergeschlagen werden, einige Revolutionäre werden hingerichtet, etliche wandern aus.

Die 1848er erlangen ähnliche Bekanntheit wie hundertzwanzig Jahre später die 68er. Heinrich Heine schreibt in seinem Gedicht »Im Oktober 1849«: »Gelegt hat sich der starke Wind, und wieder stille wird's daheime, Germania das große Kind, erfreut sich wieder seiner Weihnachtsbäume. Wir treiben jetzt Familienglück, – was höher strebt, das ist von Übel, die Friedensschwalbe kehrt zurück, die einst genistet in des Hauses Giebel. Gemütlich ruhen Wald und Fluss, von sanftem Mondlicht übergossen, nur manchmal knallt's – ist das ein Schuss? – Es ist vielleicht ein Freund, den man erschossen.«

Wegen unerlaubter politischer Betätigung weist die Brüssler Regierung Marx im März 1848 aus, mit wenigen Habseligkeiten erreichen er und seine Familie das noch von Kämpfen gezeichnete Paris. Dort hat sich eine »Deutsche Legion« von über tausend Handwerkern gebildet, die unter Führung des Dichters Herwegh gegen den ausdrücklichen Rat von Marx nach Deutschland aufbricht und schon an der Grenze von hessischen Truppen aufgerieben wird. Marx reist im April 1848 nach Köln, um dort die *Neue Rheinische Zeitung* zu leiten, die von Juni 1848 bis Mai 1849 erscheint. Zu den Aktionären hat er schon von Paris aus Kontakt aufgenommen, aber es kommen nur knapp 15.000 Taler Startkapital zusammen, die Druckmaschine kauft er aus eigenen Mitteln. Das Sammeln von zusätzlichem Geld und das Verfassen von 80 Artikeln nehmen ihn voll in Anspruch. »Diktatur Marx« sagen die Mitarbeiter zu seinem Führungsstil. Mit dem »Organ der Demokratie«, so der Untertitel der Zeitung, will Marx die bürgerlichen und radikaldemokratischen Kräfte unterstützen, der Arbeiterbewegung widmet er wenig Aufmerksamkeit. Die Verhandlungen der Paulskirche und der preußischen verfassungsgebenden Versammlung sind Gegenstand scharfsinniger Analysen, die vor allem die radikale Linke aufs Korn nehmen. Ein gekürzter Text des *Kommunistischen Manifests* wird in großer Auflage verbreitet. Die Zeitung verteidigt die Annexion Schleswig-Holsteins durch Preußen und ruft zum Weltkrieg gegen den Zaren auf, den eigentlichen Sieger von 1849.

Reisen nach Berlin und Wien unterbrechen die Zeitungsarbeit. Marx übernimmt nach vielen Streitereien die Leitung des Kölner Arbeitervereins mit seinen 8.000 Mitgliedern. Ideologische Differenzen mit Moses Heß und anderen Sozialisten, Bekehrungsversuche von Gruppen, die die Abschaffung der Eisenbahn und der Dampfschiffe auf dem Rhein für revolutionär halten, kosten viel Zeit. Erfolgreich führt er für die Zeitung zwei Prozesse wegen angeblicher Magistratsbeleidigung und eines Aufrufs zum Steuerboykott. Mit den Fraktionen des Arbeitervereins kommt es immer wieder zu schweren Spannungen. Die preußische Regierung weist Marx am 16. Mai als Staatenloser aus. Zwei Tage später wird die *Neue Rheinische Zeitung* eingestellt, was zugleich den finanziellen Ruin von Marx bedeutet. Mit einer Vorauszahlung auf sein Erbe löst er die persönlichen Bürgschaften bei Druckereien und Papierlieferanten ab und fährt ohne Familie zurück nach Paris. Zwei Monate schlägt er sich dort mit in Deutschland gesammelten Spenden durch, bis auch die französische Regierung ihn verbannen will, in die Sumpfgebiete der Bretagne. Sein Einspruch dagegen bleibt erfolglos, und da ihm als Staatenloser alle europäischen Länder außer England verschlossen sind, reist er im August 1849 nach London. Marx ist 31 Jahre alt. Seine Frau, im siebten Monat schwanger, kommt mit den drei Kindern Jenny, Laura und Edgar Mitte September nach.

London ist mit knapp drei Millionen Einwohnern die größte Stadt der Welt, Hafenstadt und Knotenpunkt aller englischen Eisenbahnen, Finanz- und Handelszentrum Europas. In London gibt es keine Passkontrolle, die Polizisten sind unbewaffnet, Immigranten werden außer von Agenten ihrer Heimatländer nicht bespitzelt, die freie Presse wird nicht zensiert. Die Stadtverwaltung ist schwach, man hat noch keine Erfahrung mit so großen Kommunen. Deutsche, Franzosen, Russen, Polen haben ihre speziellen Gasthäuser und Treffpunkte, die deutschen Exilanten sind wegen ihrer Lautstärke und Zerstrittenheit berüchtigt. Fast die ganze Redaktion der *Neuen Rheinischen Zeitung* findet sich in London ein.

Die Familie Marx wohnt in Soho, bevorzugter Stadtteil der Ausländer. Die britische Staatsbürgerschaft beantragt Marx nicht, Heimatgefühle sind ihm fremd. Es ist keine Schande, arm zu sein, denn alle sind arm. Die Luft ist schlecht und voller Kohlenstaub, die Zweizimmerwohnung besteht aus einem Wohnraum zur Straße und einem Schlafzimmer. Ein preußischer Geheimagent hat sie gesehen und beschrieben: auf dem Wohnzimmertisch stapeln sich Manuskripte, Lebensmittel, Kinderspielzeug, Aschenbecher und Pfeifen, die Stühle sind kaputt, es ist nicht sehr sauber. Dafür ist es nur eine Viertelstunde zu Fuß bis zur Bibliothek des Britischen Museums, für die nächsten Jahrzehnte der wichtigste Arbeitsplatz von Marx. Alle europäischen Nachschlagewerke, unzählige Bücher, viele Zeitschriften und Zeitungen sind verfügbar, was fehlt, wird besorgt. Marx spricht noch schlecht englisch, seine Kinder lernen es schnell und lieben es mehr als Deutsch. »Migranto« heißt das Kauderwelsch aus deutschen, englischen und französischen Wörtern, in dem viele seiner Briefe verfasst sind. »Ich konnte gestern of course nicht an die *Tribune* schreiben und auch heute für einige Zeit à venir nicht, weil gestern zwischen 6 und 7 Uhr morgens meine Frau von einem bona fide traveller – leider of the »sex« par exellence – genesen ist. Wäre es ein männliches Wesen, so ginge die Sache schon eher …«[1] Es ist ein Brief an Engels, und was er ihm in diesen Worten mitteilt, ist die Geburt seiner jüngsten Tochter Eleanor.

Mit Engels will er die *Neue Rheinische Zeitung, Politisch-ökonomische Revue* als Monatszeitschrift herausgeben, aber weder kommt das erforderliche Startkapital zusammen, noch finden sich genügend Abonnenten. So erscheinen 1850 nur vier Hefte, die kühne Erwartung, von der Zeitschrift leben zu können, erfüllt sich nicht. Engels, stets der Realistischere von beiden, entschließt sich, in die Textilfabrik seines Vaters in Manchester »Ermen & Engels« einzutreten, was ihm ein langsam wachsendes Einkommen sichert, mit dem er die Familie Marx großzügig unterstützt.

Armut, Schulden, Verpfändung von Habseligkeiten, um notwendige Lebensmittel oder Medikamente bezahlen zu können, das ist für eineinhalb Jahrzehnte der Alltag im Hause Marx. Unzählige Briefe berichten von diesem Elend, Jenny von Westphalen zerbricht innerlich an dieser Misere. Bis Engels ab 1868 eine Leibrente aussetzt, unterstützt er Marx jeden Monat mit großen und kleinen Beträgen. Marx begreift oft selbst nicht, wo das Geld bleibt und versucht, seinem Freund peinlich genau Rechenschaft darüber abzulegen.[2] Die schlechte Ernährung aber auch das viele Rauchen und der Alkohol ruinieren zunehmend seine Gesundheit, Leber-, Gallen- und Lungenbeschwerden sowie schmerzhafte Furunkel treten immer häufiger auf. Zum großen Kummer des Ehepaars stirbt ihr zweiter Sohn Guido im November 1850 im Alter von einem Jahr. Im März 1851 wird das fünfte Kind, Franziska geboren, zur Enttäuschung von Marx kein Junge. Auch sie lebt nur ein Jahr.

Im Juni 1851 bekommt Marx doch noch einmal einen Sohn: Frederick – allerdings von seiner Haushälterin Helene Demuth (1820 – 1890). Engels übernimmt die Vaterschaft, damit Marx seine Frau nicht aufklären muss. Helene Demuth, schon als Mädchen im Hause Westphalen in Trier beschäftigt, ist seit Brüssel bis zum Tode von Marx die umsichtige Haushälterin der Familie. Sie ist eine lebenskluge, tüchtige Frau, die auch mit den Wutausbrüchen von Marx gelassen umgeht und von Freunden des Hauses oft als Friedensstifterin vorgeschickt wird.

1851 beginnt die zehnjährige Korrespondententätigkeit von Marx für die *New York Daily Tribune*, die mit einer Auflage von 200.000 zu den wichtigsten Zeitungen der USA zählt. Ihren Herausgeber Charles A. Dana, Anhänger Fouriers, kennt Marx noch aus Köln. Zwei Jahre lang schreibt Marx nur deutsch, Engels übersetzt die Artikel oder von Engels geschriebene Artikel erscheinen unter seinem Namen. Informationen bezieht Marx aus anderen Zeitungen und aus dem Britischen Museum. Zweimal wöchentlich geht die Post mit dem Schiff nach New York, zwei Wochen später sind die Artikel gedruckt. Die *Tribune* zahlt 2 Pfund für jeden Beitrag. Im Lauf der Jahre kommen andere Blätter hinzu, durchschnittlich 50 bis 60 Zeitungsartikel sind es jährlich, – für den Lebensunterhalt zu wenig. Marx schreibt vor allem über internationale Verwicklungen wie den Krimkrieg 1853 – 1856, den Nationalismus in Italien, Deutschland und Osteuropa, die soziale Lage der Arbeiterschaft in England und Frankreich, die wirtschaftlichen Entwicklungen in Europa und den amerikanischen Bürgerkrieg. Viele Materialien, die er für seine Artikel verwendet, finden Eingang ins *Kapital*. Die intensive Beschäftigung mit den Tagesereignissen macht Marx zunehmend skeptischer gegenüber revolutionären Hoffnungen und Wünschen. Das führt zu Differenzen mit den Fraktionen des Kommunistischen Bundes. In einer Rede vom 15. September 1850 im Zentralkomitee vertritt Marx seine neue Position: »Während wir den Arbeitern sagen: Ihr habt 15, 20, 50 Jahre Bürgerkriege und Völkerkriege durchzumachen, nicht nur um die Verhältnisse zu ändern, sondern um euch selbst zu ändern und zur politischen Herrschaft zu befähigen, sagt ihr im Gegenteil: Wir müssen gleich zur Herrschaft kommen, oder wir können uns schlafen legen!«[3]

Die Folge ist eine zunehmende Isolation von Marx und Engels im Bund der Kommunisten, dann die Spaltung und schließlich die Auflösung des Bundes 1852.

Mit unglaublicher Energie erarbeitet sich Marx in den kommenden Jahren die englische, französische und deutsche ökonomische Literatur. Die Bibliothek des Britischen Museums, in der er oft 10 Stunden täglich arbeitet, erlebt er als Erholung vom häuslichen Elend. Es entstehen umfangreiche Exzerpte zu Währungsfragen und Bankwesen, Landwirtschaft und Grundrente, Kolonialismus und Welthandel, Entwicklung der Technik, Stadtgeschichte und Feudalismus. Neben der wissenschaftlichen Literatur wertet er die schonungslosen Berichte der englischen Fabrikinspektoren aus. Die empirische Bestandsaufnahme ist kein Selbstzweck, Marx sucht nach einem theoretischen Rahmen, der die Ereignisse nicht als bloß zufällige Fakten, sondern als Ergebnis einer historischen Entwicklung, der Entfaltung der warenproduzierenden Privatarbeit ab dem 15. Jahrhundert verstehbar macht.

Für die neue New Yorker Zeitschrift *Die Revolution* verfasst er im Frühjahr 1852 die politische Analyse: *Der 18. Brumaire des Louis Bonaparte*[4]. Die Schrift demonstriert wie keine andere die historisch-materialistische Methode. Marx untersucht den Staatsstreichs Louis Bonapartes 1851 unter Berücksichtigung der politischen Machtverhältnisse, der wirtschaftlichen Interessen und ideologischen Bindungen der Parteien und zeigt, wie Louis Bonapartes die Uneinigkeit des Bürgertums mithilfe des Militärs und der Massenbasis der Bauern zur Machtergreifung nutzen kann. Die Studie wird später zum Leitfaden vieler politologischer Analysen[5], den Zeitgenossen jedoch bleibt sie weitgehend unbekannt. Ein im gleichen Jahr zusammen mit Engels verfasstes Pamphlet gegen deutsche Emigranten in London: *Die großen Männer des Exils* wird nicht veröffentlicht. Der Kurier bringt es nicht zum Drucker, sondern zur preußischen Polizei und steckt das Druckhonorar ein, das Marx ihm gutgläubig anvertraut hatte. Vielleicht war das besser so, die ehemaligen Weggefährten werden nicht nur philosophisch und politisch abgefertigt, sondern auch persönlich auf üble Weise diffamiert, was er in Briefen gegen Lebensende bedauert.

Die nächsten fünfzehn Jahre bis zum Erscheinen des *Kapital* bringen kaum Veränderungen: intensive Arbeit im Britischen Museum, unterbrochen von größeren Pausen wegen Krankheiten, Kampf um den Lebensunterhalt, umfangreichen Zeitungsartikeln, einem Verleumdungsprozess und Versuchen, politisch zu arbeiten.

Das sechste Kind, Eleanor, wird im Januar 1855 geboren, es ist wieder ein Mädchen. Den überraschenden Tod seines achtjährigen Sohnes Edgar im April desselben Jahres verschmerzt Marx nie. An Ferdinand Lassalle schreibt er: »Bacon sagt, dass wirklich bedeutende Menschen so viel Relationen zur Natur und zur Welt haben, so viel Gegenstände des Interesses, dass sie jeden Verlust leicht verschmerzen. Ich gehöre nicht zu diesen bedeutenden Menschen. Der Tod meines Kindes hat mir Herz und Hirn tief erschüttert, und ich fühle den Verlust so frisch wie am ersten Tag. Meine arme Frau ist auch völlig downbroken«.[6]

Eine Amnestie des neuen Preußenkönigs Wilhelm I ermöglicht eine Reise nach Berlin im März 1861. Marx ist Gast von Ferdinand Lassalle (1825 – 1864), der ihn und Engels als Herausgeber für eine neue Zeitung gewinnen will. Erfolglos beantragt Marx die Wiedererlangung der preußischen Staatsbürgerschaft, genießt das Berliner Gesellschaftsleben und kehrt nach einem kurzen Besuch bei seiner Mutter in Trier (das jetzt einen Eisenbahnanschluss hat) und seines vermögenden Onkels und Vorfahre der Gründer des Philips-Konzerns in Amsterdam gut erholt und etwas widerwillig nach London zurück. Ein Gegenbesuch Lassalles im Juli 1862 anlässlich der Weltausstellung bringt den Gegensatz der beiden vollends zum Vorschein. Jüdisches Bürgerkind wie Marx, studiert Lassalle in Breslau, Berlin und Paris und wird freier Mitarbeiter der *Neuen Rheinischen Zeitung*. Nach seiner Haftentlassung wegen revolutionärer Umtriebe Mitte 1849 kommt er durch einen langjährigen, schließlich erfolgreich für seine Freundin Gräfin Hatzfeldt geführten Scheidungsprozess zu einem ansehnlichen Vermögen. Obwohl er kein Anwalt ist, erstreitet er auch für Heinrich Heine die Altersrente. In regelmäßigen Briefen informiert er Marx über die Lage in Deutschland und vermittelt ihm 1859 einen Verlag für die Schrift *Zur Kritik der politischen Ökonomie*, ein Bruchstück des späteren *Kapital*. Er erlaubt Marx auf seinen Namen Wechsel auszustellen und Darlehen aufzunehmen. Im Gegenzug erwartet er wissenschaftliche Hilfe und schickt Marx seine Arbeiten über die griechische Naturphilosophie und über Hegels Rechtsphilosophie. Marx, Experte auf diesen Gebieten, liest die Arbeiten vorab und schreibt mit gespaltener Zunge an Engels voller Hohn, an Lassalle mit kritischem Lob. Erst beim Besuch in London begreift Lassalle das Ausmaß der wirtschaftlichen Misere seines verehrten Vorbilds, was Marx beschämt und sein Verhältnis zu ihm noch schwieriger macht.

In Anlehnung an Proudhon und Louis Blanc entfernt sich Lassalle programmatisch mehr und mehr von Marx. Nach seiner Tätigkeit für den Arbeiterbildungsverein in Leipzig wird er im April 1863 Präsident des Allgemeinen deutschen Arbeitervereins. Die Verhandlungen mit Bismarck über das Wahlrecht und ein soziales Königtum wertet Marx als Verrat. Der große öffentliche Erfolg Lassalles als Politiker, Schriftsteller und Wissenschaftler, sein selbstbewusstes Auftreten und seine zahlreichen gesellschaftlichen Verbindungen haben Marx zu krassen antisemitischen Äußerungen provoziert. Andererseits gibt er Lassalle in persönlichen Dingen auch ernste Ratschläge. Als Lassalles ihn 1858 um Rat fragt, ob er sich duellieren dürfe, antwortet Marx postwendend, dass Duelle nur eine Erfüllung konventioneller Formen von privilegierten Ständen seien, er solle sich auf solche Kindereien nicht einlassen.[7] Umsonst, verliebt in eine Siebzehnjährige fordert Lassalle ihren rumänischen Ehemann zum Duell, wird an den Genitalien getroffen und stirbt nach wenigen Tagen. Nachdenklich schreibt Marx an Engels: »Das Unglück des Lassalle ist mir dieser Tage verdammt durch dem Kopf gegangen. Er war doch immer einer vom alten Stamm und der Feind unserer Feinde.«[8] Zum Ärger von Marx bleibt Lassalle in der deutschen Arbeiterbewegung noch lange wichtiger als er selbst.

Im September 1867 erscheint endlich, nach vielen Vorankündigungen, der erste Band des *Kapital*. Marx hat nur noch eine stark veränderte zweite Auflage 1873 selbst bearbeitet und dann die Arbeit an seinem Hauptwerk eingestellt. Warum, ist unklar. Politische Tagesaufgaben, Krankheiten, finanzielle Probleme, vor allem aber vermutlich wissenschaftliche Bedenken, das Werk nach dem Muster des ersten Bandes beenden zu können, haben ihn an der Weiterarbeit gehindert.

Sechs Bände sollten es einmal werden, Kapital, Grundeigentum, Lohnarbeit, Staat, auswärtiger Handel und Weltmarkt. Einen Rohentwurf des Gesamtkonzepts, die *Grundrisse der Kritik der politischen Ökonomie* sind 1859 fertig und bleiben wie alles andere in der Schublade. Nochmals wendet er sich den zeitgenössischen Ökonomen zu, beendet 1862 die *Theorien über den Mehrwert*. 1863 überarbeitet er den zweiten und dritten Band des *Kapital* und lässt die Arbeit wieder liegen. Marx empfindet die wissenschaftliche Arbeit zunehmend als mühsam, zumal er das geringe öffentliche Interesse daran realistisch einschätzt. Erst die Wiederaufnahme seiner politischen Aktivität, die Mitarbeit in der ersten Internationale ab 1864, gibt ihm den nötigen Schwung, wenigstens den ersten Band des *Kapital* für den Druck fertig zu machen. Das Buch bleibt lange unbeachtet. Erst mit dem Aufstieg der deutschen Sozialdemokratie Ende des 19. Jahrhunderts entfaltet es seine programmatische Wirkung.

Marx beginnt mit einem theoretischen Abschnitt über die warenproduzierende Arbeit als Grundlage der kapitalistischen Gesellschaft.[9] Anschließend analysiert er die Produktionskosten in einem typischen Unternehmen: Der Wert oder Preis eines Tisches setzt sich aus den Kosten für Holz und andere Materialien sowie für Maschinen und Gebäude zusammen. Hinzu kommen die Lohnkosten, doch diese haben eine Besonderheit: Sie decken die Reproduktionskosten der Beschäftigten, das, was sie für Lebensmittel, Wohnung, Fortpflanzung und Ausbildung benötigen. Da sie an einem Tag mehr Güter und Wert produzieren, als für ihre Reproduktion notwenig ist, macht das Unternehmen Gewinn. Dieser Überschuss oder Mehrwert gehört dem Unternehmen, da vertraglich vereinbart ist, dass mit dem Lohn die Arbeitszeit und nicht die Arbeit oder die produzierten Güter vergolten werden.[10] Ausbeutung besteht nach Marx darin, dass Unternehmen die Differenz von Reproduktionskosten der Arbeitskraft und den von ihr geschaffenen Werten legal verwerten. Er fasst das in das einprägsame Bild, dass von jeder Arbeitsminute ein Bruchteil unbezahlt sein muss, sonst könnte kein Gewinn entstehen. Durch Verlängerung der Arbeitszeit und Einführung arbeitssparender Maschinen kann der Gewinn systematisch gesteigert werden. Den Zusammenhang von Produktivität, Gewinn und Arbeitslohn unterlegt Marx mit umfangreichem historischem Material aus der Industriegeschichte Englands.

Konkurrenz, technischer Fortschritt und Kredit sind die wichtigsten Ursachen des Wirtschaftswachstums. Mit dem Wachstum kommt es zu einer immer stärkeren Konzentration des Kapitals und gleichzeitig zur zunehmenden Verelendung der Arbeiterschaft. Durch den kapitalistischen Produktionsprozess geschult, wird das Proletariat mithilfe seiner Organisation gegen das durch ständige Krisen erschütterte Kapital revoltieren und schließlich die politische Macht ergreifen, so Marx.[11]

Für die Entstehung des Kapitalismus im 15. und 16. Jahrhundert waren nicht das Handelskapital und die Ausbeutung der Kolonialländer, sondern Lohnarbeit und der innere Markt die wichtigsten Voraussetzungen. Durch die massenhafte Vertreibung der Bauern vom Land und die damit verbundene Entstehung eines Lohnarbeiterproletariats in den Städten entsteht erst der erforderliche Markt für landwirtschaftliche Produkte und industriell hergestellte Waren.

Der zweite Band, nach Marx' Tod von Engels beherzt redigiert, beschäftigt sich ausschließlich mit der »Zirkulation« der Waren: Ankauf von Rohstoffen und Maschinen, Verkauf der fertigen Waren und aller damit verflochtenen Vorgänge. In einer freien Privatwirtschaft kann theoretisch jeder so viel kaufen und verkaufen, wie er will. Marx klärt, welche Gleichgewichtsbedingungen erfüllt sein müssen, damit dieses freie Tauschsystem funktioniert und nicht durch Absatzkrisen gelähmt wird. In der Geschichte der Wirtschaftstheorie hat dieser Band bis heute die größte Anerkennung gefunden.

Der dritte Band, gleichfalls von Engels erheblich bearbeitet, wechselt die Perspektive der Darstellung. Mit den Augen der Unternehmer, Grundeigentümer und Bankiers werden Probleme von Konkurrenz, Handel, Grundrente und Zins erörtert. Marx zeigt, dass die Sichtweise der Kapitalisten, gestützt durch die zeitgenössische politische Ökonomie, fehlerhaft ist. Die wahre Struktur der kapitalistischen Wirtschaftsweise und ihrer Krisen entschlüsselt sich nur aus dem Begriff der warenproduzierenden Arbeit. Der technische Fortschritt erfordert zunehmend weniger Arbeitskräfte. Da unbezahlte Arbeit die Quelle des Profits ist, sinkt tendenziell die Profitrate des investierten Kapitals und gefährdet so das ganze System.

Wie der Untertitel des Werks, »Kritik der Politischen Ökonomie«, programmatisch ankündigt, hinterfragt Marx die Begriffsbildung der zeitgenössischen wissenschaftlichen Ökonomie. Er kritisiert den Arbeitsbegriff David Ricardos, der Arbeit als inhaltlich unbestimmte, physische Arbeitsmenge versteht, die in den Waren und im Geldmaterial vergegenständlicht ist. Marx fasst den Begriff Arbeit noch abstrakter. Arbeit ist keine physische Eigenschaft der Waren, sondern das soziale Netz, das alle Warenproduzenten und Waren durch Tausch miteinander verbindet. Die Vernetzung wird nur noch als sachlicher Zusammenhang von Dingen, die sich nach ihrem »Wert« tauschen, und nicht mehr als ein sozialer Zusammenhang von Personen erfahrbar. Dieses gesellschaftliche System von Dingen ist die spezifische Eigenart des Kapitalismus. Seine Struktur zeigt sich auf allen Ebenen des Gesellschaftssystems in verwandelter Form. Lohnarbeiter und Kapitalist sind Teil dieser Struktur, Agenten eines scheinbar sachlichen Prozesses, den sie nur wenig beeinflussen können.

Wert als gesellschaftliche Struktur (vergleichbar einer Herrschaftsstruktur) lässt sich im Gegensatz zu Ricardos Wertbegriff – eine physische Arbeitsmenge – nicht quantifizieren. Vermutlich deshalb verwendet Marx auch weiterhin den Wertbegriff Ricardos neben seinem neuen Begriff des Werts, ohne jeweils zu kennzeichnen, welchen Begriff er gerade meint. Theoriegeschichtlich gehört Marx wegen seiner großen Nähe zu Ricardo zur klassischen Nationalökonomie. Wenige Jahre nach Erscheinen des *Kapital* entsteht unabhängig voneinander in Österreich, England und der Schweiz eine völlig neue Wirtschaftstheorie, die Neoklassik. Die Arbeiten von Menger (1871), Jevons (1871) und Walras (1876) ändern die wissenschaftliche Analysetechnik. Während sich die Klassische Ökonomie mit Gruppen: Kapitalisten, Grundeigentümern und Arbeitern befasst, blickt die Neoklassik auf das Verhalten eines typisierten Individuums. Der Wirtschaftsverlauf wird jetzt mikroökonomisch statt wie bisher makroökonomisch untersucht. Während die Klassik den langfristigen Wirtschaftsablauf analysiert, untersucht die Neoklassik Einzelvorgänge, vor allem die Preisbildung. Die Klassik will wissen, wie ein wirtschaftlicher Überschuss entsteht, verwendet und verteilt wird, die Neoklassik fragt, wie knappe Ressourcen auf alternative Verwendungsmöglichkeiten verteilt werden.[12]

Die Gründe für diesen Paradigmenwechsel sind vielfältig. Die Preisbildung auf den Weltmärkten wird wichtiger als die Produktionskosten. Zudem hat die klassische Theorie spürbare Erklärungslücken: Der Wert verschieden qualifizierter Arbeiten zum Beispiel eines Architekten und eines Maurers lassen sich nicht zahlenmäßig festlegen, genauso wenig die wertmäßige Abgrenzung von Haupt- und Nebenprodukten, zum Beispiel von Benzin und Teer bei der Erdölverarbeitung. Die Behauptung der Bedeutungslosigkeit von Naturgegebenheiten, zum Beispiel von guten Ackerböden gegenüber schlechten für den Getreidepreis, ist rein definitorisch. Und nicht zuletzt: Die Ausbeutungstheorie in den Programmen der Arbeiterbewegung ist politisch gefährlich.

Die an Marx orientierte wissenschaftliche Ökonomie nimmt unbegreiflicherweise die Neoklassik nicht zur Kenntnis. Mit der Ausnahme von Rudolph Hilferding setzen sich die führenden Theoretiker Rosa Luxemburg, Karl Kautsky, Otto Bauer und W. I. Lenin nicht damit auseinander. Die Denkrichtungen immunisierten sich gegeneinander. Die wichtigsten Themen marxistischer Ökonomen sind die Entwicklung vom Konkurrenzkapitalismus zum Monopolkapitalismus, die Konzentration des Kapitals, die Unvermeidlichkeit von Krisen, die Verelendung der Arbeiterschaft und die Möglichkeit des revolutionären Umsturzes. Die Imperialismustheorie Lenins 1917 soll erklären, warum die prognostizierte Entwicklung noch nicht eingetreten ist. Kernpunkt der Neoklassik dagegen ist die »subjektive Wertlehre«, oder die Frage, wie entstehen die Preise der Waren. Die Grenznutzen/Grenzkostentheorie geht von der Annahme aus, dass alle Güter knapp sind. Für die Marktteilnehmer wird der Tauschwert (= Preis) einer Ware nicht durch die aufgewandte Arbeitsmenge (die Produktionskosten), sondern durch die subjektive Wertschätzung eines

Gutes bestimmt. Eine Firma mit zehn Arbeitskräften wird eine elfte nur einstellen, wenn deren Arbeitsertrag mit Gewinn verkauft werden kann. Entsprechendes gilt für den Einsatz von Maschinen, Rohstoffen, geliehenem Kapital etc. Ein Unternehmen investiert nur so lange, wie mit einem zusätzlich verkauften Gut noch ein Gewinn erwirtschaftet werden kann, d.h. wenn dieser Grenzgewinn die Kosten übersteigt.

Bald darauf wird die Grenznutzenlehre mit einer Gleichgewichtslehre verknüpft, um die gleichzeitige Preisbildung auf verschiedenen Märkten zu erklären. Die gesamte Volkswirtschaft wird als Gleichgewicht aller Einzelwirtschaften verstanden, die Veränderungen eines Preises führen zur Veränderung anderer Preise, bis ein neuer Gleichgewichtszustand wieder hergestellt ist. Bei Gleichgewichtspreisen entsprechen die Verkaufserlöse der Güter den so genannten Faktorkosten, den Preisen für die Produktionsfaktoren Arbeitskraft, Boden und Kapital. Der Theorie nach erhalten die Arbeiter das, was sie zum Wert des Produkts beisteuern, Ausbeutung gibt es nicht.[13] Der Unterschied von Wert der Arbeitskraft und Wert der von ihr produzierten Güter ist eliminiert.

Das Versagen der neoklassischen Theorie zur Voraussage und Steuerung der Weltwirtschaftskrise 1928 war der Anstoß zum Hauptwerk von John Maynard Keynes (1883 – 1946). Sein 1936 erschienenes Buch *The General Theory of Employment, Interest and Money* bricht mit dem Aberglauben, dass das ökonomische System sich selbst reguliert und Vollbeschäftigung auf dem Arbeitsmarkt herstellt.[14] Während die Neoklassik nur eine »freiwillige Arbeitslosigkeit« unterstellte, die fehlende Bereitschaft zum vorherrschenden Lohnsatz zu arbeiten, beweist Keynes, dass »unfreiwillige Arbeitslosigkeit« das normale Ergebnis der freien Marktwirtschaft ist. Trotz der Bereitschaft, zum herrschenden Lohnsatz zu arbeiten, finden Arbeiterinnen und Arbeiter keine Arbeit. Zur Stabilisierung der Wirtschaft müssen gegensteuernde Maßnahmen ergriffen werden, insbesondere durch die Geldpolitik der Notenbanken, Steuersenkung oder durch konjunkturbelebende staatliche Investitionen.[15] Seit Keynes ist die Wirtschaftstheorie gespalten. Neben der neoklassischen Mikroökonomie entstehen auch wieder gesamtwirtschaftliche Untersuchungen, die den Kampf um die gerechte Verteilung des gesellschaftlichen Reichtums zum Thema machen.

Die klarste Kritik der Neoklassik kommt von Joan Robinson (1903 – 1983) einer Kollegin von Keynes in Cambridge. Der Grenznutzen ist schon deswegen nicht mit einem Geldbetrag messbar, weil dieselbe Preissumme für einen Armen eine höhere Belastung als für einen Reichen darstellt. Und außerdem ist ein

Individuum mit vollständiger Marktinformation eine Fiktion. Es unterliegt dem Einfluss der Gesellschaft, der Reklame, der Nachbarn und anderen sozialen Zwängen. Ebenso irreführend der Begriff des Gleichgewichts. Wohin sich ein Ausgangszustand im Laufe einer unbestimmten Zeit entwickelt, ist völlig offen. Die übliche Mathematisierung von Nutzen und Gleichgewicht verdeckt die zugrunde liegende Ideologie: Das größte Glück der größten Zahl wird erreicht, wenn jeder (Kapitalist oder Arbeiter) seinen Nutzen maximiert. Die Theorie dient einzig dazu, Lohnarbeit und Unternehmergewinn auf dieselbe moralische Stufe zu heben.[16]

Durch die Spaltung der Wirtschaftstheorie seit Keynes haben Marx' Beiträge zu makroökonomischen Problemen an Wichtigkeit gewonnen, wie beispielsweise die Analyse des Wachstums und der technischen Arbeitslosigkeit.[17] Schon Marx zeigte, dass wirtschaftliche Vorgänge nicht als abstrakte Kräfteverhältnisse begriffen werden können, die einem Gleichgewicht zustreben, sondern aus sozialen Kämpfen hervorgehen. Macht und Herrschaft sind im Teilsystem Wirtschaft wirksam, auch wenn sie als Sachzwänge verkleidet sind.[18] Und gültig sind ferner seine Unterscheidung von Arbeit und Arbeitskraft und der Begriff der Ausbeutung als scheingerechter Tausch von Zeiteinheiten.[19] Wie sollten sonst Gewinne möglich sein.

Anmerkungen | **1** MEW 28, S. 423. **2** Brief an Friedrich Engels 15. Juli 1858; in diesem Band. **3** MEW 8, S. 412. **4** MEW 8, S. 111 – 207. **5** Wolfgang Wippermann, *Die Bonapartismustheorie von Marx und Engels.* Berlin, 1978. **6** MEW 28, S. 617. **7** MEW 29, S. 562. **8** MEW 30, S. 432 – 434. **9** *Das Kapital. Fetischcharakter der Ware*; in diesem Band. **10** *Das Kapital. Arbeitsprozess und Verwertungsprozess*; in diesem Band. **11** *Das Kapital. Geschichtliche Tendenz der kapitalistischen Akkumulation*; in diesem Band. **12** Bernhard Felderer, Stefan Homburg, *Makroökonomik und neue Makroökonomik*. Berlin, 2000, S. 26. **13** Michael Heinrich, *Die Wissenschaft vom Wert*. Hamburg, 1999, S. 65. **14** Felderer/Homburg, *Makroökonomik,* a.a.o., S. *95*. **15** Hans-Joachim Jarchow, »Der Keynesianismus«, in: Otmar Issing (Hg.), *Geschichte der Nationalökonomie*. München, 1994, S. 193 ff. **16** Joan Robinson, *Doktrinen der Wirtschaftswissenschaft: eine Auseinandersetzung mit ihren Grundgedanken und Ideologien*. München, 1965, S. 66 – 115. **17** Heinz-Dieter Haustein, »Karl Marx und evolutorische Ökonomik«, in: Camilla Warnke, Gerhard Huber (Hg.), *Die ökonomische Theorie von Marx – was bleibt?* Marburg, 1998, S. 151 – 179. **18** John E. Roemer, *Foundations of Analytical Marxism* (2 Bde.). Cambridge, 1994. Jon Elster, *Making sense of Marx*. Cambridge, 1985. **19** Hans G. Nutzinger, »Was sonst noch von Marx' ökonomischer Theorie bleibt«, in: Warnke, Huber, *Die ökonomische Theorie von Marx*, a.a.o., S. 67 – 92.

Die britische Herrschaft in Indien
1853

London, Freitag, 10. Juni 1853

Telegrafische Depeschen aus Wien melden, dass man dort von der friedlichen Lösung der türkischen, sardinischen und schweizerischen Fragen überzeugt ist.

Die Indien-Debatte wurde gestern Abend im Unterhaus in der üblichen stumpfsinnigen Weise fortgesetzt! Herr Blackett beschuldigte Sir Charles Wood und Sir J. Hogg, dass ihre Erklärungen den Stempel eines falschen Optimismus tragen. Ein Häuflein Verteidiger des Ministeriums und des Direktoriums suchte, so gut es konnte, die Anwürfe zurückzuweisen, und der sattsam bekannte Herr Hume forderte in seinem Resümee die Minister auf, ihre Gesetzesvorlage zurückzuziehen. Die Debatte wurde vertagt.

Hindustan ist ein Italien von asiatischem Ausmaß, mit dem Himalaja anstelle der Alpen, der Ebene von Bengalen anstelle der lombardischen Ebene, dem Dekhan anstelle der Apenninen und der Insel Ceylon anstelle der Insel Sizilien. Dort wie hier dieselbe reiche Mannigfaltigkeit der Bodenerzeugnisse und dieselbe Zerrissenheit in der politischen Struktur. Wie Italien von Zeit zu Zeit nur durch das Schwert des Eroberers zu verschiedenen Staatsgebilden zusammengeschlagen wurde, genauso finden wir Hindustan, wenn es nicht das Joch des Mohammedaners, des Moguls oder des Briten trug, in ebenso viele voneinander unabhängige, sich gegenseitig befehdende Staaten zersplittert, wie es Städte, ja Dörfer zählte. Jedoch vom sozialen Gesichtspunkt aus betrachtet, ist Hindustan nicht das Italien, sondern das Irland des Ostens. Und diese seltsame Kombination von Italien und Irland, einer Welt der Lust und einer Welt des Leids, taucht schon in den alten Traditionen der Religion Hindustans auf. Diese Religion ist zu gleicher Zeit eine Religion sinnlicher Üppigkeit und selbstquälerischer Askese, eine Religion des Lingam und des Dschagannat, die Religion des Mönchs und der Bajadere.

Ich teile nicht die Auffassung derer, die an ein Goldnes Zeitalter Hindustans glauben, ohne mich jedoch, wie Sir Charles Wood, zur Bekräftigung meiner Ansicht auf die Autorität des Khuli-Khan zu berufen. Man nehme aber beispielsweise das Zeitalter des Aurangzeb; oder die Epoche, da die Moguln im Norden erschienen und die Portugiesen im Süden; oder die Zeit der mohammedanischen Invasion und der Heptarchie in Südindien; oder, wenn man noch weiter zurückgehn will – bis in die graue Vorzeit, die mythologische Zeitrechnung der Brahmanen, die den Beginn des indischen Elends in eine noch vor der christlichen Weltschöpfung liegende Epoche zurückverlegt.

Es kann jedoch keinem Zweifel unterliegen, dass das von den Briten über Hindustan gebrachte Elend wesentlich anders geartet und unendlich qualvoller ist als alles, was Hindustan vorher zu erdulden hatte. Ich denke dabei nicht an den europäischen Despotismus, den die britische Ostindische Kompanie dem asiatischen Despotismus aufgepfropft hat, eine Kombination, weit ungeheuerlicher als irgendeines der göttlichen Ungeheuer, deren Anblick uns im Tempel von Salsette mit Schaudern erfüllt. Dabei handelt es sich nicht um eine besondre Eigentümlichkeit der britischen Kolonialherrschaft, sondern nur um eine Nachahmung der holländischen, und dies so sehr, dass man, um das Wirken der britischen Ostindischen Kompanie zu charakterisieren, nur wörtlich zu wiederholen braucht, was Sir Stamford Raffles, der *englische* Gouverneur von Java, über die alte holländische Ostindische Kompanie sagte:

»Die holländische Kompanie, deren einzige Triebfeder Gewinnsucht war und die ihre Untertanen weit gleichgültiger und rücksichtsloser behandelte als ehedem ein westindischer Pflanzer eine Rotte Sklaven auf seiner Plantage – denn dieser hatte das Kaufgeld für das menschliche Eigentum bezahlt, jene dagegen nicht–, bot den ganzen vorhandenen Apparat des Despotismus auf, um aus dem Volk das letzte Quäntchen Tribut und die letzte Neige ihrer Arbeitsleistung herauszupressen, und verschlimmerte so die Übel einer unberechenbaren und halbbarbarischen Herrschaft noch dadurch, dass sie sie mit der ganzen Gerissenheit ausgepichter Politiker und mit der ganzen Selbstsucht monopolistischer Händler ausübte.«

Alle die Bürgerkriege, Invasionen, Revolutionen, Eroberungen, Hungersnöte, so seltsam verwickelt, rapide und zerstörerisch ihre ununterbrochen aufeinander folgende Wirkung in Hindustan auch erscheinen mag, berührten doch nur die Oberfläche. England hat das ganze Gefüge der indischen Gesellschaft niedergerissen, ohne dass bisher auch nur die Spur eines Neuaufbaus sichtbar geworden wäre. Dieser Verlust seiner alten Welt, ohne dass eine neue gewonnen worden wäre, gibt dem heutigen Elend des Hindu eine besondere Note von Melancholie und zieht einen Trennungsstrich zwischen dem von England beherrschten Hindustan und den ehrwürdigen Überlieferungen seiner ganzen geschichtlichen Vergangenheit.

Seit undenklichen Zeiten gab es in Asien nur drei Regierungsdepartements: das der Finanzen oder für die Ausplünderung des eigenen Volkes; das des Krieges oder für die Ausplünderung anderer Völker; und schließlich das der öffentlichen Arbeiten. Klimatische und territoriale Verhältnisse, besonders die weiten Wüstenstriche, die sich von der Sahara quer durch Arabien, Persien, Indien und die Tatarei bis an das höchste asiatische Hochland ziehen, bedingten künstliche Berieselung durch

Kanäle und Wasserwerke, die Grundlage der orientalischen Landwirtschaft. Wie in Ägypten und Indien, werden Überschwemmungen auch in Mesopotamien, Persien und anderen Ländern nutzbar gemacht, um die Fruchtbarkeit des Bodens zu steigern: hoher Wasserstand wird zur Speisung von Bewässerungskanälen ausgenutzt. Die unbedingte Notwendigkeit einer sparsamen und gemeinschaftlichen Verwendung des Wassers, die im Okzident, z.B. in Flandern und Italien, zu freiwilligem Zusammenschluss privater Unternehmungen führte, machte im Orient, wo die Zivilisation zu niedrig und die territoriale Ausdehnung zu groß war, um freiwillige Assoziationen ins Leben zu rufen, das Eingreifen einer zentralisierenden Staatsgewalt erforderlich. Hierdurch wurde allen asiatischen Regierungen eine ökonomische Funktion zugewiesen, die Funktion, für öffentliche Arbeiten zu sorgen. Diese künstliche Fruchtbarmachung des Bodens, die vom Eingreifen einer Zentralregierung abhängt und sofort in Verfall gerät, wenn diese Regierung Bewässerung und Dränierung vernachlässigt, erklärt die sonst verwunderliche Tatsache, dass wir heute ganz große Gebiete wüst und öde finden, die einstmals glänzend kultiviert waren, so Palmyra und Petra, die Ruinen im Jemen und weite Landstriche in Ägypten, Persien und Hindustan; sie erklärt auch, wie ein einziger Verwüstungskrieg im Stande war, ein Land auf Jahrhunderte zu entvölkern und es seiner ganzen Zivilisation zu berauben.

Die Briten übernahmen nun in Ostindien von ihren Vorgängern die Departements der Finanzen und des Krieges, vernachlässigten aber völlig das Departement der öffentlichen Arbeiten. Daher der Verfall einer Landwirtschaft, die nicht fähig ist, nach dem britischen Grundsatz der freien Konkurrenz, des laissez-faire und laissez-aller, betrieben zu werden. In asiatischen Reichen sind wir es jedoch durchaus gewohnt, zu sehen, dass die Landwirtschaft unter der einen Regierung in Verfall gerät und unter einer anderen wieder auflebt. Hier hängen die Ernten ebenso von guten oder schlechten Regierungen ab, wie sie in Europa mit guten oder schlechten Jahreszeiten wechseln. Daher brauchte die Bedrückung und Vernachlässigung der Landwirtschaft, so schlimm sie an sich auch sein mochte, noch nicht als Todesstoß des britischen Eindringlings gegen die indische Gesellschaftsordnung betrachtet zu werden, wäre sie nicht von einem Umstand begleitet gewesen, der von ganz anderer Bedeutung war, eine Neuheit in den Annalen der ganzen asiatischen Welt. Wie wechselvoll auch immer das politische Bild der Vergangenheit Indiens gewesen sein möge, seine sozialen Verhältnisse waren doch von den frühesten Zeiten bis ins erste Jahrzehnt des 19. Jahrhunderts unverändert geblieben. Der Handwebstuhl und das Spinnrad, die immer wieder ihre regelrechten Myriaden von Spinnern und Webern hervorbringen, waren die strukturellen Angelpunkte dieser Gesellschaft. Seit undenklichen Zeiten bezog Europa die wundervollen Gewebe indischer Arbeit, für die es im Austausch Edelmetalle lieferte, das Material für den Goldschmied, dieses unentbehrliche Mitglied der indischen Gesellschaft, deren Vorliebe für Schmuck so groß ist, dass selbst die Angehörigen der niedrigsten Klasse, die fast nackt herumlaufen, gewöhnlich ein Paar goldene Ohrringe und irgendein anderes goldenes Schmuckstück am Halse tragen. Auch Finger- und Zehenringe waren allgemein verbreitet. Frauen wie Kinder trugen häufig massive Arm- und Fußspangen aus Gold oder Silber, in den Häusern waren goldene oder silberne Statuetten von Gottheiten zu finden. Es war der britische Eindringling, der den indischen Handwebstuhl zerstörte und das Spinnrad zerbrach. England begann damit, dass es den indischen Kattun vom europäischen Markt verdrängte; dann führte es Maschinengarn nach Hindustan ein und überschwemmte schließlich das eigentliche Mutterland des Kattuns mit Kattunwaren. Von 1818 bis 1836 stieg die Garnausfuhr aus Großbritannien nach Indien im Verhältnis von 1 zu 5.200. Während 1824 die Ausfuhr von englischem Musselin nach Indien kaum eine Million Yard erreichte, belief sie sich 1837 schon auf über 64 Millionen Yard. In dem gleichen Zeitraum jedoch sank die Bevölkerung Daccas von 150.000 auf 20.000 Einwohner. Dieser Niedergang der durch ihre Gewebe berühmten indischen Städte war indessen bei weitem noch nicht die schlimmste Folge der britischen Herrschaft. Englische Dampfkraft und englische Wissenschaft zerstörten in ganz Hindustan die Bande zwischen Ackerbau und Handwerk.

Die erwähnten beiden Umstände – einerseits, dass der Hindu, wie alle orientalischen Völker, es der Zentralregierung überließ, sich um die großen öffentlichen Arbeiten zu kümmern, die doch die erste Voraussetzung für seinen Ackerbau und Handel sind, andrerseits, dass die Bevölkerung über das ganze Land hin verstreut lebte und nur dadurch, dass Ackerbau und Handwerk häuslich vereinigt waren, kleine, dichter bevölkerte Zentren bildete – , diese beiden Umstände hatten seit den ältesten Zeiten ein gesellschaftliches System mit besonderen Charackterzügen hervorgebracht, das so genannte *Dorfsystem*, das jeder dieser kleinen Einheiten ihre unabhängige Organisation und ihr Eigenleben gab. Ein Urteil über den besondren Charakter dieses Systems kann man gewinnen anhand der folgenden Schilderung, die einem alten offiziellen Bericht des britischen Unterhauses über indische Fragen entnommen ist:

»Ein Dorf ist, geografisch betrachtet, ein Stück Land, das einige hundert oder tausend Acres urbaren und unbebauten Bodens umfasst; politisch gesehen, ähnelt es einer Korporation oder Stadtgemeinde. Zu seinem eigentlichen Personal an Amts- und Hilfspersonen gehören: Der Potail oder Haupteinwohner, dem gewöhnlich die Oberaufsicht über die Dorfangelegenheiten obliegt. Er schlichtet Streitigkeiten zwischen den Einwohnern, übt Polizeigewalt aus und versieht das Amt des Steuereinnehmers in seinem Dorfe, für welche Aufgabe er durch sein persönliches Ansehen und seine gründliche Vertrautheit mit der Lage und den Verhältnissen der Bevölkerung am besten geeignet ist. Der Kurnum führt Rechnung über den Ackerbau und registriert alles darauf Bezügliche. Dann der Taillier und der Totie; die Aufgabe des ersten besteht in der Untersuchung von Verbrechen und Vergehen sowie im Geleit und Schutz von Personen, die von einem Dorf zum andern ziehen, während der Wirkungskreis des letzteren unmittelbarer auf das Dorf beschränkt zu sein scheint und u. a. darin besteht, die Erträge zu bewachen und bei ihrer Feststellung mitzuwirken. Der Grenzmann sorgt für die Erhaltung der Dorfgrenzen und legt über sie in Streitfällen Zeugnis ab. Der Vorsteher der Zisternen und Wasserläufe verteilt das Wasser für landwirtschaftliche Zwecke. Der Brahmane verrichtet im Dorfe den religiösen Kultus. Der Schulmeister lehrt die Dorfkinder, im Sande zu lesen und zu schreiben. Ferner der Kalenderbrahmane oder Astrolog usw. Aus diesen Amts- oder Hilfspersonen setzt sich gewöhnlich die Dorfverwaltung zusammen. In einigen Teilen des Landes ist sie jedoch weniger umfangreich, weil dort mehrere der oben geschilderten Funktionen in einer Person vereinigt sind; in anderen Gegenden geht sie über den erwähnten Personenkreis noch hinaus. Unter dieser einfachen Form der Gemeindeverwaltung haben die Einwohner des Landes seit unvordenklichen Zeiten gelebt. Die Grenzen der Dorfgebiete wurden nur selten geändert; und obgleich die Dörfer wiederholt durch Krieg, Hungersnot und Seuchen heimgesucht, ja verwüstet wurden, haben derselbe Name, dieselben Grenzen, dieselben Interessen und selbst dieselben Familien sich durch Generationen fortgesetzt. Die Einwohner ließen sich durch den Zusammenbruch und die Teilung von Königreichen nicht anfechten; solange das Dorf ungeteilt bleibt, ist es ihnen gleichgültig, an welche Macht es abgetreten wird oder welchem Herrscher es zufällt. Seine innere Wirtschaft bleibt unverändert. Der Potail ist immer noch der Haupteinwohner und übt seine Funktion als Bagatell- oder Friedensrichter, als Steuer- oder Pachteinnehmer des Dorfes noch immer aus.«

Diese kleinen stereotypen Formen des gesellschaftlichen Organismus haben sich zum größten Teil aufgelöst und stehen im Begriff zu verschwinden, nicht so sehr infolge des brutalen Eingreifens des britischen Steuereintreibers und des britischen Soldaten als vermöge der Wirkung des englischen Dampfes und des englischen Freihandels. Jene auf der Familie beruhenden Gemeinwesen hatten ihre Grundlage im Hausgewerbe, in jener eigenartigen Verbindung von Handweberei, Handspinnerei und handbetriebenem Ackerbau, die sie in den Stand setzten, sich selbst zu versorgen. Das Eingreifen der Engländer, das den Spinner nach Lancashire, den Weber nach Bengalen verpflanzte oder beide, den indischen Spinner wie den indischen Weber, hinwegfegte, führte zur Auflösung dieser kleinen, halb barbarischen, halb zivilisierten

Gemeinwesen, indem es ihre ökonomische Grundlage sprengte und so die größte und, die Wahrheit zu sagen, einzige *soziale* Revolution hervorrief, die Asien je gesehen.

Sosehr es nun auch dem menschlichen Empfinden widerstreben mag, Zeuge zu sein, wie Myriaden betriebsamer patriarchalischer und harmloser sozialer Organisationen zerrüttet und in ihre Einheiten aufgelöst werden, hineingeschleudert in ein Meer von Leiden, wie zu gleicher Zeit ihre einzelnen Mitglieder ihrer alten Kulturformen und ihrer ererbten Existenzmittel verlustig gehen, so dürfen wir doch darüber nicht vergessen, dass diese idyllischen Dorfgemeinschaften, so harmlos sie auch aussehen mögen, seit jeher die feste Grundlage des orientalischen Despotismus gebildet haben, dass sie den menschlichen Geist auf den denkbar engsten Gesichtskreis beschränkten, ihn zum gefügigen Werkzeug des Aberglaubens, zum unterwürfigen Sklaven traditioneller Regeln machten und ihn jeglicher Größe und geschichtlicher Energien beraubten. Wir dürfen nicht die barbarische Selbstsucht vergessen, die, an einem elenden Stückchen Land klebend, ruhig dem Untergang ganzer Reiche, der Verübung unsäglicher Grausamkeiten, der Niedermetzelung der Einwohnerschaft großer Städte zusah, ohne sich darüber mehr Gedanken zu machen als über Naturereignisse, dabei selbst jedem Angreifer, der sie auch nur eines Blickes zu würdigen geruhte, hilflos als Beute preisgegeben. Wir dürfen nicht vergessen, dass dieses menschenunwürdige, stagnierende Dahinvegetieren, diese passive Art zu leben, auf der andern Seite ihre Ergänzung fanden in der Beschwörung wilder, zielloser, hemmungsloser Kräfte der Zerstörung, und in Hindustan selbst aus dem Mord einen religiösen Ritus machten. Wir dürfen nicht vergessen, dass diese kleinen Gemeinwesen durch Kastenunterschiede und Sklaverei befleckt waren, dass sie den Menschen unter das Joch äußerer Umstände zwangen, statt den Menschen zum Beherrscher der Umstände zu erheben, dass sie einen sich naturwüchsig entwickelnden Gesellschaftszustand in ein unveränderliches, naturgegebnes Schicksal transformierten und so zu jener tierisch rohen Naturanbetung gelangten, deren Entartung zum Ausdruck kam in der Tatsache, dass der Mensch, der Beherrscher der Natur, vor Hanuman, dem Affen, und Sabbala, der Kuh, andächtig in die Knie sank.

Gewiss war schnödester Eigennutz die einzige Triebfeder Englands, als es eine soziale Revolution in Indien auslöste, und die Art, wie es seine Interessen durchsetzte, war stupid. Aber nicht das ist hier die Frage. Die Frage ist, ob die Menschheit ihre Bestimmung erfüllen kann ohne radikale Revolutionierung der sozialen Verhältnisse in Asien. Wenn nicht, so war England, welche Verbrechen es auch begangen haben mag, doch das unbewusste Werkzeug der Geschichte, indem es diese Revolution zu Wege brachte.

Dann haben wir, so erschütternd das Schauspiel des Zerfalls einer alten Welt für unser persönliches Empfinden auch sein mag, vor der Geschichte das Recht, mit Goethe auszurufen:

Sollte diese Qual uns quälen,
Da sie unsre Lust vermehrt;
Hat nicht Myriaden Seelen
Timurs Herrschaft aufgezehrt?

Briefe
1856 – 1868

London, 10. April 1856, Marx an Engels

Dear Frederic,

Es ist hohe Zeit, dass ich wieder schreibe. Ich bin durch allerlei Häusliches davon abgehalten worden. (…) Du weißt, dass Heine tot ist. Aber du weißt nicht, dass Ludwig Simon von Trier über sein Grab gepisst hat – ich wollte sagen, sein Wasser abgeschlagen – in der New-Yorker »Neuen Zeit« des quondam Löwen des nach Stuckert retirierten Parlaments teutscher Nation. Der Dichter oder Minnesinger des Judenweibs Hohenscheiße-esche oder -linden von Frankfurt a. M. findet natürlich, dass Heine kein Dichter war. Er hatte »kaiGemiet«, war voller »Bausheit« und verleumdete nicht nur Kobes I, sondern sogar Bernes Fraindin, des graußen Bernes »Mause«, Muse oder Möse, die Straußin.

Hier existiert a society for the protection of small tradesmen. Diese society gibt einen Wochenwisch zu selbiger Protection heraus. In dieser Wochenschrift prangt unser Freund Seiler »nebst Gattin« als »swindler«. But größre Dinge sind auf dem Tapet. Pieper, der aus Genialität seit Januar wieder als Freibeuter gelebt und trotz den nicht unbedeutenden subsidies, die er von mir erhielt, jeden Tag auf dem qui vive mit seiner landlady lebte, bildet sich ein, plötzlich, es fehle ihm ein kleines Kapitalum, ein großer Mann zu werden. Seilers sister-in-law, 2te Tochter des Greengrocers, ein Talglicht, das eine grüne Brille trägt, seit langer Zeit sterblich in besagten Pieper verliebt. Die ganze Person grün, wie Grünspan, nicht einmal wie Gemüse und dabei greens ohne any meat oder flesh whatever. Pieper erklärt sie für bildhässlich, hat aber doch entdeckt, dass sie nicht ohne Verstand ist, den sie dadurch unstreitig bewiesen, dass sie unsre Haidschnucke von Hannover für einen verschlagnen deutschen Byron hält. Also Pieper, an dem die Person klebt nicht nur wie eine Klette, sondern wie caterpillar – Pieper vorvorgestern entschließt sich, dem Schwiegervater Seilers sein Herz zu öffnen. Er wollte es nicht vor der »Geliebten« tun, aus Furcht, sie küssen zu müssen, und das ist in der Tat hard work für einen Okzidentalen, der noch nicht gewohnt ist to feed upon tallow. Aber als echter Pieper fällt die Liebeserklärung zusammen mit einem – Anleihversuch. Pieper konnte vor dem Greengrocer nicht sein Herz auspumpen, ohne den Greengrocer anzugehn, seine pockets auszupumpen und ohne ihn anzupumpen. Er müsse nämlich ein kleines Kapital haben, say 20 – 40 pounds, to create himself a position als fashionabler 20 Stundengeber. Unterdes denkt er, seine »Geliebte« schon als Braut die Freuden des Witwenstandes genießen zu lassen und sie aus Mitleid niemals zu heiraten. Die ganze Affaire übel riechend trotz allem Greens, aber Pieper bildet sich ein, er werde sich als Ehrenmann herausschlagen, d.h. dem would-be Schwiegervater die »angestrebten« Vorschüsse at a certain epoch looming in the future auf Heller und Pfennig zurückzuzahlen, und ihm großmütigerweise seine Tochter noch in den Kauf lassen. Seit dem verhängnisvollen Tag war er nur einmal, auf eine Minute, in meinem Haus, in meiner Abwesenheit. Nannte sich »den Glücklichen«. Jennychen nannte ihn »Benedick, the married man« aber Laurachen sagte, Benedick was a wit, he is but »a down«, and »a cheap down« too. Die Kinder lesen beständig ihren Shakespeare. Liebknecht ist endlich zu etwas gekommen, nämlich zu einem jungen Liebknecht.

Meine Frau hat auf »sr. Majestät allerhöchsten Spezialbefehl« einen Pass von Berlin erhalten. Mai wird sie mit der ganzen family nach Trier, für 3 bis 4 Monate.

Salut. Gruß an Lupus. K. M.

London, 25. September 1857, Marx an Engels

Lieber Engels,

Meinen Brief von vorgestern mit der Anzeige der 5 £ wirst du heute wohl erhalten haben. Ich begreife die Verzögrung nicht, da ich den Brief selbst rechtzeitig auf die Post legte.

Deine »*Army*« ist sehr schön; nur wirkt die Masse auf mich wie ein Schlag auf den Kopf, da dies viele Arbeiten dir schädlich sein muss. Namentlich wenn ich gewusst hätte, dass du bis in die Nacht arbeiten würdest, würde ich lieber die ganze Sache haben zum Teufel gehn lassen.

Die Geschichte der *army* hebt anschaulicher als irgendetwas die Richtigkeit unsrer Anschauung von dem Zusammenhang der Produktivkräfte und der sozialen Verhältnisse hervor. Überhaupt ist die army wichtig für die ökonomische Entwicklung. Z.B. Salär zuerst völlig in der Armee entwickelt bei den Alten. Ebenso bei den Römern das *peculium castrense* erste Rechtsform, worin das bewegliche Eigentum der Nichtfamilienväter anerkannt. Ebenso das Zunftwesen bei der Korporation der fabri. Ebenso hier erste Anwendung der Maschinerie im Großen. Selbst der besondre Wert der Metalle und ihr use als Geld scheint ursprünglich – sobald Grimms Steinalter vorbei war – auf ihrer kriegerischen Bedeutung zu beruhn. Auch die Teilung der Arbeit *innerhalb* einer Branche zuerst in den Armeen ausgeführt. Die ganze Geschichte der bürgerlichen Gesellschaften ferner sehr schlagend darin resümiert. Wenn du einmal Zeit hast, musst du einmal die Sache von diesem Standpunkt ausarbeiten.

Die einzigen Punkte in deiner Darstellung, die nach meiner Ansicht übergangen sind: 1. das erste fertige Auftreten des Söldnerwesens im Großen and at once bei den Karthaginiensern; (ich werde zu unsrem private use eine mir erst später bekannt gewordene Schrift eines Berliners über die Karthaginienser Heere nachsehn); 2. die Entwicklung des Heerwesens in Italien im 15ten und Anfang des 16ten Jahrhunderts. Jedenfalls taktische Pfiffe hier ausgebildet. Zugleich höchst humoristisch Machiavellis Beschreibung (die ich dir ausziehn werde) in seiner ›Geschichte von Florenz‹, der Art, wie die condottieri sich schlugen. (Doch wenn ich zu dir nach Brighton komme (wann?), bringe ich dir lieber den Band M(achiavelli) mit. Die ›Geschichte von Florenz‹ ist Meisterwerk.) Endlich 3. das asiatische Kriegswesen, wie es zuerst bei den Persern erscheint, aber dann doch sehr verschieden modifiziert bei Mongolen und Türken u. a. auftritt.

Bei meinen Biografien etc. war ich natürlich gezwungen, allerlei Cyclopädies u. a. auch die deutschen, nachzusehn. Bei der Gelegenheit fand ich denn, dass unter den Rubriken ›Arbeit‹, ›Klassen‹, ›Produktion‹ etc. wir redlich abgeschrieben werden, aber dumm. Dagegen vermeiden alle, uns zu erwähnen, selbst wenn sie Herrn Edgar Bauer und ähnlichen Größen Spalten widmen. Tant mieux pour nous. Die Biografien in den deutschen Cyclopädies für Kinder unter 8 Jahren geschrieben. Die französischen parteiisch, aber wenigstens weltmännisch. Die englischen Cyclopädies schreiben redlich die französischen und deutschen aus. In den deutschen selbst scheinen dieselben Kerls bei den verschiedensten Buchhändlern dieselbe Seiche abzulagern. Ersch und Gruber nur gut in den spätern Bänden, wo viele gelehrte Arbeiten.

Salut.

Dein K. M.

London, 1. Februar 1858, Marx an Engels

Lieber Frederick,

(…) Der »Herakleitos der Dunkle« von Lassalle dem Hellen ist au fond ein sehr läppisches Machwerk. Bei jedem der vielen Bilder, worin Herakl[eitos] sich die Einheit von Affirmation und Negation herausarbeitet, in steps Lassalle und gibt uns bei der Gelegenheit irgendeinen Abschnitt aus der hegelschen »Logik« zum Besten, die hardly gewinnt durch diesen Prozess, immer in ganzer Breite – wie ein Schulbub, der an einem Pensum den Beweis liefern soll, dass er sein »Wesen« und seine »Erscheinung« und den »dialektischen Prozess« loshat. Wenn der Schulbub sich derartiges anspekuliert hat, so kann man sicher sein, dass er dennoch den Gedankenprozess exakt nur nach dem vorgeschriebnen Rezept und in den formes sacramentales vornehmen kann. Exakt so unser Lass[alle]. Der Kerl scheint sich die hegelsche Logik an Heraklit klarzumachen gesucht haben und gar nicht müde geworden zu sein, diesen Prozess stets von neuem zu beginnen. Was die Gelehrsamkeit betrifft, so ist eine enorme Exhibition davon. Jeder Kenner weiß aber, wie wohlfeil es ist, wenn man Zeit und Geld hat und wie Herr Lassalle direkt die Bonner Universitätsbibliothek ad libitum ins Haus geschickt bekommt, derartige Zitatenschaustellung zusammenzubringen. Man sieht, wie sonderbar graus der Kerl sich selbst in diesem philologischen Flitterstaat erscheint und sich bewegt ganz mit der Grazie eines Kerls, der zum ersten Mal in seinem Leben fashionable dress trägt. Da die meisten Philologen den spekulativen Begriff *nicht* haben, der bei Heraklit vorherrscht, so hat also jeder Hegelianer den unbestreitbaren Vorzug zu verstehn, was der Philolog nicht versteht. (Es wäre übrigens auch sonderbar, wenn ein Kerl dadurch, dass er Griechisch lernt, zum Philosophen *im Griechischen* würde, ohne es *im Deutschen* zu sein.) Statt nun einfach dieses als selbstverstehend mitzunehmen, traktiert uns Herr Lassalle in quasi-lessingscher Manier. Es wird mit weitläufiger Juristenmanier die hegelsche Interpretation gegen die falschen, aus Mangel an Sachkenntnis falschen Auslegungen der Philologen geltend gemacht. Sodass wir den doppelten Genuss haben, erst uns dialektische Sachen in aller Breite vorkonstruiert zu sehn, die wir beinah wieder vergessen haben, und zweitens, dieses »spekulative Erbteil« als besonders philologisch-juristische Pfiffigkeit und Gelehrsamkeit des Herrn L[assalle] geltend gemacht zu bekommen gegen die unspekulativen Philologen. Übrigens, trotz der Renommage des Kerls, dass Heraklit bisher ein Buch mit sieben Siegeln war, hat er, der Hauptsache nach, *absolut nichts Neues* zu dem hinzugefügt, was Hegel in der »Gesch[ichte] der Phil[osophie]« sagt. Er führt es nur im Detail aus, was natürlich in zwei Druckbogen vollständig genügend hätte geschehn können. Noch weniger fällt es dem Burschen ein, irgend kritische Gedanken über die Dialektik selbst zu verraten. Wenn man alle Fragmente des Heraklit zusammen druckt, so werden sie hardly einen halben Druckbogen füllen. Nur ein Bursche, der Bücher auf Kosten des schrecklichen »Mensch« druckt, kann sich herausnehmen, zwei Bände von 60 Bogen auf solchen Vorwand hin in die Welt zu schicken.

Es kommt ein Spruch des »Herakleitos des Dunkeln« vor, wo er, um das Umschlagen aller Dinge in ihr Gegenteil klarzumachen, sagt: »So verwandelt sich Gold in alle Dinge, und alle Dinge verwandeln sich in Gold.« Gold, sagt Lassalle, ist Geld hier (c'est juste) und Geld Wert. Also das Ideelle, Allgemeinheit, Eine (Wert), und die Dinge das Reelle, Besonderheit, Viele. Diese überraschende Einsicht benutzt er, um in einer längern Anmerkung an earnest of his discoveries in the science of political economy zu geben. Jedes Wort ein Schnitzer, aber mit merkwürdiger Prätention vorgetragen. Ich sehe aus dieser einen Note, dass der Kerl vorhat, die politische Ökonomie hegelsch vorzutragen in seinem zweiten großen opus. Er wird zu seinem Schaden kennen lernen, dass es ein ganz andres Ding ist, durch Kritik eine Wissenschaft erst auf den Punkt bringen, um sie dialektisch darstellen zu können, oder ein abstraktes, fertiges System der Logik auf Ahnungen eben eines solchen Systems anzuwenden.

Wie ich dir aber gleich auf seinen ersten selbstbegeisterten Brief schrieb, die Althegelianer und Philologen müssen in der Tat pleased gewesen sein, solch altertümliches Wesen in einem jungen Menschen zu finden, der für einen großen Revolutionär gilt. Außerdem schmeichelt und kratzfußt er nach allen Seiten hin, um sich günstige Aufnahme zu sichern. Sobald ich das Zeug durchgeblättert, schick' ich es auch.

Salut. Dein K. M.

London, 15. Juli 1858, Marx an Engels

Lieber Engels,

Ich ersuche dich d'abord, nicht zu erschrecken über den Inhalt dieses Briefes, da er durchaus kein appeal zu deiner schon ungebührlich beanspruchten Kasse sein soll. Anderseits ist es aber nötig, gemeinschaftlich zu überlegen, ob irgendein Ausweg aus der jetzigen Situation gefunden werden kann, denn sie ist absolut nicht länger haltbar. Ihr unmittelbares Resultat war bereits, dass ich completely disabled bin von Arbeiten, indem ich teils die beste Zeit mit Herumlaufen und nutzlosen Versuchen, Geld aufzutreiben, verliere, teils meine Abstraktionskraft nicht länger standhält, vielleicht infolge mehr heruntergekommner Körperlichkeit, gegen den Hausjammer. Meine Frau ist nervös zerrüttet durch den Dreck, und Dr. Allen, der zwar eine Ahnung hat, wo der Schuh pinches, aber natürlich doch nicht die wahre Sachlage kennt, hat mir jetzt wiederholt und positiv erklärt, dass er nicht vor Gehirnentzündung oder Ähnlichem stehn kann, wenn sie nicht auf längere Zeit in ein Seebad geschickt wird. Ich meinerseits weiß, dass unter den jetzigen Umständen ihr selbst letztres, wenn es möglich wäre, nicht nützen würde, solange der tägliche Druck und das Gespenst einer unvermeidbaren Schlusskatastrophe sie verfolgt. Letztre aber ist nicht mehr lang aufzuschieben, und selbst das Auflenken für ein paar Wochen lässt den unerträglichen täglichen Kampf mit den mere necessaries bestehn und lässt die allgemeine Situation so, dass alles drüber zu Grunde gehn muss.

Da es in London angebliche loan-societies gibt, die *ohne securities*, nur auf references hin loans von 5 – 200 £ ankündigen, versuchte ich eine derartige Operation, indem Freiligrath und ein épicier sich als referees anboten. Das Resultat war, dass ungefähr 2 £St. auf fees draufgingen. Die letzte abschlägige Antwort erhielt ich vorgestern. Ich weiß nicht, ob ich noch einen abermaligen Versuch der Art machen soll.

Damit du eine Einsicht in die wirkliche Sachlage erhältst, habe ich von meiner Frau mir eine Berechnung aufstellen lassen für die 20 von dir vorgeschossnen Pfunde und für 24 £, die ich am 16ten Juni auf die »Tribune« zog (wovon 2 £ übergezogen waren). Du wirst daraus ersehn, dass, sobald eine solche größre Summe kommt, auch kein Pfennig übrig bleibt auch nur für die dringendsten täglichen Ausgaben, von irgendwelchen Lebensgenüssen gar nicht zu sprechen; dass den folgenden Tag exakt der ekelhafte struggle wieder beginnt, und die nur sehr spärlich abgezahlten Gläubiger in sehr kurzer Zeit mit ihren in der Zwischenzeit wieder angewachsnen Forderungen exakt denselben Druck wieder ausüben. Du wirst gleichzeitig sehn, dass z.B. meine Frau nicht einen falthing für sich selbst in Kleidern etc. verausgabt, während der Status für die »Sommerdresses« der Kinder unterproletarisch ist. Ich halte es für nötig, dass du diese Details durchgehst, da es sonst unmöglich ist, zu einer richtigen Beurteilung des »case« zu kommen.

Berechnung für 20 £ am 19. Mai. Davon bezahlt:

Steuern (Wasser, Gas)	£ 7.–
Pfandhauszinsen	£ 3.–
Aus dem Pfandhaus genommen für	£ 1 10 sh.
Lohn	£ 2.–
Tallyman (dem wöchentlich abgezahlt werden sollte für einen Rock und Hose)	£ – 18 sh.
Schuhe und Hüte für die Kinder	£ 1 10 sh.
Bäcker	£ 1.–
Metzger	£ 1 10 sh.
Epicier	£ 1.–
Cheesemonger's	£ – 10 sh.
Kohlen	£ – 10 sh.

Berechnung für 24 £ am 16. Juni von der ›Tribune‹

Schule für Quarter Februar, März, April	£ 8.–
Von *Schapper* geliehn für tägliche Ausgaben während 4 Wochen, ihm zurückgezahlt	£ 3.–

Wäsche aus dem Pfandhaus genommen	£ 2.–
Lohn	£ 1.–
Tallyman	£ 1 4 sh.
Metzger	£ 2.–
Epicier	£ 2.–
Greengrocer	£ 1.–
Hemden, Kleider usw. für die Kinder	£ 2.–
Bäcker	£ 2.–

Seit dem 17ten Juni war also wieder kein Pfennig im Hause, und um während 4 Wochen die täglichen Ausgaben zu bestreiten, die bar bezahlt werden müssen, pumpten wir von Schapper 4 £, wovon aber ungefähr 2 £ für die verfehlten loan Operation in fees draufgingen.

Der ganze Schuldenetat, wie er jetzt in London steht, ist Folgender, der dir zeigen wird, dass ein großer Teil desselben aus Schulden an kleine épiciers besteht, die zur äußersten Grenze ihres Kredits gegangen sind.

Hauszins fällig am 25. Juni	£ 9.–
Schule fällig 2. August	£ 6.–
Zeitungsmann (für ein Jahr)	£ 6.–
Tallyman	£ – 39 sh
Metzger	£ 7 14 sh
Bäcker	£ 6.–
Epicier	£ 4.–
Greengrocer und Kohlen	£ 2.–
Milchmann	£ 6 17 sh
Geschuldet an alten Milchmann und Bäcker von Soho	£ 9.–
Dr. Allen (7 £St. abgezahlt vom vorletzten ›Tribune‹-Geld)	£ 10.–
LinaSchöler	£ 9.–
Schapper	£ 4.–
Pfandhaus	£ 30.–

Von diesen Schulden sind es nur die an Dr. Allen, Lina Schöler, den alten Gläubigern in Soho und einen Teil des Pfandhauses mir nicht dringend.

Die ganze Geschichte dreht sich also darum, dass die spärliche Einnahme nie für den kommenden Monat bestimmt ist, sondern immer nur hinreicht, um die Schulden – nach Abzug der stehenden Ausgaben von Haus, Schule, Steuern und Pfandhaus – so weit zu verringern, dass man nicht direkt auf die Straße gesetzt wird. In 4 bis 5 Wochen habe ich about 24 £ an die ›Tribune‹ zu ziehn. Davon gehn gleich 15 ab bloß für Hauszins und Miete. Wird nur ein Minimum für die andren Schulden abgezahlt – und es ist sehr fraglich, ob butcher etc. sich so lange gedulden –, so ist der Dreck dagegen wieder vermehrt um die 4 Wochen, die doch d'une manière ou d'une autre gelebt werden muss. Der landlord ist selbst von Gläubigern gehetzt und verfolgt mich wie toll. Ich sehe nicht, was ich machen soll, wenn es nicht möglich ist, ein loan bei einer loan-society oder life-assecurance Society zu bewirken. Wollte ich selbst zu der äußersten Reduktion der Ausgaben schreiten – z.B. die Kinder aus der Schule nehmen, eine rein proletarische Wohnung beziehn, die Mägde abschaffen, von Kartoffeln leben –, so würde selbst die Versteigrung meines Mobiliars nicht hinreichen, um nur die umwohnenden Gläubiger zu befriedigen und einen ungehinderten Abzug in irgendeinen Schlupfwinkel zu sichern. Der show von respectability, der bisher noch aufrechterhalten wurde, war das einzige Mittel, einen Zusammenbruch zu verhindern. Ich für meinen Teil würde den Teufel danach fragen, wenn ich endlich wieder eine Stunde Ruhe bekäme und meinen Arbeiten obliegen könnte, in Whitechapel zu leben. Für meine Frau in ihrem jetzigen Zustand könnte aber eine solche Metamorphose mit gefährlichen Folgen verknüpft sein, und für die heranwachsenden Mädchen wäre sie auch kaum geeignet.

I have now made a clean breast of it, und ich versichre dir, dass es mir keine geringe Überwindung gekostet hat. Aber enfin, ich muss mich wenigstens gegen einen Menschen aussprechen. Ich weiß, dass du persönlich nicht der Sache abhelfen kannst. Was ich verlange, ist nur Mitteilung deiner Ansichten, what to do? Meinem ärgsten Feinde wünschte ich nicht, durch den quagmire zu waten, in dem ich seit 8 Wochen sitze, mit der größten Wut dabei, dass mein Intellekt durch die größten Lausereien kaputt gemacht und meine Arbeitsfähigkeit gebrochen wird.

Salut. Dein K. M.

London, 28. Januar 1863, Marx an Engels

Lieber Frederick,

Durch eine Reihe sonderbarer Zufälle ward es mir gestern positiv unmöglich, dir den Empfang des Briefs nebst Wechsel anzuzeigen.

Ich weiß ganz genau, wie *riskiert* es für dich war, in dieser Weise so große und unerwartete Hülfe zu bringen. Ich kann dir nicht dankbar genug sein, obgleich *ich*, in meinem innern Forum, keines *neuen* Beweises deiner Freundschaft bedurfte, um mich zu überzeugen, dass sie aufopfernd. Wenn du übrigens die Freude meiner Kinder gesehn, würde dir das ein schöner Lohn gewesen sein.

Ich kann dir jetzt auch ohne weitere Umstände sagen, dass trotz aller der Presse, worin ich während der letzten Wochen lebte, nichts auch nur verhältnismäßig so auf mich presste, als die Furcht, dass nun Riss in unsrer Freundschaft. Ich erklärte wiederholt meiner Frau, dass mir an dem ganzen Dreck nichts liege, verglichen damit, dass ich durch diese bürgerlichen Lausereien und ihre exzentrische Aufregung fähig gewesen sei, dich in einem solchen Moment, statt zu trösten, noch mit meinen Privatbedürfnissen anzufahren. Consequently war der Hausfriede sehr gestört, und die arme Frau musste die Sache ausbaden, an der sie in der Tat so weit unschuldig war, als Frauen gewohnt sind, das Unmögliche zu verlangen. Sie hatte natürlich keine Ahnung von dem, was ich schrieb, aber bei einiger Reflexion hätte sie berechnen können, dass so was herauskommen musste. Die Weiber sind komische Kreaturen, selbst die mit viel Verstand ausgerüsteten. Morgens weinte meine Frau über die Marie und deinen Verlust, sodass sie ihr eignes Pech, was grade an dem Tag kulminierte, ganz vergaß, und abends glaubte sie, dass außer uns kein Mensch in der Welt leiden könne, der nicht den broker im Hause habe und Kinder habe.

Ich habe dich im vorigen Brief wegen des selfactors gefragt. Die Frage nämlich die: In welcher Weise *vor* dessen Erfindung der sog. Spinner eingriff. Der selfactor ist mir erklärlich, aber der vorhergehnde Zustand nicht.

Ich lege einiges in den Abschnitt über Maschinerie ein. Es sind da einige kuriose Fragen, die ich bei der ersten Bearbeitung ignorierte. Um darüber ins Klare zu kommen, habe ich meine Hefte (Auszüge) über Technologie ganz nachgelesen, höre dito einen praktischen (nur experimentalen) Kursus des Prof. Willis (in Jermynstreet, dem Institut für Geologie, wo auch Huxley seine Vorlesungen hielt) für Arbeiter. Es geht mir mit der Mechanik wie mit den Sprachen. Die mathematischen Gesetze verstehe ich, aber die einfachste technische Realität, wozu Anschauung gehört, ist mir schwerer wie d[ie] größten Knoten.

Du weißt oder weißt auch nicht, denn die Sache an sich gleichgültig, dass großer Streit darüber, wodurch sich *Maschine* von *Werkzeug* unterscheidet. Die englischen (mathematischen) Mechaniker, in ihrer groben Manier, nennen tool a simple machine und machine a complicated tool. Die englischen Technologen jedoch, die etwas mehr Rücksicht auf Ökonomie nehmen, unterscheiden beide dadurch (und nach ihnen viele, die meisten englischen Ökonomen), dass in einem Fall die motive power vom Menschen, im andern von a natural force ausgeht. Die deutschen Esel, die in solchen Kleinigkeiten groß sind, haben daher geschlossen, dass ein *Pflug* z.B.

eine Maschine ist und die kompliziertste Jenny etc., soweit durch Hand bewegt, nicht. Nun ist es aber gar keine Frage, dass, wenn wir uns nach der Maschine in *elementarischer* Form umsehn, die industrielle Revolution nicht von der *bewegenden* Kraft ausgeht, sondern von dem Teil der Maschinerie, den der Engländer die *working machine* nennt, also nicht z. B. von der Ersetzung des Fußes, der das Spinnrad bewegt, durch Wasser oder Dampf, sondern von der Verwandlung des unmittelbaren Spinnprozesses selbst und der Verdrängung des Teils der menschlichen Arbeit, der nicht bloß exertion of power war (wie bei dem Treten des Rads), sondern die Bearbeitung, die direkte Wirkung auf den zu bearbeitenden Stoff betrifft. Andrerseits ist es ebenso wenig eine Frage, dass, sobald es sich nicht mehr um die *historische* Entwicklung der Maschinerie handelt, sondern um Maschinerie auf Basis der jetzigen Produktionsweise, die *Arbeitsmaschine* (z.B. bei der Nähmaschine) die allein entscheidende ist, da, sobald dieser Prozess dem Mechanismus anheim gefallen, jeder heutzutage weiß, dass man je nach der Dimension des Dings es durch Hand, Wasser oder Dampfmaschine bewegen kann.

Für die bloßen Mathematiker sind diese Fragen gleichgültig, aber sie werden sehr wichtig, wo es sich darum handelt, den Zusammenhang menschlicher Gesellschaftsverhältnisse mit der Entwicklung dieser materiellen Produktionsweisen nachzuweisen.

Das Wiederdurchlesen der technologisch-historischen Exzerpte hat mich zu der Ansicht gebracht, dass, abgesehn von den Erfindungen von Pulver, Kompass und Buchdruckerei – diesen notwendigen Vorbedingungen der bürgerlichen Entwicklung –, vom 16. bis zur Mitte des 18. Jahrhunderts, also für die Periode der vom Handwerk aus sich entwickelnden Manufaktur bis zur eigentlichen großen Industrie, die zwei materiellen Basen, an denen sich innerhalb der Manufaktur die Vorarbeit für die Maschinenindustrie bildet, *Uhr* und *Mühle* (zunächst Kornmühle, und zwar Wassermühle) sind, beide vom Altertum überliefert. (Die Wassermühle zurzeit von Julius Cäsar aus Kleinasien nach Rom gebracht.) Die Uhr ist der erste zu praktischen Zwecken angewandte Automat und die ganze Theorie über Produktion gleichmäßiger Bewegung an ihr entwickelt. Der Natur der Sache nach basiert sie selbst auf der Verbindung von halbkünstlerischem Handwerk und der direkten Theorie. Cardano z.B. schrieb (und gab praktische Rezepte) über den Bau der Uhren. »Gelehrtes (nichtzünftiges) Handwerk« heißt die Uhrmacherei bei deutschen Schriftstellern des 16. Jahrhunderts, und an der Entwicklung der Uhr ließe sich nachweisen, wie ganz verschieden auf Basis des Handwerks das Verhältnis von Gelehrsamkeit und Praxis als z.B. in der großen Industrie. Es unterliegt auch keinem Zweifel, dass im 18. Jahrhundert die Uhr die erste Idee gab, Automaten (und zwar durch Federn bewegte) auf die Produktion anzuwenden. *Vaucansons* Versuche in dieser Art wirkten historisch nachweisbar außerordentlich auf die Fantasie der englischen Erfinder.

Bei der *Mühle* andrerseits von vornherein, sobald die Wassermühle geliefert, die wesentlichen Unterschiede im Organismus einer Maschine da. Mechanische Triebkraft. Primo Motor, worauf sie wartet. Transmissionsmechanismus. Endlich Arbeitsmaschine, die den Stoff anfasst, alle in selbstständiger Existenzweise gegeneinander. Die Lehre *von der Friktion* und damit die Untersuchungen über die mathematischen Formen von Räderwerk, Zähnen etc. alle an der Mühle gemacht; dito hier zuerst die Lehre von dem Messen des Grads der bewegenden Kraft, von der besten Art, sie anzuwenden etc. Fast alle großen Mathematiker seit Mitte des 17. Jahrhunderts, so weit sie sich auf praktische Mechanik einlassen und sie theoretisieren, gehn von der einfachen Wasser-Kornmühle aus. In der Tat daher auch der Name *Mühle* und *mill*, der während der Manufakturperiode entstand, für alles auf praktische Zwecke gerichtete mechanische Treibwerk.

Aber bei der Mühle, ganz so wie bei Pressmaschinen, Hammerwerk, Pflug usw. von vornherein die eigentliche Arbeit, Schlagen, Zerquetschen, Mahlen, Zerkleinern etc. *ohne* menschliche Arbeit getan, wenn auch die moving force menschlich oder viehisch. Daher diese Art Maschinerie wenigstens in ihren Anfängen sehr alt und früher bei ihr eigentlich mechanische Triebkraft angewandt. Daher auch fast die einzige Maschinerie, die in der Manufakturperiode vorkommt. Die *industrielle Revolution* beginnt, sobald der Mechanismus da angewandt, wo von alters her das finale Resultat menschliche Arbeit erheischt, also wo nicht, wie bei jenen Werkzeugen, *von jeher* der eigentlich zu bearbeitende Stoff nie mit der menschlichen Hand zu tun hatte; wo der Mensch der Natur der Sache nach nicht von vornherein als bloße *power* wirkt. Will man mit den deutschen Eseln die Anwendung tierischer (also ganz so gut *freiwilliger Bewegung* wie die menschlicher) powers für Maschinerie erklären, so ist jedenfalls die Anwendung dieser Art Lokomotiven viel älter als das einfachste Handwerkszeug. (…)

Salut. Dein K.M.

London, 13. August 1866, Marx an Paul Lafargue

Mein lieber Lafargue,

Gestatten Sie mir die folgenden Bemerkungen:

1. Wenn Sie Ihre Beziehungen zu meiner Tochter fortsetzen wollen, werden Sie Ihre Art »den Hof zu machen« aufgeben müssen. Sie wissen gut, dass noch kein Ehe-

versprechen besteht, dass alles noch in der Schwebe ist. Und selbst wenn sie in aller Form Ihre Verlobte wäre, dürften Sie nicht vergessen, dass es sich um eine langwierige Angelegenheit handelt. Die Gewohnheiten eines allzu vertrauten Umgangs sind umso mehr fehl am Platze, als beide Liebenden während einer notwendigerweise verlängerten Periode strenger Prüfung und Läuterung am selben Ort wohnen werden. Mit Entsetzen habe ich die Wandlungen Ihres Benehmens von einem Tag zum andern während einer einzigen Woche beobachtet. Meiner Meinung nach äußert sich wahre Liebe in Zurückhaltung, Bescheidenheit und sogar in der Schüchternheit des Verliebten gegenüber seinem Idol, und ganz und gar nicht in Gemütsexzessen und in einer zu frühen Vertraulichkeit. Wenn Sie sich auf Ihr kreolisches Temperament berufen, so habe ich die Pflicht, mit meinem gesunden Menschenverstand zwischen Ihr Temperament und meine Tochter zu treten. Falls Sie Ihre Liebe zu ihr nicht in der Form zu äußern vermögen, wie es dem Londoner Breitengrad entspricht, werden Sie sich damit abfinden müssen, sie aus der Entfernung zu lieben. Ich brauche das wohl nicht näher zu erläutern.

2. Vor der endgültigen Regelung Ihrer Beziehungen zu Laura muss ich völlige Klarheit über Ihre ökonomischen Verhältnisse haben. Meine Tochter glaubt, dass ich über Ihre Angelegenheiten Bescheid weiß. Sie irrt sich. Ich habe diese Dinge nicht zur Sprache gebracht, weil es meiner Meinung nach Ihre Aufgabe gewesen wäre, die Initiative zu ergreifen. Sie wissen, dass ich mein ganzes Vermögen dem revolutionären Kampf geopfert habe. Ich bedaure es nicht. Im Gegenteil. Wenn ich mein Leben noch einmal beginnen müsste, ich täte dasselbe. Nur würde ich nicht heiraten. So weit es in meiner Macht steht, will ich meine Tochter vor den Klippen bewahren, an denen das Leben ihrer Mutter zerschellt ist. Da diese Angelegenheit ohne mein direktes Zutun (eine Schwäche meinerseits!) und ohne den Einfluss, den meine Freundschaft für Sie auf das Verhalten meiner Tochter ausübte, niemals so weit gediehen wäre, lastet auf mir eine schwere persönliche Verantwortung. Was Ihre augenblickliche Situation betrifft, so sind die Auskünfte, die ich nicht eingeholt, sondern zufällig erhalten habe, ganz und gar nicht beruhigend. Aber lassen wir das. Was Ihre allgemeine Position betrifft, so weiß ich, dass sie noch Student sind, dass Ihre Karriere in Frankreich durch das Ereignis in Lüttich halb gescheitert ist, dass Ihnen die Sprache – eine unentbehrliche Voraussetzung für Ihre Akklimatisierung in England – noch fehlt und dass Ihre Chancen im besten Falle überaus problematisch sind. Beobachtung hat mich davon überzeugt, dass Sie von Natur aus nicht sehr arbeitsam sind, trotz zeitweiliger fieberhafter Aktivität und guten Willens. Unter diesen Umständen sind Sie auf die Hilfe anderer angewiesen, um den gemeinsamen Lebensweg mit meiner Tochter zu gehen. Von Ihrer Familie weiß ich gar nichts. Sollte sie in vermögenden

Verhältnissen leben, so beweist dies noch nicht, dass sie gewillt wäre, Ihnen Opfer zu bringen. Ich weiß nicht einmal, wie sie Ihrem Heiratsprojekt gegenübersteht. Notwendig ist für mich, ich wiederhole es, eine positive Klärung all dieser Fragen. Übrigens können Sie, ein erklärter Realist, nicht erwarten, dass ich mich zur Zukunft meiner Tochter wie ein Idealist verhalte. Ein so positiver Mensch wie Sie, der die Poesie abschaffen möchte, wird nicht zum Schaden meines Kindes Poesie machen wollen.

3. Um jeder falschen Interpretation dieses Briefes zuvorzukommen, mache ich Sie darauf aufmerksam, dass – sollten Sie sich versucht fühlen, schon heute die Ehe einzugehen – Ihnen dies nicht gelingen wird. Meine Tochter würde sich weigern. Ich würde protestieren. Sie müssen etwas erreicht haben im Leben, bevor Sie an eine Ehe denken können, und es wird einer langen Zeit der Prüfung für Sie und für Laura bedürfen.

4. Ich möchte gern, dass dieser Brief nur unter uns beiden bleibt. Ich erwarte Ihre Antwort.

Ganz der Ihre Karl Marx

London, 25. März 1868, Marx an Engels

Dear Fred,

Ich wollte dir gestern vom Museum schreiben, aber ich wurde plötzlich so überaus unwohl, dass ich das sehr interessante Buch, das ich in der Hand hatte, zuschlagen musste. Es kam mir wie ein schwarzer Flor über die Augen. Dabei furchtbarstes Kopfweh und Brustbeklemmung. Ich strolchte also nach Haus. Die Luft und das Licht taten mir wohl, und zu Haus schlief ich for some time. Mein Zustand ist derart, dass ich eigentlich alles Arbeiten und Denken für some time aufgeben müsste; aber *das würde mir schwer, selbst wenn ich die Mittel zum Strolchen hätte*.

Ad vocem Maurer: Seine Bücher sind außerordentlich bedeutend. Nicht nur die Urzeit, sondern die ganze spätere Entwicklung der freien Reichsstädte, der Immunität besitzenden Gutsbesitzer, der öffentlichen Gewalt, des Kampfs zwischen freiem Bauerntum und Leibeigenschaft erhält eine ganz neue Gestalt.

Es geht in der Menschengeschichte wie in der Paläontologie. Sachen, die vor der Nase liegen, werden prinzipiell, durch a certain judicial blindness, selbst von den bedeutendsten Köpfen nicht gesehn. Später, wenn die Zeit angebrochen, wundert man sich, dass das Nichtgesehne allüberall noch seine Spuren zeigt. Die erste Reaktion gegen die französische Revolution und das damit verbundne Aufklärertum war natürlich alles mittelaltrig, romantisch zu sehn, und selbst Leute wie Grimm sind nicht frei davon. Die 2. Reaktion ist – und sie entspricht der sozialistischen Richtung, obgleich jene Gelehrten keine Ahnung haben, dass sie damit zusammenhängen – über das Mittelalter hinaus in die Urzeit jeden Volks zu sehn. Da sind sie dann überrascht, im Ältesten das Neuste zu finden, und sogar Egalitarians to a degree, wovor Proudhon schaudern würde.

Wie sehr wir alle in dieser judicial blindness befangen: Direkt in *meiner* Gegend, auf dem *Hunsrücken*, hat das altdeutsche System bis in die *letzten* Jahre fortgedauert. Ich erinnere mich jetzt, dass mein Vater *als Advokat* mir davon sprach! Andrer Beweis: Wie die Geologen gewisse faits, selbst die besten, wie Cuvier, ganz verkehrt ausgelegt, so *übersetzten* Philologen von der force eines Grimm die einfachsten lateinischen Sätze falsch, weil von Möser etc. (der, ich erinnre mich, entzückt, dass bei den Deutschen die »Freiheit« nie existierte, wohl aber »Luft macht eigen«) beherrscht. Z.B. die bekannte Stelle bei Tacitus: »*arva per annos* mutant, et *superest ager*«, was heißt: sie wechseln (durch Los, daher auch *sortes* in allen Leges Barbarorum später) die Felder (arva), und es bleibt Gemeindeland (ager im Gegensatz von arva als ager publicus) übrig, übersetzt Grimm etc.: sie bauen jedes Jahr neue Äcker, und es bleibt immer noch (unbebautes) Land übrig!

Ebenso die Stelle: »Colunt *discreti ac diversi*« sollte beweisen, dass die Deutschen von jeher als westfälische Junker auf Einzelhöfen wirtschafteten. Aber in *derselben* Stelle heißt es weiter: »*Vicos locant* non in nostrum morem *connexis* et *cohaerentibus* aedificiis: suum quisque locum *spatio circumdat*«, und solche germanische Urdörfer in der beschriebnen Form existieren noch hier und da in Dänemark. Skandinavien musste natürlich für deutsche Jurisprudenz und Ökonomie so wichtig werden wie für deutsche Mythologie. Und von da ausgehend konnten wir erst wieder unsre Vergangenheit entziffern. Übrigens fanden ja selbst Grimm etc. bei Cäsar, dass die Deutschen sich immer als Geschlechtsgenossenschaften, nicht als Einzelne ansiedelten: »gentibus cognationibusque, qui uno coiereant«.

Was würde aber old Hegel sagen, wenn er erführe jenseits, dass das *Allgemeine* im Deutschen und Nordischen nichts bedeutet als das Gemeinland, und das *Sundre, Besondre*, nichts als das aus dem Gemeindeland ausgeschiedne Sondereigen? Da gehn denn doch verflucht die logischen Kategorien aus »unsrem Verkehr« hervor.

Sehr interessant ist von Fraas (1847): »*Klima und Pflanzenwelt in der Zeit, eine Geschichte beider*«, nämlich zum Nachweis, dass in *historischer* Zeit Klima und Flora wechseln. Er ist vor Darwin Darwinist und lässt die *Arten* selbst in der historischen Zeit entstehn. Aber zugleich Agronom. Er behauptet, dass mit der Kultur – entsprechend ihrem Grad – die von den Bauern so sehr geliebte »Feuchtigkeit« verloren geht (daher auch die Pflanzen von Süden nach Norden wandern) und endlich Steppenbildung eintritt. Die erste Wirkung der Kultur nützlich, schließlich verödend durch Entholzung etc. Dieser Mann ist ebenso sehr grundgelehrter Philolog (er hat *griechische* Bücher geschrieben) als Chemiker, Agronom etc. Das Fazit ist, dass die Kultur – wenn naturwüchsig vorschreitend und nicht *bewusst beherrscht* (dazu kommt er natürlich als Bürger nicht) – Wüsten hinter sich zurücklässt, Persien, Mesopotamien etc., Griechenland. Also auch wieder sozialistische Tendenz unbewusst!

Auch dieser Fraas ist interessant für das Deutschtum. Erst Dr. med., dann Inspektor und Lehrer der Chemie und Technologie. Jetzt Chef des bairischen Veterinärwesens, Universitätsprofessor, Chef der agronomischen Staatsexperimente etc. In seinen letzten Sachen sieht man das hohe Alter, aber immer noch flotter Bursche. Viel sich in Griechenland, Kleinasien, Ägypten herumgetrieben! Auch seine Geschichte der Agrikultur wichtig. Fourier nennt er diesen »frommen und humanistischen Sozialisten«. Von den Albanesen etc. »jede Art affenschänderischer Un- und Notzucht«.

Nötig, das Neue und Neuste über Agrikultur genau anzusehn. Die *physikalische* Schule steht der *chemischen* gegenüber.

Vergiss nicht, mir den Brief des kugelmannschen Fabrikanten rückzuschicken.

Freue mich auf nichts mehr, als dich hier zu sehn.

Dein K.M.

»Die Menschen m
Geschichte, – ab
nicht aus freien S
ter selbstgewählt
unmittelbar vorg
benen und überl
den. Die Tradition
schlechter lastet
dem Gehirne der

achen ihre eigene
er sie machen sie
tücken, nicht un-
en, sondern unter
efundenen, gege-
ieferten Umstän-
aller toten Ge-
wie ein Alb auf
Lebenden.«

Das Kapital
1867

Der Fetischcharakter der Ware und sein Geheimnis

Eine Ware scheint auf den ersten Blick ein selbstverständliches, triviales Ding. Ihre Analyse ergibt, dass sie ein sehr vertracktes Ding ist, voll metaphysischer Spitzfindigkeit und theologischer Mucken. Soweit sie Gebrauchswert, ist nichts Mysteriöses an ihr, ob ich sie nun unter dem Gesichtspunkt betrachte, dass sie durch ihre Eigenschaften menschliche Bedürfnisse befriedigt oder diese Eigenschaften erst als Produkt menschlicher Arbeit erhält. Es ist sinnenklar, dass der Mensch durch seine Tätigkeit die Formen der Naturstoffe in einer ihm nützlichen Weise verändert. Die Form des Holzes z.B. wird verändert, wenn man aus ihm einen Tisch macht. Nichtsdestoweniger bleibt der Tisch Holz, ein ordinäres sinnliches Ding. Aber sobald er als Ware auftritt, verwandelt er sich in ein sinnlich übersinnliches Ding. Er steht nicht nur mit seinen Füßen auf dem Boden, sondern er stellt sich allen andren Waren gegenüber auf den Kopf und entwickelt aus seinem Holzkopf Grillen, viel wunderlicher, als wenn er aus freien Stücken zu tanzen begänne.

Der mystische Charakter der Ware entspringt also nicht aus ihrem Gebrauchswert. Er entspringt ebenso wenig aus dem Inhalt der Wertbestimmungen. Denn erstens, wie verschieden die nützlichen Arbeiten oder produktiven Tätigkeiten sein mögen, es ist eine physiologische Wahrheit, dass sie Funktionen des menschlichen Organismus sind und dass jede solche Funktion, welches immer ihr Inhalt und ihre Form, wesentlich Verausgabung von menschlichem Hirn, Nerv, Muskel, Sinnesorgan usw. ist. Was zweitens der Bestimmung der Wertgröße zugrunde liegt, die Zeitdauer jener Verausgabung oder die Quantität der Arbeit, so ist die Quantität sogar sinnfällig von der Qualität der Arbeit unterscheidbar. In allen Zuständen musste die Arbeitszeit, welche die Produktion der Lebensmittel kostet, den Menschen interessieren, obgleich nicht gleichmäßig auf verschiedenen Entwicklungsstufen. Endlich, sobald die Menschen in irgendeiner Weise füreinander arbeiten, erhält ihre Arbeit auch eine gesellschaftliche Form.

Woher entspringt also der rätselhafte Charakter des Arbeitsprodukts, sobald es Warenform annimmt? Offenbar aus dieser Form selbst. Die Gleichheit der menschlichen Arbeiten erhält die sachliche Form der gleichen Wertgegenständlichkeit der Arbeitsprodukte, das Maß der Verausgabung menschlicher Arbeitskraft durch ihre Zeitdauer erhält die Form der Wertgröße der Arbeitsprodukte, endlich die Verhältnisse der Produzenten, worin jene gesellschaftlichen Bestimmungen ihrer Arbeiten betätigt werden, erhalten die Form eines gesellschaftlichen Verhältnisses der Arbeitsprodukte.

Das Geheimnisvolle der Warenform besteht also einfach darin, dass sie den Menschen die gesellschaftlichen Charaktere ihrer eignen Arbeit als gegenständliche Charaktere der Arbeitsprodukte selbst, als gesellschaftliche Natureigenschaften dieser Dinge zurückspiegelt, daher auch das gesellschaftliche Verhältnis der Produzenten zur Gesamtarbeit als ein außer ihnen existierendes gesellschaftliches Verhältnis von Gegenständen. Durch dies Quidproquo werden die Arbeitsprodukte Waren, sinnlich übersinnliche oder gesellschaftliche Dinge. So stellt sich der Lichteindruck eines Dings auf den Sehnerv nicht als subjektiver Reiz des Sehnervs selbst, sondern als gegenständliche Form eines Dings außerhalb des Auges dar. Aber beim Sehen wird wirklich Licht von einem Ding, dem äußeren Gegenstand, auf ein andres Ding, das Auge, geworfen. Es ist ein physisches Verhältnis zwischen physischen Dingen. Dagegen hat die Warenform und das Wertverhältnis der Arbeitsprodukte, worin sie sich darstellt, mit ihrer physischen Natur und den daraus entspringenden dinglichen Beziehungen absolut nichts zu schaffen. Es ist nur das bestimmte gesellschaftliche Verhältnis der Menschen selbst, welches hier für sie die phantasmagorische Form eines Verhältnisses von Dingen annimmt. Um daher eine Analogie zu finden, müssen wir in die Nebelregion der religiösen Welt flüchten. Hier scheinen die Produkte des menschlichen Kopfes mit eignem Leben begabte, untereinander und mit den Menschen in Verhältnis stehende selbstständige Gestalten. So in der Warenwelt die Produkte der menschlichen Hand. Dies nenne ich den Fetischismus, der den Arbeitsprodukten anklebt, sobald sie als Waren produziert werden, und der daher von der Warenproduktion unzertrennlich ist.

Dieser Fetischcharakter der Warenwelt entspringt, wie die vorhergehende Analyse bereits gezeigt hat, aus dem eigentümlichen gesellschaftlichen Charakter der Arbeit, welche Waren produziert.

Gebrauchsgegenstände werden überhaupt nur Waren, weil sie Produkte voneinander unabhängig betriebner Privatarbeiten sind. Der Komplex dieser Privatarbeiten bildet die gesellschaftliche Gesamtarbeit. Da die Produzenten erst in gesellschaftlichen Kontakt treten durch den Austausch ihrer Arbeitsprodukte, erscheinen auch die spezifisch gesellschaftlichen Charaktere ihrer Privatarbeiten erst innerhalb dieses Austausches. Oder die Privatarbeiten betätigen sich in der Tat erst als Glieder der gesellschaftlichen Gesamtarbeit durch die Beziehungen, worin der Austausch die Arbeitsprodukte und vermittelst derselben die Produzenten versetzt. Den letzteren erscheinen daher die gesellschaftlichen Beziehungen ihrer Privatarbeiten als das, was sie sind, d.h. nicht als unmittelbar gesellschaftliche Verhältnisse der Personen in ihren Arbeiten selbst, sondern vielmehr als sachliche Verhältnisse der Personen und gesellschaftliche Verhältnisse der Sachen.

Erst innerhalb ihres Austauschs erhalten die Arbeitsprodukte eine von ihrer sinnlich verschiednen Gebrauchsgegenständlichkeit getrennte, gesellschaftlich gleiche Wertgegenständlichkeit. Diese Spaltung des Arbeitsprodukts in nützliches Ding und Wertding betätigt sich nur praktisch, sobald der Austausch bereits hinreichende Ausdehnung und Wichtigkeit gewonnen hat, damit nützliche Dinge für den Austausch produziert werden, der Wertcharakter der Sachen also schon bei ihrer Produktion selbst in Betracht kommt. Von diesem Augenblick erhalten die Privatarbeiten der Produzenten tatsächlich einen doppelten gesellschaftlichen Charakter. Sie müssen einerseits als bestimmte nützliche Arbeiten ein bestimmtes gesellschaftliches Bedürfnis befriedigen und sich so als Glieder der Gesamtarbeit, des naturwüchsigen Systems der gesellschaftlichen Teilung der Arbeit, bewähren. Sie befriedigen andrerseits nur die mannigfachen Bedürfnisse ihrer eignen Produzenten, sofern jede besondre nützliche Privatarbeit mit jeder andren nützlichen Art Privatarbeit austauschbar ist, also ihr gleichgilt. Die Gleichheit toto coelo verschiedner Arbeiten kann nur in einer Abstraktion von ihrer wirklichen Ungleichheit bestehn. In der Reduktion auf den gemeinsamen Charakter, den sie als Verausgabung menschlicher Arbeitskraft, abstrakt menschliche Arbeit, besitzen. Das Gehirn der Privatproduzenten spiegelt diesen doppelten gesellschaftlichen Charakter ihrer Privatarbeiten nur wider in den Formen, welche im praktischen Verkehr, im Produktenaustausch erscheinen – den gesellschaftlich nützlichen Charakter ihrer Privatarbeiten also in der Form, dass das Arbeitsprodukt nützlich sein muss, und zwar für andre – den gesellschaftlichen Charakter der Gleichheit der verschiedenartigen Arbeiten in der Form des gemeinsamen Wertcharakters dieser materiell verschiednen Dinge, der Arbeitsprodukte.

Die Menschen beziehen also ihre Arbeitsprodukte nicht aufeinander als Werte, weil diese Sachen ihnen als bloß sachliche Hüllen gleichartig menschlicher Arbeit gelten. Umgekehrt. Indem sie ihre verschiedenartigen Produkte einander im Austausch als Werte gleichsetzen, setzen sie ihre verschiednen Arbeiten einander als menschliche Arbeit gleich. Sie wissen das nicht, aber sie tun es. Es steht daher dem Werte nicht auf der Stirn geschrieben, was er ist. Der Wert verwandelt vielmehr jedes Arbeitsprodukt in eine gesellschaftliche Hieroglyphe. Später suchen die Menschen den Sinn der Hieroglyphe zu entziffern, hinter das Geheimnis ihres eignen gesellschaftlichen Produkts zu kommen, denn die Bestimmung der Gebrauchsgegenstände als Werte ist ihr gesellschaftliches Produkt so gut wie die Sprache. Die späte wissenschaftliche Entdeckung, dass die Arbeitsprodukte, soweit sie Werte, bloß sachliche Ausdrücke der in ihrer Produktion verausgabten menschlichen Arbeit sind, macht Epoche in der Entwicklungsgeschichte der Menschheit, aber verscheucht keineswegs den gegenständlichen Schein der gesellschaftlichen Charaktere der Arbeit. Was nur für diese besondre Produktionsform, die Warenproduktion, gültig ist, dass nämlich der spezifisch gesellschaftliche Charakter der voneinander unabhängigen Privatarbeiten in ihrer Gleichheit als menschliche Arbeit besteht und die Form des Wertcharakters der Arbeitsprodukte annimmt, erscheint, vor wie nach jener Entdeckung, den in den Verhältnissen der Warenproduktion Befangenen ebenso endgültig, als dass die wissenschaftliche Zersetzung der Luft in ihre Elemente die Luftform als eine physikalische Körperform fortbestehn lässt.

Was die Produktenaustauscher zunächst praktisch interessiert, ist die Frage, wie viel fremde Produkte sie für das eigne Produkt erhalten, in welchen Proportionen sich also die Produkte austauschen. Sobald diese Proportionen zu einer gewissen gewohnheitsmäßigen Festigkeit herangereift sind, scheinen sie aus der Natur der Arbeitsprodukte zu entspringen, sodass z.B. eine Tonne Eisen und zwei Unzen Gold gleichwertig, wie ein Pfund Gold und ein Pfund Eisen trotz ihrer verschiednen physikalischen und chemischen Eigenschaften gleich schwer sind. In der Tat befestigt sich der Wertcharakter der Arbeitsprodukte erst durch ihre Betätigung als Wertgrößen. Die letzteren wechseln beständig, unabhängig vom Willen, Vorwissen und Tun der Austauschenden. Ihre eigne gesellschaftliche Bewegung besitzt für sie die Form einer Bewegung von Sachen, unter deren Kontrolle sie stehen, statt sie zu kontrollieren. Es bedarf vollständig entwickelter Warenproduktion, bevor aus der Erfahrung selbst die wissenschaftliche Einsicht herauswächst, dass die unabhängig voneinander betriebenen, aber als naturwüchsige Glieder der gesellschaftlichen Teilung der Arbeit allseitig voneinander abhängigen Privatarbeiten fortwährend auf ihr gesellschaftlich proportionelles Maß reduziert werden, weil sich in den zufälligen und stets schwankenden Austauschverhältnissen ihrer Produkte die zu deren Produktion gesellschaftlich notwendige Arbeitszeit als regelndes Naturgesetz gewaltsam durchsetzt, wie etwa das Gesetz der Schwere, wenn einem das Haus über dem Kopf zusammenpurzelt. Die Bestimmung der Wertgröße durch die Arbeitszeit ist daher ein unter den erscheinenden Bewegungen der relativen Warenwerte verstecktes Geheimnis. Seine Entdeckung hebt den Schein der bloß zufälligen Bestimmung der Wertgrößen der Arbeitsprodukte auf, aber keineswegs ihre sachliche Form.

Das Nachdenken über die Formen des menschlichen Lebens, also auch ihre wissenschaftliche Analyse, schlägt überhaupt einen der wirklichen Entwicklung entgegengesetzten Weg ein. Es beginnt post festum und daher mit den fertigen Resultaten des Entwicklungsprozesses. Die Formen, welche Arbeitsprodukte zu Waren stempeln und daher der Warenzirkulation vorausgesetzt sind, besitzen bereits die

Festigkeit von Naturformen des gesellschaftlichen Lebens, bevor die Menschen sich Rechenschaft zu geben suchen nicht über den historischen Charakter dieser Formen, die ihnen vielmehr bereits als unwandelbar gelten, sondern über deren Gehalt. So war es nur die Analyse der Warenpreise, die zur Bestimmung der Wertgröße, nur der gemeinschaftliche Geldausdruck der Waren, der zur Fixierung ihres Wertcharakters führte. Es ist aber ebendiese fertige Form – die Geldform – der Warenwelt, welche den gesellschaftlichen Charakter der Privatarbeiten und daher die gesellschaftlichen Verhältnisse der Privatarbeiter sachlich verschleiert, statt sie zu offenbaren. Wenn ich sage, Rock, Stiefel usw. beziehen sich auf Leinwand als die allgemeine Verkörperung abstrakter menschlicher Arbeit, so springt die Verrücktheit dieses Ausdrucks ins Auge. Aber wenn die Produzenten von Rock, Stiefel usw. diese Waren auf Leinwand – oder auf Gold und Silber, was nichts an der Sache ändert – als allgemeines Äquivalent beziehn, erscheint ihnen die Beziehung ihrer Privatarbeiten zu der gesellschaftlichen Gesamtarbeit genau in dieser verrückten Form.

Derartige Formen bilden eben die Kategorien der bürgerlichen Ökonomie. Es sind gesellschaftlich gültige, also objektive Gedankenformen für die Produktionsverhältnisse dieser historisch bestimmten gesellschaftlichen Produktionsweise, der Warenproduktion. (…)

Für eine Gesellschaft von Warenproduzenten, deren allgemein gesellschaftliches Produktionsverhältnis darin besteht, sich zu ihren Produkten als Waren, also als Werten, zu verhalten und in dieser sachlichen Form ihre Privatarbeiten aufeinander zu beziehn als gleiche menschliche Arbeit, ist das Christentum mit seinem Kultus des abstrakten Menschen, namentlich in seiner bürgerlichen Entwicklung, dem Protestantismus, Deismus usw., die entsprechendste Religionsform. In den altasiatischen, antiken usw. Produktionsweisen spielt die Verwandlung des Produkts in Ware, und daher das Dasein der Menschen als Warenproduzenten, eine untergeordnete Rolle, die jedoch umso bedeutender wird, je mehr die Gemeinwesen in das Stadium ihres Untergangs treten. Eigentliche Handelsvölker existieren nur in den Intermundien der alten Welt, wie Epikurs Götter oder wie Juden in den Poren der polnischen Gesellschaft. Jene alten gesellschaftlichen Produktionsorganismen sind außerordentlich viel einfacher und durchsichtiger als der bürgerliche, aber sie beruhen entweder auf der Unreife des individuellen Menschen, der sich von der Nabelschnur des natürlichen Gattungszusammenhangs mit andren noch nicht losgerissen hat, oder auf unmittelbaren Herrschafts- und Knechtschaftsverhältnissen. Sie sind bedingt durch eine niedrige Entwicklungsstufe der Produktivkräfte der Arbeit und entsprechend befangene Verhältnisse der Menschen innerhalb ihres materiellen Lebenserzeugungsprozesses, daher zueinander und zur Natur.

Diese wirkliche Befangenheit spiegelt sich ideell wider in den alten Natur- und Volksreligionen. Der religiöse Widerschein der wirklichen Welt kann überhaupt nur verschwinden, sobald die Verhältnisse des praktischen Werkeltagslebens den Menschen tagtäglich durchsichtig vernünftige Beziehungen zueinander und zur Natur darstellen. Die Gestalt des gesellschaftlichen Lebensprozesses, d.h. des materiellen Produktionsprozesses, streift nur ihren mystischen Nebelschleier ab, sobald sie als Produkt frei vergesellschafteter Menschen unter deren bewusster planmäßiger Kontrolle steht. Dazu ist jedoch eine materielle Grundlage der Gesellschaft erheischt oder eine Reihe materieller Existenzbedingungen, welche selbst wieder das naturwüchsige Produkt einer langen und qualvollen Entwicklungsgeschichte sind. (...)

Arbeitsprozess und Verwertungsprozess

In der Tat, da es sich hier um Warenproduktion handelt, haben wir bisher offenbar nur eine Seite des Prozesses betrachtet. Wie die Ware selbst Einheit von Gebrauchswert und Wert, muss ihr Produktionsprozess Einheit von Arbeitsprozess und Wertbildungsprozess sein.

Betrachten wir den Produktionsprozess nun auch als Wertbildungsprozess. Wir wissen, dass der Wert jeder Ware bestimmt ist durch das Quantum der in ihrem Gebrauchswert materialisierten Arbeit, durch die zu ihrer Produktion gesellschaftlich notwendige Arbeitszeit. Dies gilt auch für das Produkt, das sich unsrem Kapitalisten als Resultat des Arbeitsprozesses ergab. Es ist also zunächst die in diesem Produkt vergegenständlichte Arbeit zu berechnen.

Es sei z. B. Garn. Zur Herstellung des Garns war zuerst sein Rohmaterial nötig, z. B. 10 Pfund Baumwolle. Was der Wert der Baumwolle, ist nicht erst zu untersuchen, denn der Kapitalist hat sie auf dem Markt zu ihrem Wert, z. B. zu 10 sh. gekauft. In dem Preise der Baumwolle ist die zu ihrer Produktion erheischte Arbeit schon als allgemein gesellschaftliche Arbeit dargestellt. Wir wollen ferner annehmen, dass die in der Verarbeitung der Baumwolle verzehrte Spindelmasse, die uns alle anderen aufgewandten Arbeitsmittel repräsentiert, einen Wert von 2 sh. besitzt. Ist eine Goldmasse von 12 sh. das Produkt von 24 Arbeitsstunden oder zwei Arbeitstagen, so folgt zunächst, dass im Garn zwei Arbeitstage vergegenständlicht sind. (...)

Am Ende einer Stunde ist die Spinnbewegung in einem gewissen Quantum Garn dargestellt, also ein bestimmtes Quantum Arbeit, eine Arbeitsstunde, in der Baumwolle vergegenständlicht. Wir sagen Arbeitsstunde, d. h. die Verausgabung der Lebenskraft des Spinners während einer Stunde, denn die Spinnarbeit gilt hier nur, soweit sie Verausgabung von Arbeitskraft, nicht soweit sie die spezifische Arbeit des Spinnens ist. Es ist nun entscheidend wichtig, dass während der Dauer des Prozesses, d.h. der Verwandlung von Baumwolle in Garn, nur die gesellschaftlich notwendige Arbeitszeit verzehrt wird. Müssen unter normalen, d.h. durchschnittlichen gesellschaftlichen Produktionsbedingungen, a Pfund Baumwolle während einer Arbeitsstunde in b Pfund Garn verwandelt sein, so gilt nur der Arbeitstag als Arbeitstag von 12 Stunden, der 12 x a Pfund Baumwolle in 12 x b Pfund Garn verwandelt. Denn nur die gesellschaftlich notwendige Arbeitszeit zählt als wertbildend. (...)

Beim Verkauf der Arbeitskraft ward unterstellt, dass ihr Tageswert = 3 sh. , und in den letztren 6 Arbeitsstunden verkörpert sind, dies Arbeitsquantum also erheischt ist – um die Durchschnittssumme der täglichen Lebensmittel des Arbeiters zu produzieren. Verwandelt unser Spinner nun während einer Arbeitsstunde 1 2/3 Pfund Baumwolle in 1 2/3 Pfund Garn, so in 6 Stunden 10 Pfund Baumwolle in 10 Pfund Garn. Während der Dauer des Spinnprozesses saugt die Baumwolle also 6 Arbeitsstunden ein. Dieselbe Arbeitszeit stellt sich in einem Goldquantum von 3 sh. dar. Der Baumwolle wird also durch das Spinnen selbst ein Wert von 3 sh. zugesetzt.

Sehn wir uns nun den Gesamtwert des Produkts, der 10 Pfund Garn an. In ihnen sind 2 1/2 Arbeitstage vergegenständlicht, 2 Tage enthalten in Baumwolle und Spindelmasse, 1/2 Tag Arbeit eingesaugt während des Spinnprozesses. Dieselbe Arbeitszeit stellt sich in einer Goldmasse von 15 sh. dar. Der dem Wert der 10 Pfund Garn adäquate Preis beträgt also 15 sh., der Preis eines Pfundes Garn 1 sh. 6 d.

Unser Kapitalist stutzt. Der Wert des Produkts ist gleich dem Wert des vorgeschossenen Kapitals. Der vorgeschossene Wert hat sich nicht verwertet, keinen Mehrwert erzeugt, Geld sich also nicht in Kapital verwandelt. Der Preis der 10 Pfund Garn ist 15 sh. , und 15 sh. wurden verausgabt auf dem Warenmarkt für die Bildungselemente des Produkts oder, was dasselbe, die Faktoren des Arbeitsprozesses: 10 sh. für Baumwolle, 2 sh. für die verzehrte Spindelmasse und 3 sh. für Arbeitskraft. (...)

Der Kapitalist, der in der Vulgärökonomie Bescheid weiß, sagt vielleicht, er habe sein Geld mit der Absicht vorgeschossen, mehr Geld daraus zu machen. Der Weg zur Hölle ist jedoch mit guten Absichten gepflastert, und er konnte ebenso gut der Absicht sein, Geld zu machen, ohne zu produzieren. Er droht. Man werde ihn nicht wieder ertappen. Künftig werde er die Ware fertig auf dem Markt kaufen, statt sie selbst zu fabrizieren. Wenn aber alle seine Brüder Kapitalisten desgleichen tun, wo soll er Ware auf dem Markt finden? Und Geld kann er nicht essen. Er katechisiert. Man soll seine Abstinenz bedenken. Er konnte seine 15 sh. verprassen. Stattdessen hat er sie produktiv konsumiert und Garn daraus gemacht. Aber dafür ist er ja im Besitz von Garn statt von Gewissensbissen. Er muss beileibe nicht in die Rolle des Schatzbildners zurückfallen, der uns zeigte, was bei der Asketik herauskommt. Außerdem, wo nichts ist, hat der Kaiser sein Recht verloren. Welches immer das Verdienst seiner

Entsagung, es ist nichts da, um sie extra zu zahlen, da der Wert des Produkts, der aus dem Prozess herauskommt, nur gleich der Summe der hineingeworfenen Warenwerte. Er beruhige sich also dabei, dass Tugend der Tugend Lohn. Stattdessen wird er zudringlich. Das Garn ist ihm unnütz. Er hat es für den Verkauf produziert. So verkaufe er es, oder, noch einfacher, produziere in Zukunft nur Dinge für seinen eignen Bedarf, ein Rezept, das ihm bereits sein Hausarzt MacCulloch als probates Mittel gegen die Epidemie der Überproduktion verschrieben hat. Er stellt sich trutzig auf die Hinterbeine. Sollte der Arbeiter mit seinen eignen Gliedmaßen in der blauen Luft Arbeitsgebilde schaffen, Waren produzieren? Gab er ihm nicht den Stoff, womit und worin er allein seine Arbeit verleiblichen kann? Da nun der größte Teil der Gesellschaft aus solchen Habenichtsen besteht, hat er nicht der Gesellschaft durch seine Produktionsmittel, seine Baumwolle und seine Spindel, einen unermesslichen Dienst erwiesen, nicht dem Arbeiter selbst, den er obendrein noch mit Lebensmitteln versah? Und soll er den Dienst nicht berechnen? Hat der Arbeiter ihm aber nicht den Gegendienst erwiesen, Baumwolle und Spindel in Garn zu verwandeln? Außerdem handelt es sich hier nicht um Dienste. Ein Dienst ist nichts als die nützliche Wirkung eines Gebrauchswerts, sei es der Ware, sei es der Arbeit. Hier aber gilt's den Tauschwert. Er zahlte dem Arbeiter den Wert von 3 sh. Der Arbeiter gab ihm ein exaktes Äquivalent zurück in dem der Baumwolle zugesetzten Wert von 3 sh. Wert für Wert. Unser Freund, eben noch so kapitalübermütig, nimmt plötzlich die anspruchslose Haltung seines eignen Arbeiters an. Hat er nicht selbst gearbeitet? Nicht die Arbeit der Überwachung, der Oberaufsicht über den Spinner verrichtet? Bildet diese seine Arbeit nicht auch Wert? Sein eigner overlooker und sein Manager zucken die Achseln. Unterdes hat er aber bereits mit heitrem Lächeln seine alte Physiognomie wieder angenommen. Er foppte uns mit der ganzen Litanei. Er gibt keinen Deut darum. Er überlässt diese und ähnliche faule Ausflüchte und hohle Flausen den dafür eigens bezahlten Professoren der politischen Ökonomie. Er selbst ist ein praktischer Mann, der zwar nicht immer bedenkt, was er außerhalb des Geschäfts sagt, aber stets weiß, was er im Geschäft tut.

Sehn wir näher zu. Der Tageswert der Arbeitskraft betrug 3 sh. , weil ihr selbst ein halber Arbeitstag vergegenständlicht ist, d. h. weil die täglich zur Produktion der Arbeitskraft nötigen Lebensmittel einen halben Arbeitstag kosten. Aber die vergangne Arbeit, die in der Arbeitskraft steckt, und die lebendige Arbeit, die sie leisten kann, ihre täglichen Erhaltungskosten und ihre tägliche Verausgabung, sind zwei ganz verschiedne Größen. Die erstere bestimmt ihren Tauschwert, die andre bildet ihren Gebrauchswert. Dass ein halber Arbeitstag nötig, um ihn während 24 Stunden am Leben zu erhalten, hindert den Arbeiter keineswegs, einen ganzen Tag zu arbeiten. Der Wert der Arbeitskraft und ihre Verwertung im Arbeitsprozess sind also zwei verschiedne Größen. Diese Wertdifferenz hatte der Kapitalist im Auge, als er die Arbeitskraft kaufte. (...) Der Gebrauchswert der Arbeitskraft, die Arbeit selbst, gehört ebenso wenig ihrem Verkäufer, wie der Gebrauchswert des verkauften Öls dem Ölhändler. Der Geldbesitzer hat den Tageswert der Arbeitskraft gezahlt; ihm gehört daher ihr Gebrauch während des Tages, die tagelange Arbeit. Der Umstand, dass die tägliche Erhaltung der Arbeitskraft nur einen halben Arbeitstag kostet, obgleich die Arbeitskraft einen ganzen Tag wirken, arbeiten kann, dass daher der Wert, den ihr Gebrauch während eines Tags schafft, doppelt so groß ist als ihr eigner Tageswert, ist ein besondres Glück für den Käufer, aber durchaus kein Unrecht gegen den Verkäufer.

Unser Kapitalist hat den Kasus, der ihn lachen macht, vorgesehn. Der Arbeiter findet daher in der Werkstätte die nötigen Produktionsmittel nicht nur für einen sechsstündigen, sondern für einen zwölfstündigen Arbeitsprozess. Saugten 10 Pfund Baumwolle 6 Arbeitsstunden ein und verwandelten sich in 10 Pfund Garn, so werden 20 Pfund Baumwolle 12 Arbeitsstunden einsaugen und in 20 Pfund Garn verwandelt. Betrachten wir das Produkt des verlängerten Arbeitsprozesses. In den 20 Pfund Garn sind jetzt 5 Arbeitstage vergegenständlicht, 4 in der verzehrten Baumwoll- und Spindelmasse, 1 von der Baumwolle eingesaugt während des Spinnprozesses. Der Goldausdruck von 5 Arbeitstagen ist aber 30 sh. oder 1 Pfd. St. 10 sh. Dies also der Preis der 20 Pfund Garn. Das Pfund Garn kostet nach wie vor 1 sh. 6 d. Aber die Wertsumme der in den Prozess geworfenen Waren betrug 27 sh. Der Wert des Garns beträgt 30 sh. Der Wert des Produkts ist um 1/9 gewachsen über den zu seiner Produktion vorgeschossnen Wert. So haben sich 27 sh. in 30 sh. verwandelt. Sie haben einen Mehrwert von 3 sh. gesetzt.

Das Kunststück ist endlich gelungen. Geld ist in Kapital verwandelt. Alle Bedingungen des Problem sind gelöst und die Gesetze des Warenaustausches in keiner Weise verletzt. Äquivalent wurde gegen Äquivalent ausgetauscht. Der Kapitalist zahlte als Käufer jede Ware zu ihrem Wert, Baumwolle, Spindelmasse, Arbeitskraft. Er tat dann, was jeder andre Käufer von Waren tut. Er konsumierte ihren Gebrauchswert. Der Konsumtionsprozess der Arbeitskraft, der zugleich Produktionsprozess der Ware, ergab ein Produkt von 20 Pfund Garn mit einem Wert von 30 sh. Der Kapitalist kehrt nun zum Markt zurück und verkauft Ware, nachdem er Ware gekauft hat. Er verkauft das Pfund Garn zu 1 sh. 6 d. , keinen Deut über oder unter seinem Wert. Und doch zieht er 3 sh. mehr aus der Zirkulation heraus, als er ursprünglich in sie hineinwarf. Dieser ganze Verlauf, die Verwandlung seines Geldes in Kapital, geht in der Zirkulationssphäre vor und geht nicht in ihr vor. Durch die Vermittlung der Zirkulation, weil bedingt durch den Kauf der Arbeitskraft auf dem Warenmarkt. Nicht in der Zirkulation, denn sie leitet nur den Verwertungsprozess ein, der sich in der Produktionssphäre zuträgt.

Geschichtliche Tendenz der kapitalistischen Akkumulation

Das Privateigentum des Arbeiters an seinen Produktionsmitteln ist die Grundlage des Kleinbetriebs, der Kleinbetrieb eine notwendige Bedingung für die Entwicklung der gesellschaftlichen Produktion und der freien Individualität des Arbeiters selbst. Allerdings existiert diese Produktionsweise auch innerhalb der Sklaverei, Leibeigenschaft und andrer Abhängigkeitsverhältnisse. Aber sie blüht nur, schnellt nur ihre ganze Energie, erobert nur die adäquate klassische Form, wo der Arbeiter freier Privateigentümer seiner von ihm selbst gehandhabten Arbeitsbedingungen ist, der Bauer des Ackers, den er bestellt, der Handwerker des Instruments, worauf er als Virtuose spielt.

Diese Produktionsweise unterstellt Zersplitterung des Bodens und der übrigen Produktionsmittel. Wie die Konzentration der letztren, so schließt sie auch die Kooperation, Teilung der Arbeit innerhalb derselben Produktionsprozesse, gesellschaftliche Beherrschung und Reglung der Natur, freie Entwicklung der gesellschaftlichen Produktivkräfte aus. Sie ist nur verträglich mit engen naturwüchsigen Schranken der Produktion und der Gesellschaft. Sie verewigen wollen hieße, wie Pecqueur mit Recht sagt, »die allgemeine Mittelmäßigkeit dekretieren«. Auf einem gewissen Höhegrad bringt sie die materiellen Mittel ihrer eignen Vernichtung zur Welt.

Von diesem Augenblick an regen sich Kräfte und Leidenschaften im Gesellschaftsschoße, welche sich von ihr gefesselt fühlen. Sie muss vernichtet werden, sie wird vernichtet. Ihre Vernichtung, die Verwandlung der individuellen und zersplitterten Produktionsmittel in gesellschaftlich konzentrierte, daher des zwerghaften Eigentums vieler in das massenhafte Eigentum weniger, daher die Expropriation der großen Volksmasse von Grund und Boden und Lebensmitteln und Arbeitsinstrumenten, diese furchtbare und schwierige Expropriation der Volksmasse bildet die Vorgeschichte des Kapitals. Sie umfasst eine Reihe gewaltsamer Methoden, wovon wir nur die Epoche machenden als Methoden der ursprünglichen Akkumulation des Kapitals Revue passieren ließen. Die Expropriation der unmittelbaren Produzenten wird mit schonungslosestem Vandalismus und unter dem Trieb der infamsten, schmutzigsten, kleinlichst gehässigsten Leidenschaften vollbracht. Das selbsterarbeitete, sozusagen auf Verwachsung des einzelnen, unabhängigen Arbeitsindividuums mit seinen Arbeitsbedingungen beruhende Privateigentum wird verdrängt durch das kapitalistische Privateigentum, welches auf Exploitation fremder, aber formell freier Arbeit beruht.

Sobald dieser Umwandlungsprozess nach Tiefe und Umfang die alte Gesellschaft hinreichend zersetzt hat, sobald die Arbeiter in Proletarier, ihre Arbeitsbedingungen in Kapital verwandelt sind, sobald die kapitalistische Produktionsweise auf eignen Füßen steht, gewinnt die weitere Vergesellschaftung der Arbeit und weitere Verwandlung der Erde und andrer Produktionsmittel in gesellschaftlich ausgebeutete, also gemeinschaftliche Produktionsmittel, daher die weitere Expropriation der Privateigentümer, eine neue Form. Was jetzt zu expropriieren, ist nicht länger der selbstwirtschaftende Arbeiter, sondern der viele Arbeiter exploitierende Kapitalist.

Diese Expropriation vollzieht sich durch das Spiel der immanenten Gesetze der kapitalistischen Produktion selbst, durch die Zentralisation der Kapitale. Je ein Kapitalist schlägt viele tot. Hand in Hand mit dieser Zentralisation oder der Expropriation vieler Kapitalisten durch wenige entwickelt sich die kooperative Form des Arbeitsprozesses auf stets wachsender Stufenleiter, die bewusste technische Anwendung der Wissenschaft, die planmäßige Ausbeutung der Erde, die Verwandlung der Arbeitsmittel in nur gemeinsam verwendbare Arbeitsmittel, die Ökonomisierung aller Produktionsmittel durch ihren Gebrauch als Produktionsmittel kombinierter, gesellschaftlicher Arbeit, die Verschlingung aller Völker in das Netz des Weltmarkts und damit der internationale Charakter des kapitalistischen Regimes.

Mit der beständig abnehmenden Zahl der Kapitalmagnaten, welche alle Vorteile dieses Umwandlungsprozesses usurpieren und monopolisieren, wächst die Masse des Elends, des Drucks, der Knechtschaft, der Entartung, der Ausbeutung, aber auch die Empörung der stets anschwellenden und durch den Mechanismus des kapitalistischen Produktionsprozesses selbst geschulten, vereinten und organisierten Arbeiterklasse. Das Kapitalmonopol wird zur Fessel der Produktionsweise, die mit und unter ihm aufgeblüht ist. Die Zentralisation der Produktionsmittel und die Vergesellschaftung der Arbeit erreichen einen Punkt, wo sie unverträglich werden mit ihrer kapitalistischen Hülle. Sie wird gesprengt. Die Stunde des kapitalistischen Privateigentums schlägt. Die Expropriateurs werden expropriiert.

Die aus der kapitalistischen Produktionsweise hervorgehende kapitalistische Aneignungsweise, daher das kapitalistische Privateigentum, ist die erste Negation des individuellen, auf eigne Arbeit gegründeten Privateigentums. Aber die kapitalistische Produktion erzeugt mit der Notwendigkeit eines Naturprozesses ihre eigne Negation. Es ist Negation der Negation. Diese stellt nicht das Privateigentum wieder her, wohl aber das individuelle Eigentum auf Grundlage der Errungenschaft der kapitalistischen Ära: der Kooperation und des Gemeinbesitzes der Erde und der durch die Arbeit selbst produzierten Produktionsmittel.

Die Verwandlung des auf eigner Arbeit der Individuen beruhenden, zersplitterten Privateigentums in kapitalistisches ist natürlich ein Prozess, ungleich mehr langwierig, hart und schwierig als die Verwandlung des tatsächlich bereits auf gesellschaftlichem Produktionsbetrieb beruhenden kapitalistischen Eigentums in gesellschaftliches. Dort handelte es sich um die Expropriation der Volksmasse durch wenige Usurpatoren, hier handelt es sich um die Expropriation weniger Usurpatoren durch die Volksmasse.

»Das religiös
einem der A
wirklichen E
in einem die
gegen das w
Elend.«

e Elend ist in
[redacted]sdruck des
lendes und
Protestation
irkliche

Karl Marx' Wohnorte heute: London | 1, Leicester, bekannt als »German Hotel« | 9, Grafton Terrace | 4, Anderson Street

64, Dean Street | 41, Maitland Park Road | 9, Grafton Terrace, heute Nr. 49 | 28, Dean Street

Schon während der mühsamen Arbeit am *Kapital* will sich Marx lieber mit anderen Wissensgebieten beschäftigen. Intensiv studiert er Probleme der Infinitesimalrechnung von Isaac Newton (1643 – 1727) bis Lagrange (1736 –1813), die beginnende Mathematisierung der Ökonomie durch die Grenznutzenlehre Jevons beachtet er nicht. Viele hundert Seiten exzerpiert er aus der *Urgesellschaft* von Lewis Henry Morgan. Morgan, ehemals Mitglied des amerikanischen Senats und erfolgreicher Geschäftsmann, forscht über die Irokesen im Gebiet von New York. Seine *Urgesellschaft* wird das ethnologische Standardwerk, das auch Engels für seine Geschichte der Familie und des Staates auswertet. Aufmerksam verfolgt Marx auch die Fortschritte der Agrochemie, der Pflanzenphysiologie und der Zellforschung. Die ersten Nachweise für die Gleichförmigkeit von Pflanzen und Tierzellen sowie die Versuche, künstliche Zellen zu züchten, sieht er als Bestätigung seiner materialistischen Geschichtstheorie. An den von ihm verehrten Darwin schickt er ein Exemplar des *Kapital* und erhält einen freundlichen Dankesbrief. Marx' Bitte, ihm den zweiten Band des *Kapital* widmen zu dürfen, lehnt Darwin mit Hinweis auf die religiösen Gefühle seiner Familie ab.

Marx lernt russisch und lässt sich von jungen russischen Intellektuellen, die ihn in London besuchen, zahllose Statistiken und Berichte über die russische Dorfgemeinschaft, das »mir«, schicken. Russisch ist auch die erste Sprache, in die das *Kapital* 1873 übersetzt wird. Selbstironisch schreibt er an Engels, dass diese Anerkennung schon erstaunlich sei, da er die letzten Jahre auf deutsch, englisch und französisch kein gutes Haar an den Russen gelassen habe. Von Zeit zu Zeit denkt er an eine Fortsetzung des *Kapital*, aber es bleibt bei ausufernden Exzerpten wirtschaftswissenschaftlicher Literatur vorwiegend über Bank- und Kreditwesen. Das große tägliche Lesepensum von Büchern und Zeitungen gibt er nie auf.

Drei Jahre vor Erscheinen des *Kapital* nimmt Marx auch die politische Arbeit wieder auf und versucht, seine Isolation in der Arbeiterbewegung zu überwinden. Die Gründung der *Internationalen Arbeiter-Assoziation (IAA)* ist ein Signal, die Uneinigkeit der nationalen Arbeiterorganisationen untereinander und ihre Unterlegenheit gegenüber dem internationalen Kapital hinter sich zu lassen. Anlässlich der Weltausstellung 1862 in London findet ein »Verbrüderungsfest«

zwischen französischen und englischen Delegierten statt. Ein Meeting französischer und englischer Arbeiter 1863 in London fasst eine Resolution gegen den Import billiger ausländischer Arbeiter, mit dem das englische Kapital den katastrophalen Niedergang der englischen Baumwollindustrie in Folge des amerikanischen Bürgerkriegs steuern will. Vertreter der englischen Trade Unions berufen schließlich im September 1864 ein Komitee aus englischen, französischen und deutschen Arbeitern zusammen, für das von deutscher Seite eher zufällig Marx nominiert wird. In einem Brief an seinen Freund Wedemeyer in New York schildert Marx die Gründe für seine Mitarbeit.

»Das neulich errichtete internationale Arbeiterkomitee ist nicht ohne Bedeutung. Seine englischen Mitglieder bestehen meist aus den Chefs der hiesigen Trade Unions, also den wirklichen Arbeiterkönigen von London, denselben Leuten, die dem Garibaldi den Riesenempfang bereiteten und die durch das Monstremeeting in St. James Hall (unter Brights Vorsitz) Palmerston verhinderten, den Krieg an die Vereinigten Staaten zu erklären, wie er auf dem Punkte stand es zu tun. Von Seiten der Franzosen sind die Mitglieder unbedeutend, aber sie sind die direkten Organe der leitenden Arbeiter in Paris. Ebenso besteht Verbindung mit den italienischen Vereinen, die kürzlich ihren Kongress in Neapel hielten. Obgleich ich jahrelang systematisch alle Teilnahme an ›Organisationen‹ ablehnte, so akzeptiere ich diesmal, weil es sich um eine Geschichte handelt, wo es möglich ist, bedeutend zu wirken.«[1]

Marx, inzwischen erfahren genug, die »Arbeiterkönige« politisch nicht zu überfordern, erringt schnell eine führende Rolle im Generalrat, dem Leitungsgremium der Internationale. Er verfasst *Provisorische Statuten* und die programmatische *Inauguraladresse*, die eindrücklich die Lage der Arbeiterschaft schildert und revolutionäre Rhetorik vermeidet. Er tut das nicht nur aus Rücksicht auf die Mehrheit englischer Gewerkschaftler im Generalrat, sondern auch aufgrund seiner Erfahrungen mit dem englischen politischen System, das Veränderungen von Mehrheitsentscheidungen und nicht von Revolten erwartet. Die Adresse fordert, Ausbeutung und Unterdrückung in allen Ländern durch Unterstützung von Streiks zu bekämpfen und durch politische Bildung die Chancen der Arbeiterschaft zu verbessern. Über die richtige Strategie kommt es jedoch auf den Kongressen, die jährlich ab 1866 stattfinden, zu heftigen Auseinandersetzungen, zumal Marx alles, was nur entfernt nach Lassalle oder Proudhon klingt, aufs heftigste bekämpft. Seit der *Neuen Rheinischen Zeitung* ist die Internationale die größte Chance für Marx, seine politischen Vorstellungen bekannt zu machen, und er nutzt sie entschlossen.

Die Mitglieder der größten Arbeiterorganisation in Deutschland, des »Allgemeinen Deutschen Arbeitervereins« sind »Lassallaner«, die staatlich geförderte Produktivgenossenschaften fordern. Daneben gibt es eher unpolitische Arbeiterbildungsvereine und die von Schulze-Delitzsch und F. W. Raiffeisen gegründeten Genossenschaften im ländlichen Bereich, die gleichfalls staatliche Unterstützung verlangen. 1865 gelingt Schulze-Delitzsch die Gründung der deutschen Genossenschaftsbank, und er ist die treibende Kraft hinter dem preußischen Genossenschaftsgesetz von 1867. Für Marx ist das »preußischer Staatssozialismus«. Ein Jahr später gibt sich in Nürnberg ein neu ins Leben gerufener »Verband der deutschen Arbeitervereine« ein sozialistisches Programm, das weitgehend mit dem Programm der Ersten Internationale übereinstimmt. 1869 in Eisenach ändert der Verband unter der Führung von Wilhelm Liebknecht (1826 – 1900) und August Bebel (1840 – 1913) den Namen in *»Sozialdemokratische Arbeiterpartei«*, der Geist Lassalles ist damit aber keineswegs besiegt, wie sich bald zeigen wird.

Erst einmal steht der deutsche Einigungskrieg gegen Frankreich auf der Tagesordnung. Dass seit dem 19. Juli 1870 französische Arbeiter auf deutsche Arbeiter schießen, bekümmert Marx und Engels wenig. Es ist ein unvermeidlicher Krieg der Könige und Kaiser, und Deutschland soll siegen und mit ihm die deutsche Arbeiterbewegung.

»Die Franzosen brauchen Prügel. Siegen die Preußen, so die Zentralisation der state power nützlich der Zentralisation der deutschen Arbeiterklasse. Das deutsche Übergewicht würde ferner den Schwerpunkt der westeuropäischen Arbeiterbewegung von Frankreich nach Deutschland verlegen und hat bloß die Bewegung seit 1866 bis jetzt in beiden Ländern zu vergleichen, um zu sehn, dass die deutsche Arbeiterklasse theoretisch und organisatorisch der französischen überlegen ist. Ihr Übergewicht auf dem Welttheater über die französische wäre zugleich das Übergewicht unserer Theorie über die Proudhons etc.«, schreibt Marx an Engels im August 1870.[2] Und weiter: »Erstens tut Bismarck jetzt, wie 1866, immer ein Stück von unserer Arbeit, in seiner Weise und ohne es zu wollen, aber er tuts doch. Er schafft uns einen reineren Bord als vorher. Und dann sind wir nicht mehr anno 1815.«[3]

Der deutsche Sieg kommt schnell. Im Januar 1871 wird in Versailles das deutsche Kaiserreich proklamiert, beim Friedensschluss annektiert Deutschland Elsass-Lothringen, was Marx, die Internationale und alle Richtungen der deutschen Arbeiterbewegung entschieden verurteilen. Beim Versuch der französischen Regierung, die Nationalgarde in Paris zu entwaffnen, bricht ein Aufstand aus. Im März 1871 wird in Paris eine kommunale Regierung ausgerufen. Die Stadt soll eine autonome Republik in loser Verbindung mit anderen autonomen Städten werden. Eine Verfassung sieht allgemeines Wahlrecht und die jederzeitige Abwahl der Mandatsträger vor. Die alte Idee der Produktivgenossenschaften wird wieder aufgegriffen. Die Armee der Versailler Regierung erobert die Stadt binnen sechs Wochen zurück und richtet ein beispielloses Blutbad an. Mindestens 20.000 Kommunarden werden hingeschlachtet, dieselbe Zahl später zu Haft verurteilt oder in Strafkolonien verbannt. Noch im Mai verfasst Marx die Broschüre *Der Bürgerkrieg in Frankreich*, die im Namen der ersten Internationale in großer Auflage verbreitet wird. Obwohl Marx klar erkennt, dass in den zwei Monaten der Kommune überhaupt keine grundlegenden Änderungen durchgeführt werden konnten, überhöht er ihre Absichten und Maßnahmen zum Vorbild einer künftigen Regierung der Arbeiterklasse. Die Kommune wird zum Mythos, der noch von Lenin als Prototyp der Diktatur des Proletariats benutzt wird.

Die Schrift sät tiefe Zwietracht in der Internationale. Englische Mitglieder des Generalrats missbilligen sie, hinzu kommt ein schon lange schwelender Konflikt mit Michail Bakunin (1814 – 1876). Zwei unvereinbare Weltsichten stehen sich gegenüber: Ordnung gegen Anarchie, organisierte Macht gegen unkontrollierte Freiheit. Marx und Bakunin kennen sich schon seit Paris, doch während Marx 1848 als Journalist kämpft, greift Bakunin zur Waffe. Nach 13 Jahren Haft gelingt ihm die Flucht aus Sibirien, 1864 taucht er in London auf, ab 1868 organisiert er eine internationale Allianz demokratischer Sozialisten in der Schweiz. Ihre anarchischen Ziele bezeichnet Marx als »Scheiße«. Der letzte Kongress der Internationale 1872 in Den Haag mit 65 Delegierten aus 15 Ländern schließt in einer Kampfabstimmung Bakunin und seine Anhänger aus. Zusätzlich greifen Marx und Engels zu dem Trick, den Sitz des Generalrats nach New York zu verlegen, was praktisch das Ende der Organisation (1876) bedeutet.

In Deutschland bringen die Reichstagswahlen von 1874 drei Lassalleaner und sechs Eisenacher Sozialisten ins Parlament. Die beiden Fraktionen gründen im Mai 1875 in Gotha die *Sozialistische Arbeiterpartei Deutschlands*, mit einem Kompromissprogramm zwischen den Vorstellungen der Eisenacher und der Lasalleaner. Marx, immer noch allergisch gegen Lassalle, schickt einen Brief an Bebel und Liebknecht, der das Gothaer Programm vernichtend kritisiert. Liebknecht und Bebel sehen in dem Programmbrief nur theoretische Haarspalterei – London ist zu weit entfernt, um die praktischen politischen Erfordernisse in Deutschland richtig einzuschätzen – und gehen zur Tagesordnung über. Die immer erfolgreicher werdende Partei erhält auch Zulauf von Intellektuellen. Die gut verständlichen nationalökonomischen und naturwissenschaftlichen Schriften von Eugen Dühring (1833 – 1921) sind in der deutschen Arbeiterbewegung weit verbreitet. 1877 sieht Engels sich genötigt, eine Artikelserie in der neuen Parteizeitung gegen Dühring zu veröffentlichen, zu der auch Marx beiträgt. Das kurz darauf veröffentlichte Buch *Herrn Eugen Dührings Umwälzung der Wissenschaft*, besser bekannt als »Antidühring«, macht erstmals die marxsche Theorie in populärer Form bekannt. Bismarcks »Gesetz gegen die gemeingefährlichen Bestrebungen der Sozialdemokratie« 1878 ermächtigt die Regierung, alle sozialistischen Organisationen, sozialdemokratische Zeitungen, Schriften oder Versammlungen zu verbieten. Das Gesetz bleibt bis 1890 in Kraft. Die parallel mit dem Sozialistengesetz ins Leben gerufene Sozialversicherung soll der Sozialdemokratie die Wurzeln abgraben. Vergeblich, 1890 verdreifacht die Sozialdemokratie ihren Stimmenanteil bei den Reichstagswahlen.

Die letzten Jahre von Marx sind vom gesundheitlichen Niedergang gekennzeichnet. Zu den schon chronischen Leiden an Leber, Galle, Lunge und Haut gesellen sich Kopfschmerzen und Schlaflosigkeit. Die von Engels überlassene Jahresrente von 350 Pfund ermöglicht eine regelmäßige ärztliche Behandlung und Kuraufenthalte, zu denen Engels nochmals Geld zuschießt. Aber Marx ist ein störrischer Patient, der sich nicht an Vorschriften hält und eher von Rosskuren Besserung erwartet. Für seine ausländischen Kuraufenthalte braucht er einen Pass, er beantragt die britische Staatsbürgerschaft, aber die Londoner Behörden lehnen ab. Ohne Pass reist er im September 1874 mit seiner jüngsten Tochter Eleanor zwei Wochen nach Karlsbad in Böhmen – die österreichischen Behörden lassen es geschehen. Die üblichen Trinkwasserkuren und lange Spaziergänge bringen tatsächlich Besserung. Marx wiederholt die Kur in Karlsbad noch zweimal, Berichte von Kurgästen schildern ihn als gut gelaunten spöttischen, fast allwissenden Plauderer und angenehmen Gesellschafter.

Auf die Nachricht, dass ihn die Österreicher bei einem weiteren Besuch ausweisen, wählt er 1877 als Kurort das weitaus preiswertere Bad Neuenahr mit anschließendem Schwarzwaldaufenthalt. Diesmal begleiten ihn Helene Demuth, seine Frau und wieder Eleanor. Zurück in London kehren die Krankheiten rasch zurück. Aufenthalte an der britischen Küste helfen kaum. Im Juli 1881 unternimmt die Familie nochmals eine Reise, diesmal nach Frankreich, um die älteste Tochter Jenny und die Enkel zu besuchen. Nach der Rückkehr ist das Ehepaar so krank, dass die beiden kaum noch das Bett verlassen können. Jenny Marx stirbt Anfang Dezember 1881 an Magenkrebs, Marx ist so schwach, dass er nicht an ihrer Beerdigung teilnehmen kann. Eleanor begleitet ihn im Dezember 1881 auf die Kanalinsel Wight, nach Algier fährt er im März 1882 allein. Das überraschend schlechte Wetter jedoch verschlimmert seine Bronchitis, er flieht an die Riviera und anschließend in Begleitung seiner Tochter Laura an den Genfer See. Kurzbesuche bei den Enkelkindern in Argenteuil und nochmals auf der Insel Wight im Oktober sind voller Unruhe. Dann stirbt im Januar 1883 seine Tocher Jenny und zwei Monate später am 14. März im Alter von 64 Jahren stirbt er selbst. Zehn Freunde begleiten Engels zur stillen Beisetzung auf den Friedhof Highgate in London. Marx hinterlässt ein riesiges, unvollendetes Werk, 250 Pfund Sterling, zwei Töchter und einen unehelichen Sohn.

Jenny (1844 – 1883) seine Lieblingstochter, schon immer etwas kränklich, gebiert in den neun Jahren Ihrer Ehe sechs Kinder, ehe sie an Unterleibskrebs kurz vor ihrem Vater stirbt. Bei der Feier des 150. Geburtstags ihres Vaters 1968 in Moskau sind noch vier ihrer Enkel dabei. Jenny wollte Schauspielerin werden, nicht verwunderlich bei dem Shakespearekult im Hause Marx, aber die moralischen Urteile des Vaters über Schauspielerinnen verhindern das. Schon früh wird sie seine Gehilfin, sammelt Zeitungsausschnitte, ordnet Manuskripte, schreibt Zeitungsartikel, erst Theater- und Buchrezensionen, dann politische Beiträge und erreicht die Wiederaufnahme eines Prozesses gegen einen irischen Revolutionär.

Nach der Heirat – Jenny ist 28 – mit dem Medizinstudenten Charles Longuet (1833 – 1903) zieht das Paar erst nach Oxford, später nach Argenteuil bei Paris. Glücklich ist die Ehe nicht, und das Verhältnis von Marx zu seinem Schwiegersohn ist prekär, obwohl er als Journalist in der Internationale mitarbeitet und am Kommuneaufstand teilnimmt. Wie die meisten französischen Sozialisten ist er Anhänger Proudhons, was Marx zeitlebens missfällt.

Laura (1846 – 1911) versteht es am besten, sich dem dominanten Vater zu entziehen. Auch mit ihr – wie mit allen seinen Kindern – beschäftigt sich Marx intensiv. Er erfindet Märchenfiguren und neue Spiele, ist ein geduldiges »Reittier« und liest ihr klassische Literatur vor. Für Schulerfolge wird Laura gelobt, bekommt wie ihre Schwestern Mal- und Reitunterricht, lernt Klavier, darf Gymnastik treiben, auf Bälle gehen. Engels bezahlt das mit Sonderzuwendungen. Auch sie schreibt Zeitungsartikel. Eine Berufsausbildung allerdings ist von Marx nicht vorgesehen, ganz im Gegensatz zu dem, was er im *Kapi-*

tal über Frauenemanzipation schreibt. Gegen den künftigen Schwiegersohn Paul Lafargue (1842 – 1911) hat er massive Einwände. Laura heiratet 1868, nach dem frühen Tod ihrer drei Kinder gibt Lafargue den Arztberuf auf, ist Mitglied des Generalrats und nimmt am Kommuneaufstand teil. Zusammen mit Marx entwirft er das Programm der französischen Arbeiterpartei und arbeitet intensiv an ihrem Aufbau. Laura übersetzt Arbeiten ihres Vaters ins Französische, ideologisch steht das Ehepaar Proudhon näher als Marx. Ihre wirtschaftliche Situation verbessert sich erheblich durch eine testamentarische Zuwendung von Engels. Im Alter von 70 Jahren beschließt Lafargue zu sterben und Laura wählt mit ihm den Freitod. Die sozialistischen Redner an ihrem Grab, unter ihnen Lenin, verurteilen ihren Selbstmord als eigensüchtig.

Eleanor (1856 – 1898) soll Marx den toten Sohn Edgar ersetzen. Das aufgeweckte, hübsche Kind wird noch mehr als ihre Schwestern vom Vater verwöhnt. Tussy nennt sie sich selbst, nach ihrer Katze Pussy, und die Familie übernimmt den Namen. Schon früh darf sie den fremden Besuchern zuhören und überrascht sie bisweilen mit altklugen Bemerkungen über die Lage in Polen und das Elend der Arbeiter. Auch sie will Schauspielerin werden, schreibt Zeitungsartikel und nimmt bald die Stellung einer Sekretärin des Vaters ein. Regelmäßig besucht sie Engels, der ihr Geld zusteckt und behutsam Kritik an ihrer Vaterbindung übt. Umsonst, als sie sich mit 17 Jahren in den Kommunekämpfer Hyppolite-Prosper Lissagary verliebt, untersagt Marx ihr den Umgang und spricht autoritär ein Heiratsverbot aus. Ihre Essstörungen, Kopfschmerzen und Schlaflosigkeit können Marx so wenig umstimmen wie ihre unterwürfigen Briefe. In Karlsbad soll sie mit ihm gesund werden. Bis zum Tod des Vaters ist sie seine ergebene Reisebegleiterin und die selbstlose Pflegerin der siechen Eltern, selbst tief depressiv und magersüchtig.

Von Engels ausdrücklich ermächtigt, sortiert sie den Nachlass, vernichtet Briefe, die das Ansehen des Vaters belasten könnten, und versteht sich als seine geistige Erbin. Pittoresk schlampig gekleidet, öffentlich Zigaretten rauchend, nimmt sie an dem intellektuellen Londoner Leben teil und diskutiert über Freidenkertum, Darwinismus und Sozialismus. Aber sie mischt sich auch praktisch ein, organisiert umfangreiche Unterstützung für jüdische Arbeiterinnen und ist eine eindrucksvolle Rednerin. Mit ihrer unkomplizierten Art und großen Arbeitskraft wird sie schnell in der europäischen Arbeiterbewegung anerkannt. Sie ist langjährige Korrespondentin des *Vorwärts*, der Zeitung der deutschen Sozialdemokratie, führt einen umfangreichen Briefwechsel mit Sozialisten in Europa, 1890 nimmt sie als einzige Frau am

Parteitag der SPD in Halle teil, beteiligt sich an der Gründung der Zweiten Internationale und spricht auf dem Kongress in Brüssel als gewählte Vertreterin der englischen Gasgewerkschaft, die sie mitgegründet hat. Sie betont ihre jüdische Herkunft, genießt das Privileg eines Arbeitsraums im Britischen Museum und bereitet nachgelassene Schriften ihres Vaters zum Druck vor.

Seit dem Tod von Marx – da ist sie 29 – lebt sie mit Dr. Edward B. Aveling zusammen, Schriftsteller, Redner, Bohemien. Von seiner Frau lässt er sich nicht scheiden und er betrügt Tussy mit anderen Liebschaften. Sie ignoriert das genauso wie seine Saufgelage, bezahlt seine Schulden, pflegt ihn gesund, wenn seine chronische Nierenentzündung wieder einmal ausgebrochen ist: er hat die Stelle des Vaters eingenommen. Beim Tod von Engels 1895 erhält Eleanor mit der großen Erbschaft erstmals Kenntnis von der Existenz ihres Halbbruders Frederick Demuth. Erst will sie es nicht glauben, dass ihr Vater sich so verhalten hat, dann aber nimmt sie Kontakt zu Frederick auf, unterstützt ihn finanziell und er wird ihr engster Vertrauter. Einmal schreibt sie an ihn: »Ich hätte Jenny nicht wünschen mögen, das zu durchleben, was ich erlebt habe. Ich glaube nicht, dass du und ich besonders schlechte Leute gewesen sind – und doch, lieber Freddy, sieht es wirklich so aus, als bekämen wir allein die ganze Strafe.«[4]

Unter falschem Namen heiratet Aveling 1897 eine junge Schauspielerin, seine Frau ist schon fünf Jahre tot. Er spekuliert auf das Erbe von Tussy und den schriftlichen Nachlass von Marx, und verheimlicht ihr daher seine neue Ehe. Aveling hat einen Lungenabszess und wieder pflegt ihn Tussy sieben Monate hingebungsvoll bis zur erfolgreichen Operation. Als sie im März 1898 doch von der neuerlichen Ehe Avelings erfährt, vergiftet sie sich mit Blausäure. Frederick Demuth stirbt erst 1929 verarmt in London.

Marx' politischer Erbschaft erging es nicht besser. In der deutschen Arbeiterbewegung hat lange Zeit Lassalle, in Frankreich Proudon mehr Einfluss als Marx. Erst gegen Ende des 19. Jahrhunderts wird in den Programmdebatten der deutschen Sozialdemokratie Marx kurzzeitig wichtig. Seine philosophisch voraussetzungsvolle und politisch komplexe Theorie widersetzt sich der einfachen Umsetzung in Handlungsanweisungen. Hinzu kommt, dass viele Texte von ihm noch nicht veröffentlicht sind. Es entstehen drei programmatische Richtungen, die sich zwar noch auf Marx berufen, aber richtiger mit ihren Urhebern Bernstein, Lenin und Mao Tse Tung verbunden werden.

Die wirtschaftliche Hochkonjunktur ab 1896, die Durchsetzung höherer Löhne durch die Gewerkschaften und der Einfluss der Sozialdemokratie in den Parlamenten auf das Arbeits- und Versicherungsrecht Anfang des 20. Jahrhunderts überzeugen Eduard Bernstein (1850 – 1932) von der Reformfähigkeit des Kapitalismus. Obwohl er die Chancen der Durchsetzbarkeit von Reformen überschätzt, trägt er wesentlich dazu bei, das Programm der SPD von der deterministischen Auslegung der marxschen Schriften durch Karl Kautsky (1854 – 1938) und seiner revolutionären Rhetorik zu lösen. Seine Grundsätze führen nach dem zweiten Weltkrieg auch unter dem ideologischen Druck des Kalten Krieges zur Durchsetzung des sozialstaatlichen Kompromisses in Westeuropa. Mit dem Godesberger Programm 1959 findet der »Revisionismus« Bernsteins seinen vorläufigen Abschluss.

Eine grundlegende Veränderung der marxschen Theorie erfolgt durch Wladimir Iljitsch Lenin (1870 – 1924). Nach intensiven philosophischen Studien vertritt Lenin in seinem Buch *Empiriokritizismus* (1908) einen extremen erkenntnistheoretischen Realismus, in dem Subjekt und Objekt schroff geschieden sind und Hegels Dialektik für seine Erkenntnistheorie und politische Theorie bedeutungslos werden. Wie andere russische Marxisten sucht auch er nach einer Lösung für die theoretischen Probleme, die durch die naturwissenschaftliche Weltsicht an der Wende vom 19. zum 20. Jahrhundert aufgeworfen werden. Noch wichtiger ist seine Auffassung von der Rolle der Partei. Lenin knüpft an den von Marx abgelehnten Blanquismus an. Louis Auguste Blanqui (1805 – 1881) hatte die Theorie einer revolutionären Elite entwickelt, die unabhängig von gesellschaftlichen Umständen eine Revolution herbeiführen könne. Da nach Lenin die Arbeiterpartei als Ganze kein revolutionäres Bewusstsein entwickeln kann, muss sie von einer straff organisierten Gruppe von Berufsrevolutionären geführt werden.

Die Oktoberrevolution von 1917 verwirklicht dieses Muster. Eine kleine Gruppe entschlossener Revolutionäre bemächtigt sich der Macht in einem zusammengebrochenen Staat, der durch die Folgen des ersten Weltkriegs und der Niederlagen seiner in Auflösung befindlichen Armee die Loyalität der Massen und der Eliten verloren hatte. Die Bolschewiki gewinnen durch das Versprechen von Frieden, Land und Brot die Unterstützung der Bauern und Arbeiter. Im Bürgerkrieg gegen die »weißen« Konterrevolutionäre, die vom Ausland unterstützt werden, etabliert sich die »Diktatur des Proletariats«, die sich auf die parallelen Apparate Staat und Kommunistische Partei stützt und bald durch einen allmächtigen Geheimdienst abgesichert wird.

Lenin macht seine Theorie zu einem System der proletarischen Weltanschauung und verlässt damit ihren kritischen Anspruch: die Reflexion über die jeweiligen historisch gesellschaftlichen Voraussetzungen von Theorie. Alle Zweifel an der Angemessenheit marxistischer Weltdeutung werden entschieden zurückgewiesen und gegen Kritik immunisiert. Die Festschreibung des Lehrgebäudes des Leninismus erfolgte ab 1924 durch Jossif W. Stalin (1879 – 1953). Mit der Parole »Aufbau des Sozialismus in einem Land« bewirkt er gewaltsam die Zwangskollektivierung der Landwirtschaft und forciert die Industrialisierung im Bergbau und der Schwerindustrie. Aus einem Agrarstaat wird eine Industrienation. Das Privateigentum an Produktionsmitteln verschwindet weitgehend aus Industrie und Landwirtschaft, vermeintliche und wirkliche Gegner werden in blutigen Säuberungen beseitigt.

1945 beginnt eine vielfältige Erfolgsgeschichte des Kommunismus. Trotz 20 Millionen Toten und der völligen Zerstörung des Landes wird die UDSSR zur zweitmächtigsten Industrienation nach den USA. Die Rote Armee setzt in den westlichen Grenzstaaten der UDSSR kommunistische Regimes ein. Sukarno verkündet die Verbindung von Islam und Sozialismus in Indonesien. Josip Tito (1892 – 1980) bricht 1948 mit Stalin und organisiert ein jugoslawisches Modell des Sozialismus. 1949 siegt die kommunistische Partei Mao Tse Tungs in China. Nordkorea behauptet sich in dem Krieg von 1950 – 1953 gegen die USA, Nasser führt Ägypten zum Sieg über England, Frankreich erleidet 1954 eine vernichtende Niederlage gegen das Vietnam Ho Chi Minhs. Fidel Castro erobert 1959 die Macht in Kuba. In Afrika entstehen zahlreiche Parteien und Regimes, die sich auf Marx berufen. Durch die Verbindung mit einheimischen Denktraditionen entsteht eine Vielfalt von Doktrinen, die im Gegensatz zum westlichen Marxismus Agrargesellschaften, in denen die Industrialisierung noch nicht begonnen hat, zum Ausgangspunkt nehmen.

Besondere Wichtigkeit hat China, das nach einem langen Bürgerkrieg den Weg zur Industrialisierung beginnt. Mao Tse Tung (1893 – 1976) betrachtet den Marxismus als westliche Ideologie. Bei ihm werden aus der komplizierten marxschen Analyse des Kapitalismus schlichte Regeln der Auseinandersetzung von Arm und Reich, die in ihrer Einfachheit mit traditionalen Verhaltensregeln in Asien und Afrika vereinbar sind. Aufgaben wie die Beseitigung des Analphabetismus oder die Bekämpfung von Seuchen werden als Ziel »kommunistischer« Politik ausgegeben. Aus Marx' Theorie zur Überwindung des Kapitalismus wird eine Theorie der Entwicklungspolitik mit dem Ziel der Industrialisierung. Noch schärfer als Lenin betont Mao Tse Tung den Führungsanspruch der avantgardistisch organisierten Partei. »Manchestersozialismus« heißt zu Recht die brutale Missachtung von westlichen Standards des Arbeitsschutzes und Arbeitsrechts in chinesischen Bergwerken und Industriebetrieben.

Ab den 60er-Jahren finden bei der europäischen Jugend kommunistische Befreiungsbewegungen und die Dekolonisierung begeisterte Zustimmung. Seit dem Vietnamkrieg wird von linken Gruppierungen Kritik an den USA als Kritik des Kapitals vorgetragen. In den Studentenbewegungen ab 1967 in den Vereinigten Staaten von Amerika, Frankreich und Deutschland sammeln sich alle Spielarten des theoretischen Marxismus. Die Begeisterung für den chinesischen, kubanischen, albanischen, italienischen, tschechischen, sowjetischen, vietnamesischen, kambodschanischen oder sandinistischen Kommunismus als Totengräber des Kapitals ruht meist auf illusionären Vorstellungen, ohne die Realität dieser Gesellschaften zu kennen.

Auch in der Sowjetunion setzt nach Stalins Tod 1953 ein Wandel ein. Der Nachfolger Stalins Nikita Chruschtschow (1894 – 1971) klagt in einer berühmten Rede 1956 den stalinschen Terror an und rehabilitiert die von Stalin verfolgte Intelligenz und ermutigt die Opposition. Der Aufstand in Ungarn im November 1956 wird von der sowjetischen Führung noch brutal niedergeschlagen und der Widerstand in Polen und der Tschechoslowakei unterdrückt. Aber von nun an ist die Forderung nach Demokratie, der Wunsch nach einem besseren Leben und der Berücksichtigung ethnischer und nationaler Autonomie unüberhörbar. Seit 1980 hängt ökonomisches Wachstum weitgehend von technischen Innovationen ab, in der UDSSR nimmt aber die Rüstungsindustrie alle Ressourcen in Anspruch, billige Massenkonsumgüter können nicht aussreichend produziert werden. Die begrenzte Aussetzung des Polizeiterrors (Glasnost) und wirtschaftliche Reformen (Perestrojka) durch Michail Gorbatschow werden vom Westen unterstützt. Der Parteiapparat putscht im August 1991, aber schließlich siegen demokratische Kräfte, allerdings stürzt Gorbatschow und die Sowjetunion löst sich auf. Nationalistische Kräfte in den Teilrepubliken, die orthodoxe Kirche und ein mafiöser Kapitalismus gewinnen bedrohlich an Boden. Im Westen wird der neue Markt und das Verschwinden der ideologischen Alternative erfreut zur Kenntnis genommen. Unverfrorener denn je erhebt der Neoliberalismus seine asozialen Forderungen. Der reale Sozialismus ist gescheitert – und mit ihm die marxsche Theorie?

Angeblich wertfrei beschreibt die soziologische Modernisierungstheorie den Wandel von Agrargesellschaften zu Industriegesellschaften, die mit der Marktwirtschaft auch zu demokratischen Herrschaftsformen gelangen. Mit dieser

Entwicklung sind steigender Wohlstand, Massenkonsum und wohlfahrtsstaatliche Intervention verbunden. Zugleich mit dem kulturellen Wandel entstehen neue soziale Konflikte um Zugang und Verteilung des gesellschaftlichen Reichtums. Modernisierungstheorien unterstellen, dass der im Westen eingeschlagene Weg unumkehrbar ist und vom Rest der Welt erfolgreich nachgeholt werden kann. Oft sind diese Theorien von einem Fortschrittsoptimismus bestimmt, der Kämpfe, Konflikte und die »sozialen Kosten« der Modernisierung unterschlägt.[5] Zudem gehen sie davon aus, dass die vernünftige Begründbarkeit allgemein verbindlicher Normen wie Menschenrechte nicht mehr möglich ist.

Viele Entwicklungen schätzt Marx schon richtig ein: das Wachstum der Weltbevölkerung, die zunehmende Verstädterung und die steigende Lebenserwartung. Er erkennt früh die abhängige Lohnarbeit als Normalform der Beschäftigung und dass durch den Fortschritt der Technik immer mehr Arbeitsplätze überflüssig werden, aber auch dass Industrie und kapitalistisch betriebene Landwirtschaft die Versorgung der Weltbevölkerung mit Konsumgütern möglich machen. Er erkennt, dass überkommene Sozialformen wie die Familie sich auflösen oder sich grundlegend ändern. Er sieht die Ausgrenzung von Minderheiten und Asylsuchenden und die Folgen von Rassismus. Anderes kann er noch nicht sehen: die Bedeutung der Massenmedien für alle Berei-

che des Lebens und die ungeheure Beschleunigung des Nachrichtenaustauschs durch die Informationstechnologie. Er unterschätzt die Rolle einer immens gewachsenen Bürokratie, wie auch die zähe Beharrungskraft der Religionen und ihrer fundamentalistischen Varianten, die erbitterten Widerstand gegen die Modernisierung ihrer Gesellschaften leisten. Den Fortschritt der Wissenschaft und Technik beurteilt er zu optimistisch. Obwohl er die zunehmende Verselbstständigung gesellschaftlicher Teilsysteme schon erkennt und den grenzenlosen Egoismus von Kapitalinteressen beschreibt, sieht er noch nicht die Loslösung der Wissenschaft von allen ethischen Normen, wie sie heute in der Waffen- und Gentechnik stattfindet.

Die wichtigste Botschaft des Kommunistischen Manifests ist unverändert aktuell: Die Verhältnisse sind überwältigend, aber wir können trotzdem etwas dagegen tun. Der Traum der Frühsozialisten von Freiheit und Solidarität ist noch nicht ausgeträumt.

Anmerkungen | **1** Franz Mehring, *Karl Marx, Geschichte seines Lebens*. Berlin, 1960 (1. Aufl. 1918), S.438 – 439. **2** MEW 33, S. 5. **3** MEW 33, S. 40. **4** Klaus Goch, »Eleanor Marx«, in Luise F. Pusch (Hg.), *Töchter berühmter Männer*. Frankfurt, 1988, S. 326. **5** Johannes Berger, *Die Wirtschaft der modernen Gesellschaft*. Frankfurt, 1999.

Ehefrau Jenny v. Westphalen | Helene Demuth | Töchter Jenny, Laura, Eleanor (von links nach rechts)

Inauguraladresse der Internationalen Arbeiter-Assoziation
1864

Arbeiter!

Es ist Tatsache, dass das Elend der arbeitenden Massen nicht abgenommen hat während der Periode 1848 – 1864, und dennoch steht diese Periode mit ihrem Fortschritt von Industrie und Handel beispiellos da in den Annalen der Geschichte. Im Jahre 1850 weissagte eins der bestunterrichteten Organe der englischen Mittelklasse: Steigt Englands Ein- und Ausfuhr um 50%, so fällt der englische Pauperismus auf null. Nun wohl! Am 7. April 1864 hat der Schatzkanzler Gladstone seine parlamentarische Audienz durch den Nachweis entzückt, dass Großbritanniens Gesamtaus- und -einfuhr 1863 nicht weniger als 443.955.000 Pfd. St. betrug! »Eine erstaunliche Summe, ungefähr dreimal so groß als die Summe des britischen Gesamthandels in der kaum verschwundenen Epoche von 1843!« Trotz alledem war er beredt über »Armut«. »Denkt«, rief er, »an die, welche am Abgrund des Elends schweben!«, an »nicht gestiegene Löhne«, an »das Menschenleben, in neun Fällen von zehn ein bloßer Kampf um die Existenz!« Er sprach nicht von dem Volk von Irland, mehr und mehr ersetzt durch Maschinerie im Norden und durch Schafweiden im Süden, obgleich selbst die Schafe in jenem unglücklichen Lande abnehmen – es ist wahr, nicht ganz so rasch als die Menschen. Er wiederholte nicht, was die Repräsentanten der 10.000 Vornehmen soeben verraten hatten in einem plötzlichen Schreckanfall. Während der Höhe der Garrot-Panik ernannte nämlich das Haus der Lords eine Untersuchungskommission über Deportation und Strafarbeit. Ihr Bericht steht in dem umfangreichen Blaubuch von 1863 und beweist durch offizielle Zahlen und Tatsachen, dass der Auswurf des Verbrechens, dass die Galeerensklaven Englands und Schottlands viel weniger abgeplackt und viel besser genährt werden als die Ackerbauern Englands und Schottlands. Aber das war nicht alles. Als der Amerikanische Bürgerkrieg die Fabrikarbeiter von Lancashire und Cheshire auf das Pflaster warf, entsandte dasselbe Haus der Lords einen Arzt in jene Manufakturdistrikte mit dem Auftrag zu untersuchen, welcher kleinste Betrag von Kohlen- und Stickstoff, eingegeben in der wohlfeilsten und ordinärsten Form, durchschnittlich grade ausreiche, um »*Hungerkrankheiten abzuwehren*« (»to avert starvation diseases«). Dr. Smith, der ärztliche Bevollmächtigte, fand aus, dass eine wöchentliche Portion von 28.000 Gran Kohlen- und 1.330 Gran Stickstoff einen Durchschnittserwachsenen genau über dem Niveau der Hungerkrankheiten halten werde und dass dieser Dosis ungefähr die spärliche Nahrung entsprach, wozu der Druck äußerster Not die Baumwollenarbeiter heruntergebracht hatte[1]. Aber nun merkt auf! Derselbe gelehrte Doktor wurde später wieder durch den Medizinalbeamten des Geheimen Rats (Privy Council) beauftragt mit der Untersuchung über den Ernährungsstand des ärmeren Teils der Arbeiterklasse. Die Ergebnisse seiner Forschung sind einverleibt in den »*Sechsten Bericht über den Zustand der öffentlichen Gesundheit*«, veröffentlicht im Lauf des gegenwärtigen Jahres auf Befehl des Parlaments. Was entdeckte der Doktor? Dass Seidenweber, Näherinnen, Handschuhmacher, Strumpfwirker und andre Arbeiter jahraus, jahrein im Durchschnitt nicht einmal jene Notration der unbeschäftigten Baumwollarbeiter erhalten, nicht einmal jenen Betrag von Kohle und Stickstoff, der »*grade hinreicht zur Abwehr von Hungerkrankheiten*«.

»Außerdem«, wir zitieren den offiziellen Bericht, »außerdem zeigte sich in Bezug auf die untersuchten Familien der Ackerbaubevölkerung, dass mehr als $^1/_5$ *weniger* als das veranschlagte Minimum von kohlenhaltiger Nahrung, mehr als $^1/_3$ *weniger* als das veranschlagte Minimum von stickstoffhaltiger Nahrung erhält und dass in die durchschnittliche Lokalnahrung der drei Grafschaften Berkshire, Oxfordshire und Somersetshire ein unzureichendes Maß stickstoffhaltiger Lebensmittel eingeht. Man muss erwägen«, fügt der offizielle Bericht hinzu, »dass Mangel an Nahrung nur sehr widerstrebend ertragen wird und dass große Dürftigkeit der Diät in der Regel nur kommt, nachdem Entbehrungen aller Art vorhergingen. Reinlichkeit selbst wird vorher kostspielig und mühevoll, und werden aus Selbstachtung noch Versuche gemacht, um sie aufrechtzuhalten, so stellt jeder solcher Versuch eine zusätzliche Hungerqual vor.

Das sind peinliche Betrachtungen, namentlich wenn man sich erinnert, dass die Armut, wovon hier die Rede, nicht die verdiente Armut des Müßiggangs ist; es ist in allen Fällen die Armut von Arbeiterbevölkerungen. Ja, die Arbeit, die die armselige Nahrungsration erhält, ist tatsächlich meist über alles Maß verlängert.«

Der »*Bericht*« enthüllt die sonderbare und sicher unerwartete Tatsache, dass »von den vier Abteilungen des Vereinigten Königreichs« – England, Wales, Schottland und Irland – »die Ackerbaubevölkerung Englands«, der reichsten Abteilung, »*bei weitem die schlecht genährteste ist*«; dass aber selbst die elenden Ackerbautaglöhner von Berkshire, Oxfordshire und Somersetshire besser genährt sind als große Massen der geschickten Handwerker von London.

Dies sind offizielle Aufstellungen, auf Parlamentsbefehl veröffentlicht im Jahre 1864, während des tausendjährigen Reichs des Freihandels, zu einer Zeit, wo der britische Schatzkanzler das Haus der Gemeinen belehrt, dass »die Durchschnittslage des britischen Arbeiters sich in einem Maß verbessert hat, wovon wir wissen, dass es außerordentlich und beispiellos in der Geschichte aller Länder und aller Epochen dasteht«.

Misstönend knarrt zwischen diese offiziellen Glückwünschungen das dürre Wort des offiziellen Gesundheitsberichtes:

»Die öffentliche Gesundheit eines Landes bedeutet die Gesundheit seiner Masse, und wie können die Massen gesund sein, wenn sie bis auf ihre untersten Schichten herab nicht wenigstens erträglich gedeihen?«

Geblendet von der Fortschrittsstatistik des Nationalreichtums, die vor seinen Augen tanzt, ruft der Schatzkanzler in wilder Ekstase:

»Von 1842 bis 1852 wuchs das steuerbare Landeseinkommen um 6 Prozent; in den acht Jahren von 1853 bis 1861 ist es, ausgehend von der Basis von 1853, um 20 Prozent gewachsen. *Die Tatsache ist bis zum Unglaublichen erstaunlich! Dieser berauschende Zuwachs von Reichtum und Macht*«, fügt Herr Gladstone hinzu, *»ist ganz und gar auf die besitzenden Klassen beschränkt.*«

Wenn ihr wissen wollt, unter welchen Bedingungen gebrochener Gesundheit, befleckter Moral und geistigen Ruins jener *»berauschende Zuwachs von Reichtum und Macht, ganz und gar beschränkt auf die besitzenden Klassen*«, produziert wurde und produziert wird durch *die arbeitenden Klassen*, betrachtet die Schilderung der Arbeitslokale von Druckern, Schneidern und Kleidermacherinnen in dem letzten »*Bericht über den öffentlichen Gesundheitszustand*«! Vergleicht den »*Bericht der Kommission von 1863 über die Beschäftigung von Kindern*«, wo ihr unter anderm lest:

»Die Töpfer als eine Klasse, Männer und Weiber, repräsentieren eine entartete Bevölkerung, physisch und geistig entartet«; »die ungesunden Kinder werden ihrerseits ungesunde Eltern, eine fortschreitende Verschlechterung der Race ist unvermeidlich«, und dennoch »ist die Entartung (degenerescence) der Bevölkerung der Töpferdistrikte verlangsamt durch die beständige Rekrutierung aus den benachbarten Landdistrikten und die Zwischenheiraten mit gesunden Racen!«

Werft einen Blick auf das von Herrn Tremenheere redigierte Blaubuch über die »*Beschwerden der Bäckergesellen*«! Und wer schaudert nicht vor dem Paradoxon, eingetragen in die Berichte der Fabrikinspektoren und beleuchtet durch die Tabellen der General-Registratur, dem Paradoxon, dass zur Zeit, wo ihre Nahrungsration sie kaum über dem Niveau der Hungerkrankheit hielt, die Gesundheit der Arbeiter von Lancashire sich verbesserte infolge ihres zeitweiligen Ausschlusses aus der Baumwollfabrik durch die Baumwollnot und dass die Sterblichkeit der Fabrikkinder abnahm, weil es ihren Müttern jetzt endlich freistand, ihnen statt der Opiummixtur die Brust zu reichen.

Kehrt die Medaille wieder um! Die *Einkommen- und Eigentumssteuerlisten*, am 20. Juli 1864 dem Hause der Gemeinen vorgelegt, zeigen, dass die Personen mit *jährlichen* Einkommen von 50.000 Pfd. St. und *über* 50.000 Pfd. St. sich vom 5. April

1862 bis zum 5. April 1863 durch ein Dutzend und eins rekrutiert hatten, indem ihre Anzahl in diesem einen Jahr von 67 auf 80 stieg.

Dieselben Listen enthüllen die Tatsache, dass ungefähr *3.000* Personen ein jährliches Einkommen von ungefähr *25 Millionen Pfd. St.* unter sich teilen, mehr als das Gesamteinkommen, welches der Gesamtmasse der Ackerbauarbeiter von England und Wales jährlich zugemessen wird!

Öffnet den Zensus von 1861 und ihr findet, dass die Zahl der männlichen Grundeigentümer von England und Wales von 16.934 im Jahr 1851 herabgesunken war zu 15.066 im Jahre 1861, sodass die Konzentration des Grundeigentums in zehn Jahren um elf Prozent wuchs. Wenn die Konzentration des Landes in wenigen Händen gleichmäßig fortschreitet, wird sich die Grund- und Bodenfrage (the land question) ganz merkwürdig vereinfachen, wie zur Zeit des Römischen Kaiserreichs, als Nero grinste über die Entdeckung, dass die halbe Provinz von Afrika sechs Gentlemen angehörte.

Wir haben so lange verweilt bei diesen »bis zum Unglaublichen erstaunlichen Tatsachen«, weil England das Europa der Industrie und des Handels anführt und in der Tat auf dem Weltmarkt repräsentiert. Vor wenigen Monaten beglückwünschte einer der verbannten Söhne Louis-Philippes den *englischen* Ackerbauarbeiter öffentlich wegen des Vorzugs seiner Lage über die seiner minder blühenden Genossen jenseits des Kanals. In der Tat, mit veränderten Lokalfarben und in verjüngtem Maßstab wiederholen sich die englischen Tatsachen in allen industriellen und fortgeschrittenen Ländern des Kontinents. Seit 1848 in ihnen allen unerhörte Entwicklung der Industrie und ungeahnte Ausdehnung der Aus- und Einfuhr. In ihnen allen ein wahrhaft »berauschender Zuwachs von Reichtum und Macht«, »ganz und gar beschränkt auf die besitzenden Klassen«. In allen, wie in England, Steigen des *Reallohns*, d.h. der mit dem Geldlohn beschaffbaren Lebensmittel, für eine Minderheit der Arbeiterklasse, während in den meisten Fällen das Steigen des *Geldlohns* keinen wirklichen Zuwachs von Komfort anzeigte, so wenig, als etwa der Insasse eines Londoner Armen- oder Waisenhauses im Geringsten besser daran war, weil seine ersten Lebensmittel im Jahre 1861 der Verwaltung 9 Pfd. St. 15 sh. 8 d. kosteten anstatt der 7 Pfd. St. 7 sh. 4 d. des Jahres 1852. Überall die Massen der Arbeiterklasse tiefer sinkend in demselben Verhältnisse wenigstens, als die Klassen über ihnen in der gesellschaftlichen Waagschale aufschnellten. Und so ist es jetzt in allen Ländern Europas eine Wahrheit, erwiesen für jeden vorurteilsfreien Geist und nur geleugnet durch die interessiert klugen Prediger eines Narrenparadieses, dass keine Entwicklung der Maschinerie, keine chemische Entdeckung, keine Anwendung der Wissenschaft auf die Produktion, keine Verbesserung der Kommunikationsmittel, keine neuen Kolonien, keine

Auswanderung, keine Eröffnung von Märkten, kein Freihandel, noch alle diese Dinge zusammengenommen das Elend der arbeitenden Massen beseitigen können, sondern dass vielmehr umgekehrt, auf der gegenwärtigen falschen Grundlage, jede frische Entwicklung der Produktivkräfte der Arbeit dahin streben muss, die sozialen Kontraste zu vertiefen und den sozialen Gegensatz zuzuspitzen. Während dieser »berauschenden Epoche« ökonomischen Fortschritts hob sich der *Hungertod* beinahe zum Range einer Institution in der Hauptstadt des Britischen Reichs. In den Annalen des Weltmarkts ist dieselbe Epoche gekennzeichnet durch die raschere Wiederkehr, den erweiterten Umfang und die tödlichere Wirkung der gesellschaftlichen Pest, die man *industrielle und kommerzielle Krise* heißt.

Nach dem Fehlschlag der Revolutionen von 1848 wurden auf dem Kontinent alle Parteiorganisationen und Parteijournale der arbeitenden Klasse von der eisernen Hand der Gewalt unterdrückt, die fortgeschrittensten Söhne der Arbeit flohen in Verzweiflung nach der transatlantischen Republik, und der kurzlebige Traum der Emanzipation zerrann vor einer Epoche von fieberhaftem Industrialismus, moralischem Marasmus und politischer Reaktion. Die Niederlagen der kontinentalen Arbeiterklassen, wozu die diplomatische Einmischung des britischen Kabinetts, damals wie jetzt im brüderlichen Bund mit dem Kabinett von St. Petersburg, nicht wenig beitrug, verbreitete ihre ansteckende Wirkung bald diesseits des Kanals. Während der Untergang der kontinentalen Arbeiterbewegung die britische Arbeiterklasse entmannte und ihren Glauben in ihrer eignen Sache brach, stellte er das bereits etwas erschütterte Vertrauen der Landlords und der Geldlords wieder her. Bereits öffentlich angekündigte Konzessionen wurden mit absichtlicher Insolenz zurückgezogen. Die Entdeckung neuer Goldlande führte kurz darauf zu einem ungeheuren Exodus, der unersetzliche Lücken in den Reihen des britischen Proletariats hinter sich ließ. Andre seiner früher tätigsten Glieder, durch den Köder größerer Beschäftigung und augenblicklicher Lohnerhöhung bestochen, »trugen den bestehenden Verhältnissen Rechnung«. Alle Versuche, die Chartistenbewegung aufrechtzuerhalten oder neu zu gestalten, scheiterten vollständig, alle Pressorgane der Arbeiterklasse starben, eins nach dem andern, an der Apathie der Masse, und in der Tat, nie zuvor schien die englische Arbeiterklasse so ausgesöhnt mit einem Zustand politischer Nichtigkeit.

Hatte daher zwischen den britischen und den kontinentalen Arbeiterklassen keine Gemeinsamkeit der Aktion existiert, so existierte jetzt jedenfalls eine Gemeinsamkeit der Niederlage.

Und dennoch war die Periode von 1848 bis 1864 nicht ohne ihre Lichtseite. Hier seien nur zwei große Ereignisse erwähnt.

Nach einem dreißigjährigen Kampf, der mit bewundrungswürdiger Ausdauer geführt ward, gelang es der englischen Arbeiterklasse durch Benutzung eines augenblicklichen Zwiespalts zwischen Landlords und Geldlords, die *Zehnstundenbill* durchzusetzen. Die großen, physischen, moralischen und geistigen Vorteile, die den Fabrikarbeitern aus dieser Maßregel erwuchsen und die man in den Berichten der Fabrikinspektoren halbjährig verzeichnet findet, sind jetzt von allen Seiten anerkannt. Die meisten kontinentalen Regierungen nehmen das englische Fabrikgesetz in mehr oder minder veränderter Form an, und in England selbst wird seine Wirkungssphäre jährlich vom Parlament ausgedehnt. Aber von der praktischen Wichtigkeit abgesehen, hatte der Erfolg dieser Arbeitermaßregel eine andre große Bedeutung. Die Mittelklasse hatte durch die notorischsten Organe ihrer Wissenschaft, durch Dr. Ure, Professor Senior und andre Weisen von diesem Schlag, vorhergesagt und nach Herzenslust demonstriert, dass jede gesetzliche Beschränkung der Arbeitszeit die Totenglocke der englischen Industrie läuten müsse, einer Industrie, die vampirmäßig Menschenblut saugen müsse, vor allem Kinderblut. In alten Zeiten war der Kindermord ein mysteriöser Ritus der Religion des Moloch, aber er ward nur bei besonders feierlichen Gelegenheiten praktiziert, vielleicht einmal im Jahr, und zudem hatte Moloch keine besondere Liebhaberei für die Kinder der Armen.

Der Kampf über die gesetzliche Beschränkung der Arbeitszeit wütete umso heftiger, je mehr er, abgesehen von aufgeschreckter Habsucht, in der Tat die große Streitfrage traf, die Streitfrage zwischen der blinden Herrschaft der Gesetze von Nachfrage und Zufuhr, welche die politische Ökonomie der Mittelklasse bildet, und der Kontrolle sozialer Produktion durch soziale Ein- und Vorsicht, welche die politische Ökonomie der Arbeiterklasse bildet. Die Zehnstundenbill war daher nicht bloß eine große praktische Errungenschaft, sie war der Sieg eines Prinzips. Zum ersten Mal erlag die politische Ökonomie der Mittelklasse in hellem Tageslicht vor der politischen Ökonomie der Arbeiterklasse.

Ein noch größerer Sieg der politischen Ökonomie der Arbeit über die politische Ökonomie des Kapitals stand bevor.

Wir sprechen von der *Kooperativbewegung*, namentlich den Kooperativfabriken, diesem Werk weniger kühner »*Hände*« (hands). Der Wert dieser großen Experimente kann nicht überschätzt werden. Durch die Tat, statt durch Argumente, bewiesen sie, dass Produktion auf großer Stufenleiter und im Einklang mit dem Fortschritt moderner Wissenschaft vorgehen kann ohne die Existenz einer Klasse von *Meistern* (masters), die eine Klasse von »*Händen*« anwendet; dass, um Früchte zu tragen, die Mittel der Arbeit nicht monopolisiert zu werden brauchen als Mittel der Herrschaft über und Mittel der Ausbeutung gegen den Arbeiter selbst, und dass wie Sklavenarbeit, wie Leibeigenenarbeit so *Lohnarbeit* nur eine vorübergehende und untergeordnete gesellschaftliche Form ist, bestimmt zu verschwinden vor der *assoziierten Arbeit*, die ihr Werk mit williger Hand, rüstigem Geist und fröhlichen Herzens verrichtet. In England wurde der Samen des Kooperativsystems von *Robert Owen* ausgestreut; die auf dem Kontinent versuchten Arbeiterexperimente waren in der Tat der nächste praktische Ausgang der Theorien, die 1848 nicht erfunden, wohl aber laut proklamiert wurden.

Zur selben Zeit bewies die Erfahrung der Periode von 1848 bis 1864 unzweifelhaft, was die intelligentesten Führer der Arbeiterklasse in den Jahren 1851 und 1852 gegenüber der Kooperativbewegung in England bereits geltend machten, dass, wie ausgezeichnet im Prinzip und wie nützlich in der Praxis, kooperative Arbeit, wenn beschränkt auf den engen Kreis gelegentlicher Versuche vereinzelter Arbeiter, unfähig ist, das Wachstum des Monopols in geometrischer Progression aufzuhalten, die Massen zu befreien, ja die Wucht ihres Elends auch nur merklich zu erleichtern. Es ist vielleicht gerade dies der Grund, warum plausible Lords, bürgerlich-philanthropische Salbader und ein paar trockne politische Ökonomen jetzt mit demselben Kooperativsystem schöntun, das sie früher in seinem Keim zu ersticken versucht hatten, das sie verhöhnt hatten als die Utopie des Träumers und verdammt hatten als die Ketzerei des Sozialisten. Um die arbeitenden Massen zu befreien, bedarf das Kooperativsystem der Entwicklung auf nationaler Stufenleiter und der Förderung durch nationale Mittel.

Aber die Herren von Grund und Boden und die Herren vom Kapital werden ihre politischen Privilegien stets gebrauchen zur Verteidigung und zur Verewigung ihrer ökonomischen Monopole. Statt die Emanzipation der Arbeit zu fördern, werden sie fortfahren, ihr jedes mögliche Hindernis in den Weg zu legen. Lord Palmerston sprach aus ihrer Seele, als er in der letzten Parlamentssitzung den Verteidigern der Rechte der irischen Pächter höhnend zuschrie: »Das Haus der Gemeinen ist ein Haus von Grundeigentümern!«

Politische Macht zu erobern ist daher jetzt die große Pflicht der Arbeiterklassen. Sie scheinen dies begriffen zu haben, denn in England, Frankreich, Deutschland und Italien zeigt sich ein gleichzeitiges Wiederaufleben und finden gleichzeitige Versuche zur Reorganisation der Arbeiterpartei statt. Ein Element des Erfolges besitzt sie, die *Zahl*. Aber Zahlen fallen nur in die Waagschale, wenn Kombination sie vereint und Kenntnis sie leitet. Die vergangene Erfahrung hat gezeigt, wie Missachtung des Bandes der Brüderlichkeit, welches die Arbeiter der verschiedenen Länder verbinden und sie anfeuern sollte, in allen ihren Kämpfen für Emanzipation fest beieinander zu stehen, stets gezüchtigt wird durch die gemeinschaftliche Vereitlung ihrer zusammenhangslosen Versuche. Es war dies Bewusstsein, das die Arbeiter verschiedener Länder, versammelt am 28. September 1864 in dem öffentlichen *Meeting* zu St. Martin's Hall, London, anspornte zur Stiftung der *Internationalen Assoziation*.

Eine andere Überzeugung beseelte jenes Meeting.

Wenn die Emanzipation der Arbeiterklassen das Zusammenwirken verschiedener Nationen erheischt, wie jenes große Ziel erreichen mit einer auswärtigen Politik, die frevelhafte Zwecke verfolgt, mit Nationalvorurteilen ihr Spiel treibt und in piratischen Kriegen des Volkes Blut und Gut vergeudet? Nicht die Weisheit der herrschenden Klassen, sondern der heroische Widerstand der englischen Arbeiterklasse gegen ihre verbrecherische Torheit bewahrte den Westen Europas vor einer transatlantischen Kreuzfahrt für die Verewigung und Propaganda der Sklaverei. Der schamlose Beifall, die Scheinsympathie oder idiotische Gleichgültigkeit, womit die höheren Klassen Europas dem Meuchelmord des heroischen Polen und der Erbeutung der Bergveste des Kaukasus durch Russland zusahen; die ungeheueren und ohne Widerstand erlaubten Übergriffe dieser barbarischen Macht, deren Kopf zu St. Petersburg und deren Hand in jedem Kabinett von Europa, haben den Arbeiterklassen die Pflicht gelehrt, in die Geheimnisse der internationalen Politik einzudringen, die diplomatischen Akte ihrer respektiven Regierungen zu überwachen, ihnen wenn nötig entgegenzuwirken; wenn unfähig zuvorzukommen, sich zu vereinen in gleichzeitigen Denunziationen und die einfachen Gesetze der Moral und des Rechts, welche die Beziehungen von Privatpersonen regeln sollten, als die obersten Gesetze des Verkehrs von Nationen geltend zu machen.

Der Kampf für solch eine auswärtige Politik ist eingeschlossen im allgemeinen Kampf für die *Emanzipation der Arbeiterklasse*.

Proletarier aller Länder, vereinigt euch!

Anmerkungen | **1** Wir brauchen den Leser wohl kaum darauf hinzuweisen, dass, abgesehen von den Elementen des Wassers und gewissen anorganischen Stoffen, Kohle und Stickstoff den Rohstoff der menschlichen Nahrung bilden. Um allerdings den menschlichen Organismus zu ernähren, müssen ihm diese einfachen chemischen Bestandteile in Form von pflanzlichen oder tierischen Stoffen zugeführt werden. Kartoffeln z.B. enthalten in der Hauptsache Kohlenstoff, während Weizenbrot kohlen- und stickstoffhaltige Substanzen in der geeigneten Proportion enthält. (Anmerkung von Marx zur englischen Ausgabe von 1864.)

Der Bürgerkrieg in Frankreich
1871

Am Morgen des 18. März 1871 wurde Paris geweckt durch den Donnerruf: »Es lebe die Kommune!« Was ist die Kommune, diese Sphinx, die den Bourgeoisverstand auf so harte Proben setzt?

»Die Proletarier von Paris«, sagte das Zentralkomitee in seinem Manifest vom 18. März, »inmitten der Niederlagen und des Verrats der herrschenden Klassen, haben begriffen, dass die Stunde geschlagen hat, wo sie die Lage retten müssen, dadurch, dass sie die Leitung der öffentlichen Angelegenheiten in ihre eignen Hände nehmen... Sie haben begriffen, dass es ihre höchste Pflicht und ihr absolutes Recht ist, sich zu Herren ihrer eignen Geschicke zu machen und die Regierungsgewalt zu ergreifen.«

Aber die Arbeiterklasse kann nicht die fertige Staatsmaschinerie einfach in Besitz nehmen und diese für ihre eignen Zwecke in Bewegung setzen.

Die zentralisierte Staatsmacht, mit ihren allgegenwärtigen Organen – stehende Armee, Polizei, Bürokratie, Geistlichkeit, Richterstand, Organe, geschaffen nach dem Plan einer systematischen und hierarchischen Teilung der Arbeit – stammt her aus den Zeiten der absoluten Monarchie, wo sie der entstehenden Bourgeoisgesellschaft als eine mächtige Waffe in ihren Kämpfen gegen den Feudalismus diente. Dennoch blieb ihre Entwicklung gehemmt durch allerhand mittelalterlichen Schutt, grundherrliche und Adelsvorrechte, Lokalprivilegien, städtische und Zunftmonopole und Provinzialverfassungen. Der riesige Besen der französischen Revolution des 18. Jahrhunderts fegte alle diese Trümmer vergangner Zeiten weg und reinigte so gleichzeitig den gesellschaftlichen Boden von den letzten Hindernissen, die dem Überbau des modernen Staatsgebäudes im Wege gestanden. Dies moderne Staatsgebäude erhob sich unter dem ersten Kaisertum, das selbst wieder erzeugt worden war durch die Koalitionskriege des alten halbfeudalen Europas gegen das moderne Frankreich. Während der nachfolgenden Herrschaftsformen wurde die Regierung unter parlamentarische Kontrolle gestellt, d. h. unter die direkte Kontrolle der besitzenden Klassen. Einerseits entwickelte sie sich jetzt zu einem Treibhaus für kolossale Staatsschulden und erdrückende Steuern und wurde vermöge der unwiderstehlichen Anziehungskraft ihrer Amtsgewalt, ihrer Einkünfte und ihrer Stellenvergebung der Zankapfel für die konkurrierenden Fraktionen und Abenteurer der herrschenden Klassen – andrerseits änderte sich ihr politischer Charakter gleichzeitig mit den ökonomischen Veränderungen der Gesellschaft. In dem Maß, wie der Fortschritt der modernen Industrie den Klassengegensatz zwischen Kapital und Arbeit entwickelte, erweiterte, vertiefte, in demselben Maß erhielt die Staatsmacht mehr und mehr den Charakter einer öffentlichen Gewalt zur Unterdrückung der Arbeiterklasse, einer Maschine der Klassenherrschaft. Nach jeder Revolution, die einen Fortschritt des Klassenkampfs bezeichnet, tritt der rein unterdrückende Charakter der Staatsmacht offner und offner hervor. Die Revolution von 1830 übertrug die Regierung von den Grundbesitzern auf die Kapitalisten und damit von den entfernteren auf die direkteren Gegner der Arbeiter. Die Bourgeoisrepublikaner, die im Namen der Februarrevolution das Staatsruder ergriffen, gebrauchten es zur Herbeiführung der Junischlächtereien, um der Arbeiterklasse zu beweisen, dass die »soziale« Republik weiter nichts bedeute, als ihre soziale Unterdrückung durch die Republik; und um der königlich gesinnten Masse der Bourgeois und Grundbesitzer zu beweisen, dass sie die Sorgen und die Geldvorteile der Regierung ruhig den Bourgeoisrepublikanern überlassen könnten. Nach dieser ihrer einzigen Heldentat vom Juni blieb den Bourgeoisrepublikanern jedoch nur übrig, zurückzutreten aus dem ersten Glied ins letzte Glied der »Ordnungspartei« – einer Koalition, gebildet aus allen konkurrierenden Fraktionen und Faktionen der aneignenden Klassen in ihrem jetzt offen erklärten Gegensatz zu den hervorbringenden Klassen. Die angemessene Form ihrer Gesamtregierung war die parlamentarische Republik mit Louis Bonaparte als Präsidenten; eine Regierung des unverhohlnen Klassenterrorismus und der absichtlichen Beleidigung der »vile multitude« (der schoflen Menge). Wenn, wie Thiers sagte, die parlamentarische Republik die Staatsform war, die die Fraktionen der herrschenden Klasse am wenigsten trennte, so eröffnete sie dagegen einen Abgrund zwischen dieser Klasse und dem ganzen, außerhalb ihrer dünngesäten Reihen lebenden Gesellschaftskörper. Die Schranken, die, unter frühern Regierungen, die innern Spaltungen jener Klasse der Staatsmacht noch auferlegt hatten, waren durch ihre Vereinigung jetzt gefallen. Angesichts der drohenden Erhebung des Proletariats benutzte die vereinigte besitzende Klasse jetzt die Staatsmacht rücksichtslos und frech als das nationale Kriegswerkzeug des Kapitals gegen die Arbeit. Aber ihr ununterbrochner Kreuzzug gegen die produzierenden Massen zwang sie nicht nur, die vollziehende Gewalt mit stets wachsender Unterdrückungsmacht auszustatten; er zwang sie auch, ihre eigne parlamentarische Zwingburg – die Nationalversammlung – nach und nach aller Verteidigungsmittel gegen die vollziehende Gewalt zu entblößen. Die vollziehende Gewalt, in der Person des Louis Bonaparte, setzte sie vor die Tür. Der leibliche Nachkomme der Republik der »Ordnungspartei« war das zweite Kaisertum.

Das Kaisertum, mit dem Staatsstreich als Geburtsschein, dem allgemeinen Stimmrecht als Beglaubigung und dem Säbel als Zepter, gab vor, sich auf die Bauern zu stützen, auf jene große Masse der Produzenten, die nicht unmittelbar in den Kampf zwischen Kapital und Arbeit verwickelt waren. Es gab vor, die Arbeiterklasse zu retten, indem es den Parlamentarismus brach und mit ihm die unverhüllte Unterwürfigkeit der Regierung unter die besitzenden Klassen. Es gab vor, die besitzenden Klassen zu retten durch Aufrechterhaltung ihrer ökonomischen Hoheit über die Arbeiterklasse; und schließlich gab es vor, alle Klassen zu vereinigen durch die Wiederbelebung des Trugbilds des nationalen Ruhms. In Wirklichkeit war es die einzige mögliche Regierungsform zu einer Zeit, wo die Bourgeoisie die Fähigkeit, die Nation zu beherrschen, schon verloren und wo die Arbeiterklasse diese Fähigkeit noch nicht erworben hatte. Die ganze Welt jauchzte ihm zu als dem Retter der Gesellschaft. Unter seiner Herrschaft erreichte die Bourgeoisgesellschaft, aller politischen Sorgen enthoben, eine von ihr selbst nie geahnte Entwicklung. Ihre Industrie, ihr Handel dehnten sich zu unermesslichen Verhältnissen aus; der Finanzschwindel feierte kosmopolitische Orgien; das Elend der Massen hob sich grell ab gegenüber dem schamlosen Prunk eines gleißenden, überladnen und schuftigriechenden Luxus. Die Staatsmacht, scheinbar hoch über der Gesellschaft schwebend, war dennoch selbst der skandalöseste Skandal dieser Gesellschaft und gleichzeitig die Brutstätte aller ihrer Fäulnis. Ihre eigne Verrottung und die Verrottung der von ihr geretteten Gesellschaft wurde bloßgelegt durch die Bajonette Preußens, das selbst vor Begierde brannte, den Schwerpunkt dieses Regimes von Paris nach Berlin zu verlegen. Der Imperialismus ist die prostituierteste und zugleich die schließliche Form jener Staatsmacht, die von der entstehenden bürgerlichen Gesellschaft ins Leben gerufen war als das Werkzeug ihrer eignen Befreiung vom Feudalismus und die die vollentwickelte Bourgeoisgesellschaft verwandelt hatte in ein Werkzeug zur Knechtung der Arbeit durch das Kapital.

Der gerade Gegensatz des Kaisertums war die Kommune. Der Ruf nach der »sozialen Republik«, womit das Pariser Proletariat die Februarrevolution einführte, drückte nur das unbestimmte Verlangen aus nach einer Republik, die nicht nur die monarchische Form der Klassenherrschaft beseitigen sollte, sondern die Klassenherrschaft selbst. Die Kommune war die bestimmte Form dieser Republik.

Paris, der Mittelpunkt und Sitz der alten Regierungsmacht und gleichzeitig der gesellschaftliche Schwerpunkt der französischen Arbeiterklasse, Paris hatte sich in Waffen erhoben gegen den Versuch des Thiers und seiner Krautjunker, diese ihnen vom Kaisertum überkommne alte Regierungsmacht wiederherzustellen und zu verewigen. Paris konnte nur Widerstand leisten, weil es infolge der Belagerung die Armee losgeworden war, an deren Stelle es eine hauptsächlich aus Arbeitern bestehende Nationalgarde gesetzt hatte. Diese Tatsache galt es jetzt in eine bleibende Einrichtung zu verwandeln. Das erste Dekret der Kommune war daher die Unterdrückung des stehenden Heeres und seine Ersetzung durch das bewaffnete Volk.

Die Kommune bildete sich aus den durch allgemeines Stimmrecht in den verschiedenen Bezirken von Paris gewählten Stadträten. Sie waren verantwortlich und jederzeit absetzbar. Ihre Mehrzahl bestand selbstredend aus Arbeitern oder anerkannten Vertretern der Arbeiterklasse. Die Kommune sollte nicht eine parlamentarische, sondern eine arbeitende Körperschaft sein, vollziehend und gesetzgebend zu gleicher Zeit. Die Polizei, bisher das Werkzeug der Staatsregierung, wurde sofort aller ihrer politischen Eigenschaften entkleidet und in das verantwortliche und jederzeit absetzbare Werkzeug der Kommune verwandelt. Ebenso die Beamten aller andern Verwaltungszweige. Von den Mitgliedern der Kommune an abwärts, musste der öffentliche Dienst für *Arbeiterlohn* besorgt werden. Die erworbnen Anrechte und die Repräsentationsgelder der hohen Staatswürdenträger verschwanden mit diesen Würdenträgern selbst. Die öffentlichen Ämter hörten auf, das Privateigentum der Handlanger der Zentralregierung zu sein. Nicht nur die städtische Verwaltung, sondern auch die ganze, bisher durch den Staat ausgeübte Initiative wurde in die Hände der Kommune gelegt.

Das stehende Heer und die Polizei, die Werkzeuge der materiellen Macht der alten Regierung einmal beseitigt, ging die Kommune sofort darauf aus, das geistliche Unterdrückungswerkzeug, die Pfaffenmacht, zu brechen; sie dekretierte die Auflösung und Enteignung aller Kirchen, soweit sie besitzende Körperschaften waren. Die Pfaffen wurden in die Stille des Privatlebens zurückgesandt, um dort, nach dem Bilde ihrer Vorgänger, der Apostel, sich von dem Almosen der Gläubigen zu nähren. Sämtliche Unterrichtsanstalten wurden dem Volk unentgeltlich geöffnet und gleichzeitig von aller Einmischung des Staats und der Kirche gereinigt. Damit war nicht nur die Schulbildung für jedermann zugänglich gemacht, sondern auch die Wissenschaft selbst von den ihr durch das Klassenvorurteil und die Regierungsgewalt auferlegten Fesseln befreit.

Die richterlichen Beamten verloren jene scheinbare Unabhängigkeit, die nur dazu gedient hatte, ihre Unterwürfigkeit unter alle aufeinander folgenden Regierungen zu verdecken, deren jeder sie, der Reihe nach, den Eid der Treue geschworen und gebrochen hatten. Wie alle übrigen öffentlichen Diener, sollten sie fernerhin gewählt, verantwortlich und absetzbar sein.

Die Pariser Kommune sollte selbstverständlich allen großen gewerblichen Mittelpunkten Frankreichs zum Muster dienen. Sobald die kommunale Ordnung der Dinge einmal in Paris und den Mittelpunkten zweiten Ranges eingeführt war, hätte die alte zentralisierte Regierung auch in den Provinzen der Selbstregierung der Produzenten weichen müssen. In einer kurzen Skizze der nationalen Organisation, die die Kommune nicht die Zeit hatte, weiter auszuarbeiten, heißt es ausdrücklich, dass die Kommune die politische Form selbst des kleinsten Dorfs sein, und dass das stehende Heer auf dem Lande durch eine Volksmiliz mit äußerst kurzer Dienstzeit ersetzt werden sollte. Die Landgemeinden eines jeden Bezirks sollten ihre gemeinsamen Angelegenheiten durch eine Versammlung von Abgeordneten in der Bezirkshauptstadt verwalten, und diese Bezirksversammlungen dann wieder Abgeordnete zur Nationaldelegation in Paris schicken; die Abgeordneten sollten jederzeit absetzbar und an die bestimmten Instruktionen ihrer Wähler gebunden sein. Die wenigen, aber wichtigen Funktionen, welche dann noch für eine Zentralregierung übrig blieben, sollten nicht, wie dies absichtlich gefälscht worden, abgeschafft, sondern an kommunale, d.h. streng verantwortliche Beamte übertragen werden. Die Einheit der Nation sollte nicht gebrochen, sondern im Gegenteil organisiert werden durch die Kommunalverfassung; sie sollte eine Wirklichkeit werden durch die Vernichtung jener Staatsmacht, welche sich für die Verkörperung dieser Einheit ausgab, aber unabhängig und überlegen sein wollte gegenüber der Nation, an deren Körper sie doch nur ein Schmarotzerauswuchs war. Während es galt, die bloß unterdrückenden Organe der alten Regierungsmacht abzuschneiden, sollten ihre berechtigten Funktionen einer Gewalt, die über der Gesellschaft zu stehn beanspruchte, entrissen und den verantwortlichen Dienern der Gesellschaft zurückgegeben werden. Statt einmal in drei oder sechs Jahren zu entscheiden, welches Mitglied der herrschenden Klasse das Volk im Parlament ver- und zertreten soll, sollte das allgemeine Stimmrecht dem in Kommunen konstituierten Volk dienen, wie das individuelle Stimmrecht jedem andern Arbeitgeber dazu dient, Arbeiter, Aufseher und Buchhalter in seinem Geschäft auszusuchen. Und es ist bekannt genug, dass Gesellschaften ebenso gut wie einzelne, in wirklichen Geschäftssachen gewöhnlich den rechten Mann zu finden und, falls sie sich einmal täuschen, dies bald wieder gutzumachen wissen. Andrerseits aber konnte nichts dem Geist der Kommune fremder sein, als das allgemeine Stimmrecht durch hierarchische Investitur zu ersetzen.

Es ist das gewöhnliche Schicksal neuer geschichtlicher Schöpfungen, für das Seitenstück älterer und selbst verlebter Formen des gesellschaftlichen Lebens versehn zu werden, denen sie einigermaßen ähnlich sehn. So ist diese neue Kommune, die die moderne Staatsmacht bricht, angesehn worden für eine Wiederbelebung der mittelalterlichen Kommunen, welche jener Staatsmacht erst vorausgingen und dann ihre Grundlage bildeten. – Die Kommunalverfassung ist versehn worden für einen Versuch, einen Bund kleiner Staaten, wie Montesquieu und die Girondins ihn träumten, an die Stelle jener Einheit großer Völker zu setzen, die, wenn ursprünglich durch Gewalt zustande gebracht, doch jetzt ein mächtiger Faktor der gesellschaftlichen Produktion geworden ist. – Der Gegensatz der Kommune gegen die Staatsmacht ist versehn worden für eine übertriebne Form des alten Kampfes gegen Überzentralisation. Besondre geschichtliche Umstände mögen die klassische Entwicklung der Bourgeoisregierungsform, wie sie in Frankreich vor sich gegangen, in andren Ländern verhindert, und mögen gestattet haben, dass, wie in England, die großen zentralen Staatsorgane sich ergänzen durch korrupte Pfarreiversammlungen (vestries), geldschachernde Stadträte und wutschnaubende Armenverwalter in den Städten und durch tatsächlich erbliche Friedensrichter auf dem Lande. Die Kommunalverfassung würde im Gegenteil dem gesellschaftlichen Körper alle die Kräfte zurückgegeben haben, die bisher der Schmarotzerauswuchs »Staat«, der von der Gesellschaft sich nährt und ihre freie Bewegung hemmt, aufgezehrt hat. Durch diese Tat allein würde sie die Wiedergeburt Frankreichs in Gang gesetzt haben. – Die Mittelklasse der Provinzialstädte sah in der Kommune einen Versuch zur Wiederherstellung der Herrschaft, die sie unter Louis-Philippe über das Land ausgeübt hatte und die unter Louis Bonaparte verdrängt wurde durch die angebliche Herrschaft des Landes über die Städte. In Wirklichkeit aber hätte die Kommunalverfassung die ländlichen Produzenten unter die geistige Führung der Bezirkshauptstädte gebracht und ihnen dort, in den städtischen Arbeitern, die natürlichen Vertreter ihrer Interessen gesichert. – Das bloße Bestehn der Kommune führte, als etwas Selbstverständliches, die lokale Selbstregierung mit sich, aber nun nicht mehr als Gegengewicht gegen die, jetzt überflüssig gemachte, Staatsmacht. Es konnte nur einem Bismarck einfallen, der, wenn nicht von seinen Blut- und Eisenintrigen in Anspruch genommen, gern zu seinem alten, seinem geistigen Kaliber so sehr zusagenden Handwerk als Mitarbeiter am »Kladderadatsch« zurückkehrt – nur einem solchen Kopf konnte es einfallen, der Pariser Kommune eine Sehnsucht unterzuschieben nach jener Karikatur der alten französischen Städteverfassung von 1791, der preußischen Städteordnung, die die städtischen Verwaltungen zu bloßen untergeordneten Rädern in der preußischen Staatsmaschinerie erniedrigt. – Die Kommune machte das Stichwort aller Bourgeoisrevolutionen – wohlfeile Regierung – zur Wahrheit, indem sie die beiden größten Ausgabequellen, die Armee und das Beamtentum, aufhob. Ihr bloßes Bestehn setzte das Nichtbestehn der Monarchie voraus, die, wenigstens in Europa, der regelrechte Ballast und der unentbehrliche Deckmantel der Klassenherrschaft ist. Sie verschaffte der Republik die Grundlage wirklich demokratischer Einrichtungen. Aber weder »wohlfeile Regierung« noch die »wahre Republik« war ihr Endziel; beide ergaben sich nebenbei und von selbst.

Die Mannigfaltigkeit der Deutungen, denen die Kommune unterlag, und die Mannigfaltigkeit der Interessen, die sich in ihr ausgedrückt fanden, beweisen, dass sie eine durch und durch ausdehnungsfähige politische Form war, während alle früheren Regierungsformen wesentlich unterdrückend gewesen waren. Ihr wahres Geheimnis war dies: Sie war wesentlich eine *Regierung der Arbeiterklasse*, das Resultat des Kampfs der hervorbringenden gegen die aneignende Klasse, die endlich entdeckte politische Form, unter der die ökonomische Befreiung der Arbeit sich vollziehen konnte.

Ohne diese letzte Bedingung war die Kommunalverfassung eine Unmöglichkeit und eine Täuschung. Die politische Herrschaft des Produzenten kann nicht bestehn neben der Verewigung seiner gesellschaftlichen Knechtschaft. Die Kommune sollte daher als Hebel dienen, um die ökonomischen Grundlagen umzustürzen, auf denen der Bestand der Klassen und damit der Klassenherrschaft ruht. Einmal die Arbeit emanzipiert, so wird jeder Mensch ein Arbeiter, und produktive Arbeit hört auf, eine Klasseneigenschaft zu sein.

Es ist eine eigentümliche Tatsache: Trotz all des großen Geredes und der unermesslichen Literatur der letzten sechzig Jahre über Emanzipation der Arbeiter – kaum nehmen die Arbeiter irgendwo die Sache in ihre eignen Hände, so ertönen auch sofort wieder die apologetischen Redensarten der Fürsprecher der jetzigen Gesellschaft mit ihren beiden Polen: Kapital und Lohnsklaverei (der Grundbesitzer ist jetzt nur noch der stille Gesellschafter des Kapitalisten), als lebte die kapitalistische Gesellschaft noch imstande reinster jungfräulicher Unschuld, alle ihre Grundsätze noch unentwickelt, alle ihre Selbsttäuschungen noch unenthüllt, alle ihre prostituierte Wirklichkeit noch nicht bloßgelegt! Die Kommune, rufen sie aus, will das Eigentum, die Grundlage aller Zivilisation, abschaffen! Jawohl, meine Herren, die Kommune wollte jenes Klasseneigentum abschaffen, das die Arbeit der vielen in den Reichtum der wenigen verwandelt. Sie beabsichtigte die Enteignung der Enteigner. Sie wollte das individuelle Eigentum zu einer Wahrheit machen, indem sie die Produktionsmittel, den Erdboden und das Kapital, jetzt vor allem die Mittel zur Knechtung und Ausbeutung der Arbeit, in bloße Werkzeuge der freien und assoziierten Arbeit verwandelt. – Aber dies ist der Kommunismus, der »unmögliche« Kommunismus! Nun, diejenigen Leute aus den herrschenden Klassen, die verständig genug sind, die Unmöglichkeit der Fortdauer des jetzigen Systems einzusehn – und deren gibt es viele –, haben sich zu zudringlichen und großmäuligen Aposteln der genossenschaftlichen Produktion aufgeworfen. Wenn aber die genossenschaftliche Produktion nicht eitel Schein und Schwindel bleiben, wenn sie das kapitalistische System verdrängen, wenn die Gesamtheit der Genossenschaften die nationale Produktion nach einem gemeinsamen Plan regeln, sie damit unter ihre eigne Leitung nehmen und der beständigen Anarchie und den periodisch wiederkehrenden Konvulsionen, welche das unvermeidliche Schicksal der kapitalistischen Produktion sind, ein Ende machen soll – was wäre das andres, meine Herren, als der Kommunismus, der »mögliche« Kommunismus?

Die Arbeiterklasse verlangte keine Wunder von der Kommune. Sie hat keine fix und fertigen Utopien durch Volksbeschluss einzuführen. Sie weiß, dass, um ihre eigne Befreiung und mit ihr jene höhre Lebensform hervorzuarbeiten, der die gegenwärtige Gesellschaft durch ihre eigne ökonomische Entwicklung unwiderstehlich entgegenstrebt, dass sie, die Arbeiterklasse, lange Kämpfe, eine ganze Reihe geschichtlicher Prozesse durchzumachen hat, durch welche die Menschen wie die Umstände gänzlich umgewandelt werden. Sie hat keine Ideale zu verwirklichen; sie hat nur die Elemente der neuen Gesellschaft in Freiheit zu setzen, die sich bereits im Schoß der zusammenbrechenden Bourgeoisgesellschaft entwickelt haben. Im vollen Bewusstsein ihrer geschichtlichen Sendung und mit dem Heldenentschluss, ihrer würdig zu handeln, kann die Arbeiterklasse sich begnügen, zu lächeln gegenüber den plumpen Schimpfereien der Lakaien von der Presse wie gegenüber der lehrhaften Protektion wohlmeinender Bourgeoisdoktrinäre, die ihre unwissenden Gemeinplätze und Sektierermarotten im Orakelton wissenschaftlicher Unfehlbarkeit abpredigen.

Als die Pariser Kommune die Leitung der Revolution in ihre eigne Hand nahm; als einfache Arbeiter zum ersten Mal es wagten, das Regierungsprivilegium ihrer »natürlichen Obern«, der Besitzenden, anzutasten, und, unter Umständen von beispielloser Schwierigkeit, ihre Arbeit bescheiden, gewissenhaft und wirksam verrichteten – sie verrichteten für Gehalte, deren höchstes kaum ein Fünftel von dem war, was nach einem hohen wissenschaftlichen Gewährsmann (Professor Huxley) das geringste ist für einen Sekretär des Londoner Schulrats –, da wand sich die alte Welt in Wutkrämpfen beim Anblick der roten Fahne, die, das Symbol der Republik der Arbeit, über dem Stadthause wehte.

Und doch war dies die erste Revolution, in der die Arbeiterklasse offen anerkannt wurde als die einzige Klasse, die noch einer gesellschaftlichen Initiative fähig war; anerkannt selbst durch die große Masse der Pariser Mittelklasse – Kleinhändler, Handwerker, Kaufleute –, die reichen Kapitalisten allein ausgenommen. Die Kommune hatte sie gerettet durch eine weise Erledigung jener immer wiederkehrenden Ursache des Streits unter der Mittelklasse selbst, der Frage zwischen Schuldnern und Gläubigern. Derselbe Teil der Mittelklasse hatte sich 1848 bei der Unterdrückung des Arbeiteraufstandes vom Juni beteiligt; und unmittelbar darauf war er durch die konstituierende Versammlung ohne alle Umstände seinen Gläubigern zum Opfer gebracht worden. Aber dies war nicht der einzige Grund, weswegen er sich jetzt an die Arbeiter anschloss. Er fühlte, dass es nur noch eine Wahl gab: die Kommune oder das

Kaisertum, gleichviel unter welchem Namen. Das Kaisertum hatte diese Mittelklasse ökonomisch ruiniert durch seine Verschleuderung des öffentlichen Reichtums, durch den von ihm großgezognen Finanzschwindel, durch seine Beihülfe zur künstlich beschleunigten Zentralisation des Kapitals und die dadurch bedingte Enteignung eines großen Teils dieser Mittelklasse. Es hatte sie politisch unterdrückt, sie sittlich entrüstet durch seine Orgien, es hatte ihren Voltairianismus beleidigt durch Überlieferung der Erziehung ihrer Kinder an die »unwissenden Brüderlein«, es hatte ihr Nationalgefühl als Franzosen empört, indem es sie kopfüber in einen Krieg stürzte, der für alle die Verwüstung, die er anrichtete, nur einen Ersatz ließ – die Vernichtung des Kaisertums. In der Tat, nach der Auswanderung der hohen bonapartistischen und kapitalistischen Zigeunerbande aus Paris trat die wahre Ordnungspartei der Mittelklasse hervor als die »Union républicaine«, stellte sich unter die Fahne der Kommune und verteidigte sie gegen Thiers' absichtliche Entstellungen. Ob die Dankbarkeit dieser großen Masse der Mittelklasse die jetzigen schweren Prüfungen bestehn wird, bleibt abzuwarten.

Die Kommune hatte vollständig recht, als sie den Bauern zurief: »Unser Sieg ist eure Hoffnung!« Von allen den Lügen, die in Versailles ausgeheckt und von den ruhmvollen europäischen Presszuaven weiterposaunt wurden, war eine der ungeheuerlichsten die, dass die Krautjunker der Nationalversammlung die Vertreter der französischen Bauern seien. Man denke sich nur die Liebe des französischen Bauern für die Leute, denen er, nach 1815, eine Milliarde Entschädigung zahlen musste! In den Augen des französischen Bauern ist ja schon die bloße Existenz eines großen Grundbesitzers ein Eingriff in seine Eroberungen von 1789. Der Bourgeois hatte 1848 die Bodenparzelle des Bauern mit der Zuschlagssteuer von 45 Centimen auf den Franken belastet, aber er tat es im Namen der Revolution; jetzt hatte er einen Bürgerkrieg gegen die Revolution entzündet, um die Hauptlast der den Preußen bewilligten fünf Milliarden Kriegsentschädigung den Bauern aufzubürden. Die Kommune dagegen erklärte gleich in einer ihrer ersten Proklamationen, dass die wirklichen Urheber des Krieges auch dessen Kosten tragen müssten. Die Kommune würde dem Bauer die Blutsteuer abgenommen, ihm eine wohlfeile Regierung gegeben und seine Blutsauger, den Notar, den Advokaten, den Gerichtsvollzieher und andre gerichtliche Vampire, in besoldete Kommunalbeamte, von ihm selbst gewählt und ihm verantwortlich, verwandelt haben. Sie würde ihn befreit haben von der Willkürherrschaft des Flurschützen, des Gendarmen und des Präfekten; sie würde anstelle der Verdummung durch den Pfaffen die Aufklärung durch den Schullehrer gesetzt haben. Und der französische Bauer ist vor allem ein Mann, der rechnet. Er würde es äußerst vernünftig gefunden haben, dass die Bezahlung des Pfaffen, statt von dem Steuereinnehmer eingetrieben zu werden, nur von der freiwilligen Betätigung des Frömmigkeitstriebs seiner Gemeinde abhängen solle. Dies waren die großen unmittelbaren Wohltaten, die die Herrschaft der Kommune – und sie nur – den französischen Bauern in Aussicht stellte. Es ist daher ganz überflüssig, hier näher einzugehn auf die verwickelteren wirklichen Lebensfragen, die die Kommune allein fähig und gleichzeitig gezwungen war, zugunsten des Bauern zu lösen – die Hypothekenschuld, die wie ein Alb auf seiner Parzelle lastete, das ländliche Proletariat, das täglich auf ihr heranwuchs, und seine eigne Enteignung von dieser Parzelle, die mit stets wachsender Geschwindigkeit durch die Entwicklung der modernen Ackerbauwirtschaft und die Konkurrenz des kapitalistischen Bodenbaus sich durchsetzte. (...)

Die große soziale Maßregel der Kommune war ihr eignes arbeitendes Dasein. Ihre besondern Maßregeln konnten nur die Richtung andeuten, in der eine Regierung des Volks durch das Volk sich bewegt. Dahin gehören die Abschaffung der Nachtarbeit der Bäckergesellen; das Verbot, bei Strafe, der bei Arbeitgebern üblichen Praxis, den Lohn herabzudrücken durch Auferlegung von Geldstrafen auf die Arbeiter unter allerlei Vorwänden – ein Verfahren, wobei der Arbeitgeber in einer Person Gesetzgeber, Richter und Vollstrecker ist und obendrein das Geld einsteckt. Eine andre Maßregel dieser Art war die Auslieferung von allen geschlossenen Werkstätten und Fabriken an Arbeitergenossenschaften, unter Vorbehalt der Entschädigung, gleichviel, ob der betreffende Kapitalist geflüchtet war oder aber vorzog, die Arbeit einzustellen.

Die finanziellen Maßregeln der Kommune, ausgezeichnet durch ihre Einsicht und Mäßigung, konnten sich nur auf solche beschränken, die mit der Lage einer belagerten Stadt verträglich waren. In Anbetracht der ungeheuren Diebstähle, begangen an der Stadt Paris durch die großen Finanzkompanien und Bauunternehmer unter Haussmanns Herrschaft, hätte die Kommune ein weit größeres Recht gehabt, ihr Eigentum zu konfiszieren, als Louis Bonaparte das der Familie Orléans. Die Hohenzollern und die englischen Oligarchen, die beide ein gutes Stück ihrer Besitzungen von geraubtem Kircheneigentum herleiten, waren natürlich höchst entrüstet über die Kommune, die aus der Säkularisation nur 8.000 Franken profitierte.

Während die Versailler Regierung, sobald sie wieder zu etwas Mut und Stärke gekommen, die gewaltsamsten Mittel gegen die Kommune anwandte; während sie die freie Meinungsäußerung über ganz Frankreich unterdrückte und sogar Versammlungen von Delegierten der großen Städte verbot; während sie Versailles und das übrige Frankreich einer Spionage, weit schlimmer als die des zweiten Kaisertums, unterwarf; während sie durch ihre Gendarmen-Inquisitoren alle in Paris gedruckten Zeitungen verbrannte und alle Briefe von und nach Paris erbrach; während in der Nationalversammlung die furchtsamsten Versuche, ein Wort für Paris zu verlautbaren, niedergeheult wurden in einer, selbst in der Junkerkammer von 1816 unerhörten Weise; während der blutdürstigen Kriegführung der Versailler außerhalb und ihrer Versuche der Bestechung und Verschwörung innerhalb Paris – hätte da die Kommune nicht ihre Stellung schmählich verraten, wenn sie alle Anstandsformen des Liberalismus, wie im tiefsten Frieden, beobachtet hätte? Wäre die Regierung der Kommune der des Herrn Thiers verwandt gewesen, es wäre ebenso wenig Veranlassung da gewesen, Ordnungsparteiblätter in Paris wie Kommunalblätter in Versailles zu unterdrücken.

Es war in der Tat ärgerlich für die Krautjunker, dass gerade um die Zeit, wo sie die Rückkehr zur Kirche als einziges Mittel zur Rettung Frankreichs erklärten, die ungläubige Kommune die eigentümlichen Geheimnisse des Nonnenklosters Picpus und der Kirche St. Laurent aufdeckte. Es war eine Satire auf Thiers, dass, während er Großkreuze auf die bonapartistischen Generale regnen ließ für ihre Meisterschaft im Schlachtenverlieren, Kapitulationsunterzeichnen und Wilhelmshöher Zigarettendrehen, die Kommune ihre Generale absetzte und verhaftete, sobald sie der Vernachlässigung ihres Dienstes verdächtig waren. Die Ausstoßung und Verhaftung eines Mitgliedes, das sich unter falschem Namen eingeschlichen und früher in Lyon sechs Tage Gefängnis wegen einfachen Bankerotts erlitten hatte – war sie nicht eine vorbedachte Beleidigung, ins Gesicht geschleudert dem Fälscher Jules Favre, damals noch immer auswärtiger Minister Frankreichs, noch immer Frankreich verkaufend an Bismarck, noch immer Befehle diktierend jener unvergleichlichen belgischen Regierung? Aber in der Tat, die Kommune machte keinen Anspruch auf Unfehlbarkeit, wie dies alle die alten Regierungen ohne Ausnahme tun. Sie veröffentlichte alle Reden und Handlungen, sie weihte das Publikum ein in alle ihre Unvollkommenheiten.

In jeder Revolution drängen sich, neben ihren wirklichen Vertretern, Leute andern Gepräges vor. Einige sind die Überlebenden früherer Revolutionen, mit denen sie verwachsen sind; ohne Einsicht in die gegenwärtige Bewegung, aber noch im Besitz großen Einflusses auf das Volk durch ihren bekannten Mut und Charakter oder auch durch bloße Tradition. Andre sind bloße Schreier, die, jahrelang dieselben ständigen Deklamationen gegen die Regierung des Tages wiederholend, sich in den Ruf von Revolutionären des reinsten Wassers eingeschlichen haben. Auch nach dem 18. März kamen solche Leute zum Vorschein und spielten sogar in einigen Fällen eine hervorragende Rolle. So weit ihre Macht ging, hemmten sie die wirkliche Aktion der Arbeiterklasse, wie sie die volle Entwicklung jeder frühern Revolution gehemmt haben. Sie sind ein unvermeidliches Übel; mit der Zeit schüttelt man sie ab; aber gerade diese Zeit wurde der Kommune nicht gelassen.

Wunderbar in der Tat war die Verwandlung, die die Kommune an Paris vollzogen hatte! Keine Spur mehr von dem buhlerischen Paris des zweiten Kaisertums.

Paris war nicht länger der Sammelplatz von britischen Grundbesitzern, irischen Absentees, amerikanischen Ex-Sklavenhaltern und Emporkömmlingen, russischen Ex-Leibeignenbesitzern und walachischen Bojaren. Keine Leichen mehr in der Morgue, keine nächtlichen Einbrüche und fast keine Diebstähle mehr; seit den Februartagen von 1848 waren die Straßen von Paris wirklich einmal wieder sicher, und das ohne irgendwelche Polizei.

»Wir«, sagte ein Mitglied der Kommune, »wir hören jetzt nichts mehr von Mord, Raub und Tätlichkeiten gegen Personen: es scheint in der Tat, als ob die Polizei alle ihre konservativen Freunde mit nach Versailles geschleppt habe.«

Die Kokotten hatten die Fährte ihrer Beschützer wieder gefunden – der flüchtigen Männer der Familie, der Religion und vor allem des Eigentums. An ihrer Stelle kamen die wirklichen Weiber von Paris wieder an die Oberfläche – heroisch, hochherzig und aufopfernd wie die Weiber des Altertums. Paris, arbeitend, denkend, kämpfend, blutend, über seiner Vorbereitung einer neuen Gesellschaft fast vergessend der Kannibalen vor seinen Toren, strahlend in der Begeisterung seiner geschichtlichen Initiative!

Und nun, gegenüber dieser neuen Welt in Paris, siehe da die alte Welt in Versailles – diese Versammlung der Ghuls aller verstorbnen Regimes, Legitimisten und Orleanisten, gierig, vom Leichnam der Nation zu zehren – mit einem Schwanz vorsintflutlicher Republikaner, die durch ihre Gegenwart in der Versammlung der Sklavenhalter-Rebellion zustimmten, die die Erhaltung ihrer parlamentarischen Republik von der Eitelkeit des bejahrten Pickelhärings an der Spitze der Regierung erhofften und 1789 karikierten durch Abhaltung ihrer gespensterhaften Versammlungen im Jeu de Paume (Ballspielhaus, wo die Nationalversammlung von 1789 ihre berühmten Beschlüsse fasste). Da war sie, diese Versammlung, die Vertreterin von allem, was abgestorben war in Frankreich, aufgestützt zur Positur scheinbaren Lebens durch nichts als die Säbel der Generale von Louis Bonaparte. Paris ganz Wahrheit, Versailles ganz Lüge, und diese Lüge losgelassen durch den Mund Thiers'.

Thiers sagt einer Deputation der Bürgermeister des Seine- und Oise-Departements: »Sie können sich auf mein Wort verlassen, das ich *nie* gebrochen habe!«

Der Versammlung selbst sagte er, sie sei »die freiestgewählte und liberalste Versammlung, die Frankreich je besessen«; seiner bunt gemischten Soldateska, sie sei »die Bewunderung der Welt und die schönste Armee, die Frankreich je gehabt«; den Provinzen, das Bombardement von Paris sei ein Märchen: »Wenn einige Kanonenschüsse gefallen sind, so geschah das nicht durch die Versailler Armee, sondern durch einige Insurgenten, die glauben machen wollen, sie schlügen sich, wo sie sich doch nirgends zu zeigen wagen.«

Dann wieder sagt er den Provinzen:

»Die Artillerie von Versailles bombardiert Paris nicht, sie kanoniert es bloß.«

Dem Erzbischof von Paris sagt er, die den Versailler Truppen nacherzählten Erschießungen und Repressalien(!) seien lauter Lügen. Er verkündet an Paris, er beabsichtigte nur, »es von den scheußlichen Tyrannen zu befreien, die es bedrücken«, und das Paris der Kommune sei in der Tat »nur eine Hand voll Verbrecher«.

Das Paris des Thiers war nicht das wirkliche Paris der »schoflen Menge«, sondern ein Fantasie-Paris, das Paris der Francs-fileurs, das Paris der Boulevards, männlich wie weiblich, das reiche, das kapitalistische, das vergoldete, das faulenzende Paris, das sich jetzt mit seinen Lakaien, seinen Hochstaplern, seiner literarischen Zigeunerbande und seinen Kokotten in Versailles, Saint-Denis, Rueil und Saint-Germain drängte; für das der Bürgerkrieg nur ein angenehmes Zwischenspiel war; das den Kampf durchs Fernglas betrachtete, die Kanonenschüsse zählte und bei seiner eignen Ehre und der seiner Huren schwor, das Schauspiel sei unendlich besser arrangiert, als es im Theater der Porte Saint-Martin je gewesen. Die Gefallnen waren wirklich tot, das Geschrei der Verwundeten war kein bloßer Schein; und dann, wie welthistorisch war nicht die ganze Sache!

Dies ist das Paris des Herrn Thiers, ganz wie die Emigration von Koblenz das Frankreich des Herrn von Calonne war.

Friedrich Engels

Briefe
1874 – 1881

Karlsbad, 18. September 1874, Marx an Engels

Lieber Fred,

Montag brechen wir auf; es geht über Leipzig, wo ich mich etwas aufhalten und Wilhelm sehn werde, nach Hamburg.

Du weißt, dass ich sehr schreibfaul bin; doch war das diesmal nicht der Grund des hartnäckigen Schweigens. Die ersten drei Wochen *fast schlaflos* zugebracht; dies zusammen mit den Anstrengungen hier wird dir alles erklären.

Obgleich man nur morgens trinkt (abends vor Schlafengehn lässt man sich ein kaltes Glas einer besondren Quelle ins Haus bringen), befindet man sich doch den ganzen Tag über in einer Art Maschine, die einen fast keinen Augenblick freilässt.

Morgens um fünf oder halb sechs auf. Dann sechs Gläser nacheinander an verschiednen Brunnen zu nehmen. Zwischen dem einen und dem folgenden Glase müssen wenigstens 15 Minuten liegen.

Dann wird das Frühstück vorbereitet, zunächst durch den Einkauf von kurgemäßem Backwerk. Danach ein Marsch von wenigstens einer Stunde, endlich der Kaffee, der hier vorzüglich ist, in einem der Kaffeehäuser außerhalb der Stadt. Hierauf folgt eine Fußtour durch die umliegenden Berge; um zwölf Uhr about kömmt man nach Haus, nimmt aber einen Tag um den andern noch ein Bad, was wiederum eine Stunde wegnimmt.

Folgt Wechsel der Toilette; puis Mittagessen in einem beliebigen Gasthof.

Schlafen *nach* Tisch (vor Tisch ists erlaubt) streng verboten, und mit Recht, wie ich mich bei einmaligem Versuch überzeugt habe. Also eine weitere Tour unternommen, abwechselnd mit Ausfahren. Rückkehr nach Karlsbad 6 bis 8 Uhr abends, leichter Abendimbiss, und – ins Bett. Dies variiert durch Theater (welches immer um neun Uhr schließt, wie alle übrigen entertainments), Konzert, Lesekabinett.

Infolge der Wasserwirkung ist der Kopf hier sehr irritabel; du begreifst daher, dass auf die Dauer der Kugelmann mir unerträglich wurde. Aus Gemütlichkeit hatte er mir ein Zimmer zwischen den seinigen und Tussys gegeben, sodass ich ihn genoss, nicht nur, wenn ich mit ihm zusammen, sondern auch, wenn ich allein war. Sein beständiges, in tiefer Stimme vorgetragnes ernsthaftes Blechschwatzen trug ich mit Geduld; schon weniger das Hamburg-Bremen-Hannoversche Philisterpack, männlich und weiblich, das einen nicht losließ; endlich aber brach meine Geduld, als er mich mit seinen häuslichen Szenen gar zu sehr ennuyierte. Dieser erzpedantische, bürgerlich-kleinkramige Philister bildet sich nämlich ein, seine Frau verstehe, begreife seine faustische, in höherer Weltanschauung machende Natur nicht und quält das Dämchen, das ihm in jeder Hinsicht überlegen ist, auf das widrigste. Es kam daher zwischen uns zum Skandal; ich zog in eine höhere Etage, emanzipierte mich durchaus von ihm (er hatte mir ernstlich die Kur verdorben) und söhnten uns erst vor seiner Abreise (die letzten Sonntag erfolgte) wieder aus. Ich erklärte aber positiv, dass ich Hannover nicht heimsuchen würde.

Ein ganz angenehmer Umgang war Simon Deutsch (derselbe, mit dem ich den Krakeel in Paris hatte und der mich hier sofort aufsuchte); auch gruppierte sich bald die Hälfte der hiesigen medizinischen Fakultät um mich und Tochter; lauter für meinen hiesigen Zweck, wo man wenig denken und viel lachen muss, sehr passende Leute. Auch Maler Knille aus Berlin sehr liebenswürdiger Geselle.

Über mein Abenteuer mit dem Hans Heiling Kugelmann manches Ergötzliche in London.

Je mehr man Details »aus dem Österreichischen« hört, je mehr überzeugt man sich, dass es mit diesem Staat zu Ende geht.

Ich habe bis jetzt um vier Pfund (Zollgewicht) abgenommen und kann selbst mit der Hand fühlen, dass die Leberverfettung im status evanescens ist. Ich glaube, dass ich in Karlsbad endlich meinen Zweck erreicht habe, wenigstens für ein Jahr. Es wäre mir sehr lieb, ein paar Zeilen von dir in Hamburg bei Meißner vorzufinden.

Mit besten Grüßen von Tussy und mir an Madame Lizzy und
Pumps
Dein Mohr

London, 29. April 1881, Marx an Tochter Jenny

Meine liebe Jenny,

Ich gratuliere dir zur glücklichen Entbindung; ich nehme wenigstens an, dass alles in Ordnung ist, da du dir die Mühe gemacht hast, selber zu schreiben. Meine »Frauen« erwarteten, dass der »neue Erdenbürger« »die bessere Hälfte« der Bevölkerung vermehren würde; ich ziehe meinerseits das »männliche« Geschlecht bei Kindern vor, die an diesem Wendepunkt der Geschichte geboren werden. Sie haben die revolutionärste Periode vor sich, die Menschen jemals zu bestehen hatten. Schlecht ist es jetzt, so »alt« zu sein, dass man nur voraussehen kann, statt zu sehen. (…)

Dein Old Nick

Marx und seine Tochter Jenny

Bibliografie

Werkausgaben Karl Marx / Friedrich Engels

Karl Marx, Friedrich Engels: Gesamtausgabe (MEGA). Berlin, 1975 ff.
Karl Marx, Friedrich Engels: Werke (MEW). Berlin, 1957 ff.
Karl Marx, Friedrich Engels: Ausgewählte Werke. CD-ROM, Reihe: Digitale Bibliothek, 11. Berlin, 2000.

Werke Karl Marx / Friedrich Engels im Netz

www.mlwerke.de
www.marxists.org

Biografien

Blumenberg, Werner: Karl Marx in Selbstzeugnissen und Bilddokumenten. Reinbek, 1962.
Büsch, Otto; Herzfeld, Hans: Die frühsozialistischen Bünde in der Geschichte der deutschen Arbeiterbewegung. Berlin, 1975.
Enzensberger, Hans Magnus (Hg.): Gespräche mit Marx und Engels. Frankfurt, 1981.
Friedenthal, Richard: Karl Marx. Sein Leben und seine Zeit. München, 1981.
Goch, Klaus: Eleanor Marx, in: Luise F. Pusch (Hg.): Töchter berühmter Männer. Frankfurt, 1988, S. 275 – 348.
Kracauer, Siegfried: Jacques Offenbach und das Paris seiner Zeit. Frankfurt, 1976.
Mehring, Franz: Karl Marx, Geschichte seines Lebens. Berlin, 1960 (1. Aufl. 1918).
Monz, Heinz: Karl Marx. Grundlagen der Entwicklung zu Leben und Werk. Trier, 1973.
Padover, Saul K.: Karl Marx. An Intimate Biography. New York, 1978.
Padover, Saul K.: Karl Marx in seinen Briefen. München, 1981.
Raddatz, Fritz J.: Karl Marx. Der Mensch und seine Lehre. Reinbek, 1975.
Rubel, Maximilien: Marx – Chronik. Daten zu Leben und Werk. Regensburg, 1968.
Wheen, Francis: Karl Marx. München, 2001.

Dialektische Philosophie und Historischer Materialismus

Boundas, Constantin; Oklowski Dorothea: Gilles Deleuze and the Theatre of Philosophy. New York, 1994.
Backhaus, Hans-Georg: Dialektik der Wertform. Freiburg, 1997.
Dosse, François: Geschichte des Strukturalismus (2 Bde.). Frankfurt, 1999.
Eßbach, Wolfgang: Die Junghegelianer. Soziologie einer Intellektuellengruppe. München, 1988.
Habermas, Jürgen: Theorie des kommunikativen Handelns (2 Bde.). Frankfurt, 1981.
Hardt, Michael: Gilles Deleuze. An Apprenticeship in Philosophy. Minneapolis, 1993.
Honneth, Axel; Jaeggi, Urs: Theorien des Historischen Materialismus (2 Bde.). Frankfurt, 1977.
Postone, Moishe: Zeit, Arbeit und gesellschaftliche Herrschaft. Freiburg, 2003.
Wood, Allen W.: Karl Marx. The Arguments of the Philosophers. London, 1981.

Politische Ökonomie

Bader, Veit Michael et. al.: Einführung in die Gesellschaftstheorie. Gesellschaft, Wirtschaft und Staat bei Marx und Weber (2 Bde.). Frankfurt, 1976.
Baran, Paul A.; Sweezy Paul M.: Monopolkapital: ein Essay über die amerikanische Wirtschafts- und Gesellschaftsordnung. Frankfurt, 1967.

Berger, Johannes: Die Wirtschaft der modernen Gesellschaft. Frankfurt, 1999.
Berger, Michael: Karl Marx: Das Kapital. Eine Einführung. München, 2003.
Böhm-Bawerk, Eugen v.: Zum Abschluss des marxschen Systems (1896), in: Eberle F. (Hg): Aspekte des marxschen Systems I, S. 25 – 129. Frankfurt, 1973.
Diamond, Jared: Arm und Reich. Die Schicksale menschlicher Gesellschaften. Frankfurt, 1998.
Elster, Jon: Making sense of Marx. Cambridge, 1985.
Felderer, Bernhard; Homburg, Stefan: Makroökonomik und neue Makroökonomik. Berlin, 2000.
Haustein, Heinz-Dieter: Karl Marx und evolutorische Ökonomik, in: Camilla Warnke, Gerhard Huber (Hg): Die ökonomische Theorie von Marx – was bleibt?, S. 151 – 179. Marburg, 1998.
Heinrich, Michael: Die Wissenschaft vom Wert. Hamburg, 1999.
Howard, M. C.; King, J. E.: A History of Marxian Economics (2 Bde.). Princeton, 1989.
Jarchow, Hans-Joachim: Der Keynesianismus, in: Otmar Issing (Hg.): Geschichte der Nationalökonomie. München, 1994.
Nutzinger, Hans G.: Was sonst noch von Marx' ökonomischer Theorie bleibt, in: Camilla Warnke, Gerhard Huber (Hg): Die ökonomische Theorie von Marx – was bleibt?, S. 67 – 92. Marburg, 1998.
Robinson, Joan: Doktrinen der Wirtschaftswissenschaft: eine Auseinandersetzung mit ihren Grundgedanken und Ideologien. München, 1965
Roemer, John E.: Foundations of Analytical Marxism (2 Bde.). Cambridge, 1994.
Schumpeter, Joseph A.: Geschichte der ökonomischen Analyse (2 Bde.). Göttingen, 1965.
Söllner, Fritz: Die Geschichte des ökonomischen Denkens. Heidelberg, 2001.

Nachwirkung

Albert, Hans; Schnädelbach, Herbert; Simon-Schäfer, Roland: Renaissance der Gesellschaftskritik. Bamberg, 1999.
Furet, François: Das Ende der Illusionen. Der Kommunismus im 20. Jahrhundert. München, 1996.
Lenk, Wolfgang; Rumpf, Mechthild; Hieber, Lutz: Kritische Theorie und politischer Eingriff. Hannover, 1999.
Beetz, Manuela: Die Produktion und Reproduktion des unmittelbaren Lebens. Das Familien- und Geschlechterverhältnis bei Karl Marx und Friedrich Engels. Köln, 1989.
Bischoff, Joachim: Kapitalismus und Sozialismus zu Beginn des neuen Jahrtausends, in: Hobsbawm, Eric: Das Manifest – heute: 150 Jahre Kapitalismuskritik, S. 283 – 298. Hamburg, 1998.
Courtois, Stéphane et. al.: Das Schwarzbuch des Kommunismus. München, 1998.
Furet, François: Das Ende der Illusionen. Der Kommunismus im 20. Jahrhundert. München, 1996.
Gamble, Andrew; Marsh David;Tant Tony (Hg): Marxism and Social Science. Chicago, 1999.
Lenin, W. I.: Der Imperialismus als höchstes Stadium des Kapitalismus. Berlin, 1966 (1. Aufl. 1917).
Kneer, Georg; Nassehi, Armin; Schroer, Markus: Soziologische Gesellschaftsbegriffe. Konzepte moderner Zeitdiagnosen. München, 1997.
Kößler, Reinhart; Wienold, Hanns: Gesellschaft bei Marx. Münster, 2001.
Maihofer, Andrea: Geschlecht als Existenzweise. Frankfurt, 1995.
Roemer, John E.: A Future for Socialism. London, 1994.

Textnachweise

Interview mit Karl Marx, 3. Juli 1871, (in: The World, New York, 18.7.1871), in: MEW 17. Berlin, 1973, S. 639 – 643.
Brief an den Vater, in: MEW 40. Berlin, 1973, S. 3 – 12. 1. Korrektur.
Zur Kritik der hegelschen Rechtsphilosophie, in: MEW 1. Berlin, 1976, S. 378 – 379.
Zur Judenfrage, in: MEW 1. Berlin, 1976, S. 353 – 357; 363 – 370.
Thesen über Feuerbach, in: MEW 3. Berlin, 1973, S. 5 – 7.
Die Deutsche Ideologie, in: MEW 3. Berlin, 1973, S. 20 – 22; 25 – 27; 31 – 36; 37 – 40; 42 – 48.
Manifest der kommunistischen Partei, in: MEW 4. Berlin, 1972, S. 461 – 474; 481 – 484.
Der achtzehnte Brumaire des Louis Bonaparte, in: MEW 8. Berlin, 1972, S. 115 – 117; 119 – 123; 138 – 142; 196 – 204.
Die britische Herrschaft in Indien, in: MEW 9. Berlin, 1960, S. 127-133.
Brief an Friedrich Engels 10. April 1856, in: MEW 29. Berlin, 1970, S. 37-40.
Brief an Friedrich Engels 25. September 1857, in: MEW 29. Berlin, 1970, S. 192 – 193.
Brief an Friedrich Engels 1. Februar 1858, in: MEW 29. Berlin, 1970, S. 274 – 275.
Brief an Friedrich Engels 15. Juli 1858, in: MEW 29. Berlin, 1970, S. 340 – 343.
Brief an Friedrich Engels 21. Januar 1859, in: MEW 29. Berlin, 1970, S. 385 – 386.
Brief an Friedrich Engels 28. Januar 1863, in: MEW 30. Berlin, 1972, S. 319 – 323.
Brief an Paul Lafargue 13. August 1866, in: MEW 31. Berlin, 1973, S. 518 – 520.
Brief an Friedrich Engels 25. März 1868, in: MEW 32. Berlin, 1973, S. 51 – 53.
Das Kapital, in: MEW 23. Berlin, 1968, S. 85 – 90; 94 – 98; 202 – 209; 789 – 791.
Inauguraladresse der Internationalen Arbeiter-Assoziation, in: MEW 16. Berlin, 1975, S. 5 – 13.
Der Bürgerkrieg in Frankreich, in: MEW 17. Berlin, 1973, S. 335 – 345; 347 – 349.
Brief an Friedrich Engels 18. September 1874, in: MEW 33. Berlin, 1973, S. 116 – 117.
Brief an die Tochter Jenny in Argenteuil 29. April 1881, in MEW 35. Berlin, 1967, S. 186.

Bildnachweise

Alle historischen Fotos von Karl Marx und Familie sowie Handschriften mit freundlicher Unterstützung vom Studienzentrum Karl-Marx-Haus Trier und vom Staatlichen Russländischen Archiv für Sozial- und Politikgeschichte Moskau; alle Fotos von Karl Marx' Wonorten mit freundlicher Unterstützung und Genehmigung von Arne Freitag, Helene Greubel, Ulf Krautmacher, Alexander Musik, Barbara Paul, Dorothee Plass.

Trotz aller Bemühungen von Herausgebern, Autoren und Verlag kann es immer wieder passieren, dass einzelne Urheberrechte unrichtig, unvollständig oder gar nicht verzeichnet sind. Alle diesbezüglichen Anfragen bitten wir an den Verlag zu richten.

Dank

Der Herausgeber und der Verlag danken Beatrix Bouvier und Elisabeth Neu vom Studienzentrum Karl-Marx-Haus Trier für ihre freundliche Unterstützung; Oleg Vladimirovich Naumov vom Staatlichen Russländischen Archiv für Sozial- und Politikgeschichte Moskau für die freundliche Genehmigung des Abdrucks der handschriftlichen Feuerbachthesen; Helene Greubel, Dorothee Plass, Arne Freitag, Barbara Paul, Ulf Krautmacher und Alexander Musik für die freundliche Genehmigung des Abdrucks der Fotos der Wohnorte von Karl Marx; Martin Baltes, Thomas Berger, Rainer Hoeltschl, Ernst Köhler, Kerstin Scheidecker, Kathrin Heigl, Gerrit Walter und Monique van der Pal vom Institute of Social History Amsterdam für Kritik und Hilfe.

Der Herausgeber

Dr. Michael Berger, * 1937, Studium der Theologie, Politik und Geschichte in Freiburg. Historiker an der Universität Freiburg 1963 bis 2002. Mitgründer der Jos Fritz Buchhandlung in Freiburg 1975, Aufsichtsrat der Ökobank 1989 – 1998, ab 2002 Unternehmensberater.

»If I have been able to see further
it is because I have stood on the shoulders of giants.«
Isaac Newton 1675/76

Personenregister

›Die Befreiung der Arbeit muss
las Werk der Arbeiterklasse sein,
ler gegenüber alle andren Klassen
ıur eine reaktionäre Masse sind.‹
)ie erste Strophe ist aus den Ein-
gangsworten der internationalen
Statuten, aber ›verbessert‹. Dort
ıeißt es: ›Die Befreiung der Arbei-
erklasse muss die Tat der Arbeiter
selbst sein‹; hier hat dagegen ›die
Arbeiterklasse‹ zu befreien – was?
die Arbeit‹. Begreife, wer kann.«

Karl Marx in der Kritik zum Gothaer Programm der Deutschen Arbeiterpartei

Bereits erschienen